Horizontes Abertos
percursos e caminhos da História da Educação Paulista

Horizontes Abertos

percursos e caminhos da História da Educação Paulista

Jane Soares de Almeida | Vania Regina Boschetti (orgs.)

Conselho Editorial

Profa. Dra. Andrea Domingues
Prof. Dr. Antônio Carlos Giuliani
Prof. Dr. Antonio Cesar Galhardi
Profa. Dra. Benedita Cássia Sant'anna
Prof. Dr. Carlos Bauer
Profa. Dra. Cristianne Famer Rocha
Prof. Dr. Eraldo Leme Batista
Prof. Dr. Fábio Régio Bento
Prof. Dr. José Ricardo Caetano Costa

Prof. Dr. Luiz Fernando Gomes
Profa. Dra. Magali Rosa de Sant'Anna
Prof. Dr. Marco Morel
Profa. Dra. Milena Fernandes Oliveira
Prof. Dr. Ricardo André Ferreira Martins
Prof. Dr. Romualdo Dias
Prof. Dr. Sérgio Nunes de Jesus
Profa. Dra. Thelma Lessa
Prof. Dr. Victor Hugo Veppo Burgardt

©2016 Jane Soares de Almeida; Vania Regina Boschetti (orgs.)
Direitos desta edição adquiridos pela Paco Editorial. Nenhuma parte desta obra pode ser apropriada e estocada em sistema de banco de dados ou processo similar, em qualquer forma ou meio, seja eletrônico, de fotocópia, gravação, etc., sem a permissão da editora e/ou autor.

H8119 Almeida, Jane Soares de; Boschetti, Vania Regina
Horizontes Abertos: percursos e caminhos da História da Educação Paulista/Jane Soares de Almeida; Vania Regina Boschetti (orgs.). Jundiaí, Paco Editorial: 2016.

332 p. Inclui bibliografia.

ISBN: 978-85-462-0617-9

1. Educação 2. História da Educação 3. História da Regional 4. Educação Paulista. I. Sobrenome, nome.

CDD: 370

Índices para catálogo sistemático:

Educação, pesquisa e tópicos relacionados   370.7
Educação – História   370.9

IMPRESSO NO BRASIL
PRINTED IN BRAZIL
Foi feito Depósito Legal

Av. Carlos Salles Block, 658
Ed. Altos do Anhangabaú, 2º Andar, Sala 21
Anhangabaú - Jundiaí-SP - 13208-100
11 4521-6315 | 2449-0740
contato@editorialpaco.com.br

AGRADECIMENTOS

Aos nossos mestres e doutores, formados no Programa de Pós-Graduação em Educação da Universidade de Sorocaba, egressos da Linha de Pesquisa em História da Educação, os quais acataram com responsabilidade nosso convite para participar deste livro.

Percorrer os diferentes caminhos desse campo de pesquisa significa abrir horizontes para preservar nossa História. Assim, agradecemos a todos que participaram na confecção deste volume, Antonio, Adriana Almeida, Adriana Alves, Calil, José Roberto, Lauro, Márcia, Marivaldo, Silmara, a quem com muito orgulho outorgamos seus títulos de mestres e doutores conquistados nas suas defesas de dissertações e teses. Aos professores Jefferson e Sandano, que colaboraram com um capítulo do livro, assim como nós, Profa. Jane e Profa. Vania, que nos sentimos honradas em figurar ao lado dos autores e autoras. Por fim, ao doutorando Leonardo Rossini, sem sua ajuda não teríamos conseguido.

A vocês, nosso muito obrigada!

SUMÁRIO

APRESENTAÇÃO   9

PREFÁCIO   19

Capítulo 1
PROFESSORES VÃO ÀS RUAS:
O PROFESSORADO PAULISTA ENTRE
CONQUISTAS E DERROTAS   23

Capítulo 2
LABORATÓRIO DE VER PARA SABER FAZER:
A PRIMEIRA ESCOLA DE APLICAÇÃO
VINCULADA À ÚNICA ESCOLA NORMAL
LIVRE MUNICIPAL DE SOROCABA   53

Capítulo 3
O CAMPO ESCOLAR E A CULTURA ESCOLAR
DE PILAR DO SUL E A IMIGRAÇÃO
JAPONESA (1934-1976)   69

Capítulo 4
O CATOLICISMO ULTRAMONTANO E O
"COLÉGIO SANTA ESCOLÁSTICA DE
SOROCABA" COM SEU PROJETO
EDUCACIONAL RELIGIOSO   93

Capítulo 5
A EDUCAÇÃO PROTESTANTE E CATÓLICA
NO BRASIL: ALGUNS INDÍCIOS DO SISTEMA
COEDUCATIVO NO SÉCULO XIX   119

Capítulo 6
A IMIGRAÇÃO ITALIANA EM SOROCABA E A EDUCAÇÃO ESCOLAR NO INÍCIO DO SÉCULO XX   141

Capítulo 7
A ESCOLA PROFISSIONAL MIXTA DE SOROCABA: 1929-1942   165

Capítulo 8
CRIAÇÃO DA FACULDADE DE TECNOLOGIA DE SOROCABA E AS DIFICULDADES ENCONTRADAS NA INSTALAÇÃO – RELATOS JORNALÍSTICOS   193

Capítulo 9
DO TESTAMENTO DO IMIGRANTE PORTUGUÊS JOAQUIM BERNARDO BORGES À EDIFICAÇÃO DE UMA ESCOLA PROFISSIONAL EM ITU-SP   217

Capítulo 10
O CURSO DOS FERROVIÁRIOS DA COMPANHIA DE ESTRADAS DE FERRO SOROCABANA   249

Capítulo 11
ASPECTOS HISTÓRICOS DA PESSOA COM DEFICIÊNCIA: ALGUMAS SOLICITAÇÕES SOCIAIS PARA A CONTEMPORANEIDADE   277

Capítulo 12
A LEI 5540/68: A REFORMA UNIVERSITÁRIA EM SEU CONTEXTO   303

AUTORES   327

APRESENTAÇÃO

O Programa de Pós-graduação em Educação da Universidade de Sorocaba (PPGE – Uniso), com cursos de mestrado e de doutorado, iniciou suas atividades em 17 de junho de 1996, como parte das iniciativas estratégicas da instituição para se constituir como universidade. O mestrado teve recomendação pela Capes em dezembro de 2002. Em dezembro de 2008, o PPGE – Uniso teve recomendado seu doutorado.

Atualmente, o programa conta com onze docentes, todos do quadro permanente e em tempo integral. Dos professores, nove são doutores em Educação e dois nas áreas afins, de Geografia Humana e Filosofia. Estes, com substancial publicação e trabalhos em Educação, podem ser considerados, segundo os critérios da Área, como titulados em Educação. Todos os professores têm projetos de pesquisa institucional, lecionam e orientam no mestrado e têm diversas participações na graduação, por meio de aulas, orientação, coordenação, comissões institucionais e organização de eventos. O curso de doutorado conta com onze docentes credenciados.

O PPGE – Uniso adota a Educação Escolar como área de concentração. Esta modalidade de educação, na sociedade contemporânea é referência para o entendimento e realização das diversas formas de educação, pois por ela se realiza grande parte da socialização dos indivíduos, bem como a circulação e a divulgação do conhecimento historicamente formulado e de valores fundamentais para a constituição das relações sociais. A opção pela Educação Escolar ganha relevância quando se considera que, não obstante sua importância, poucos programas de pós-graduação no Brasil a têm como área de concentração. Este fato se vincularia, talvez, com as perspectivas pedagógicas e políticas de pôr em evidência a formação genérica, não escolar, dos sujeitos, sustentadas pela hipótese de que as formas massivas de comunicação tendem a ocupar o lugar da escola, em função da velocidade e variedade de informação e de seu caráter mais flexível, contrastando com o caráter disciplinar da educação escolar. Da área de concentração, derivam três linhas de pesquisas:

- Cotidiano escolar: realiza pesquisas com enfoque nas múltiplas dimensões do cotidiano escolar, tendo em vista a cultura nas relações educacionais. Investiga os fundamentos políticos e pedagógicos da Educação Ambiental; o disciplinamento, as ações negociadas e a interdisciplinaridade; as múltiplas tensões originadas pelas mudanças existentes na sociedade contemporânea que se refletem no ambiente educativo. Quatro docentes participam dessa linha.

- Educação superior: promove estudos analíticos, descritivos e comparativos sobre questões epistemológicas, éticas, institucionais e pedagógicas na área de educação superior. Conta atualmente com três professores.

- História e Historiografia – políticas e práticas escolares: realiza investigações de História e Historiografia, apreendendo as instituições educativas e, particularmente, a instituição escolar, como expressões das relações e mediações da sociabilidade produzida, reproduzida e tensionada por indivíduos, grupos e classes sociais, nos limites e possibilidades históricas dos tempos e das formas do capitalismo no Brasil. Participam desta linha quatro docentes.

A conformação atual do PPGE – Uniso resultou de um longo movimento de amadurecimento e de constituição de um grupo de pesquisadores capaz de promover a formação e de desenvolver pesquisa desde diferentes olhares e sob temas diversos, dentro do campo da educação escolar. Interessa destacar, principalmente, a forma como se desenvolveu o diálogo com a área da Educação e de como várias vozes contribuíram para o desenvolvimento do Programa.

É importante ressaltar que, além das avaliações internas, externas e institucionais, a presença continuada de outras interlocuções no Programa se faz por três ações coordenadas:

1. Realização de seminários temáticos: 8º Seminário Estadual da Anpae-SP, em 2003; V Jornada do HISTEDBR, em 2005; 1º Congresso de Educação da Uniso, em 2005; Seminário Leitura, Escola e História, como parte do Congresso de Leitura do Brasil, em 2003, 2005, 2007; Seminário sobre Educação Escolar, em 2006; Seminário de Educação Superior: avaliação e tendências na América Latina e no Caribe, em 2008.

2. Visita e conferência de pesquisadores internacionais: Cláudio Suásnaber (Argentina), em 2004; Joaquim Antonio de Sousa Pintassilgo (Portugal) e Guillermina Tiramonti (Argentina), em 2005; Maria João Mogarro (Portugal) e Mario Rueda (México), em 2006; Francisco Lopez-Segrera (Espanha), Ernesto Villanueva (Argentina) e Jean Marie De Ketele (Bélgica), em 2008.

3. Publicação de dois periódicos: Avaliação, em parceria com a Raies (Rede de Avaliação Institucional da Educação Superior), com avaliação Qualis A1 e indexada no Sistema Scielo; e Quaestio – Revista de Estudos de Educação, com avaliação Qualis B2.

A recomendação do mestrado significou maior reconhecimento público e, consequentemente, ampliação da presença do Programa na vida acadêmica da Uniso e da região. Houve inversão no fluxo de interesse, com crescimento da procura pelo curso e pelos grupos de pesquisa, o que, por sua vez, representou maior possibilidade de seleção e projetos de pesquisa mais orgânicos. A produção acadêmica discente também apresentou salto qualitativo, com a participação sistemática em seminários da área, assistência a palestras e conferências em outras instituições e publicações em veículos externos.

Em 2007 e 2008, o Programa concentrou os esforços na elaboração da proposta de doutorado e das implicações disso para a pesquisa e organização do curso. Em 2007, avançaram os estudos e debates em função dos apontamentos e resultados do seminário em educação escolar, principalmente no que implicava: a concepção de pesquisa e de pós-graduação; a relação entre linhas de pesquisa e grupos de pesquisa; o percurso formativo discente e o desenvolvimento de dissertações e doutorados; a produção discente. Ademais, instituiu-se uma comissão específica com a finalidade de avançar os estudos para a implantação do doutorado. Deste movimento, elaborou-se a proposta de doutorado, submetida à avaliação da Capes no primeiro semestre de 2008 e recomendada em dezembro de 2008.

Reafirmando a opção pela área de concentração Educação Escolar, tratou-se de configurar as linhas de pesquisa de uma forma que, no interior do que se fazia até então, se ampliava a perspectiva de investigação, com maior precisão e colaboração docente.

A linha em seu trabalho acadêmico tem se destacado pela produção de trabalhos investigativos sobre as instituições educacionais da cidade e região, com algumas incursões em outras mais distantes, mas de referência para os alunos, seja pela origem ou pela procedência. Isso tem propiciado uma ampliação dos lugares e espaços de investigação e, uma análise de conjuntura das relações diretas e indiretas da ciência educativa com as áreas afins e outras áreas do saber. A linha, por essa perspectiva, tem participado, por seus segmentos docente e discente de congressos, encontros e simpósios; de publicações em periódicos científicos e de expressão nacional e internacional; de atividades de extensão nas instituições educacionais; de aprovação em concursos públicos e do reconhecimento público do Programa e de seus integrantes pelas edições de livros oriundos de projetos, teses e dissertações.

A produção discente em História e Historiografia da Educação se representa por números significativos, num total de 89 (oitenta e nove) trabalhos nos vinte anos de Programa, com 78 (setenta e oito) dissertações e 11 (onze) teses defendidas.

Organizada formalmente nos últimos anos a linha de pesquisa também se manifesta por meio do Grupo de Estudos de História da Educação. Com reuniões quinzenais, o GEHE compartilha leituras, discussões, experiências, discute os trabalhos em desenvolvimento, recebe convidados da área de conhecimento para colóquios e explanações acadêmicas. Cadastrado no Diretório dos Grupos de Pesquisa do CNPq a partir de 2011, o GEHE conta com docentes pesquisadores da linha de pesquisa a que se vincula, alunos de mestrado e doutorado, assim como alunos especiais que desejam conhecer esse campo do conhecimento antes do ingresso na pós-graduação. O grupo é aberto à participação dos recém-doutores do PPGE como pesquisadores.

É desse referencial que se valeram as organizadoras desta publicação. Às investigações dos quatro professores da linha de pesquisa foram agregados os trabalhos de alunos que representam os caminhos da pesquisa em História e Historiografia da Educação: o processo de criação de instituições escolares de vários níveis de ensino, as práticas escolares, as políticas educacionais que têm legado ao longo do tempo estruturas, avanços, retrocessos, embates e controvérsias. Pesquisas com preocupação contínua de análise, reinterpretação e reavaliação permanente para cobrir o contexto de cada estudo apresentado quer pela manifestação das práticas, pelos determinantes históricos, pela ação dos sujeitos inter-relacionados no universo educativo. Mais precisamente os capítulos apresentam-se tematicamente:

No primeiro capítulo, *Professores vão às ruas: o professorado paulista entre conquistas e derrotas*, Antonio de Pádua Almeida analisa a ação docente no período de transição da ditadura militar para a redemocratização e faz considerações sobre a política educacional implantada. A concentração profissional dos professores da escola pública se tornou numerosa e suas atividades sofreram um processo de proletarização com baixos salários, multiplicação das horas de trabalho, falta de infraestrutura. Os professores reagiram a essa realidade e se manifestaram publicamente, por várias vezes, organizados pela Apeoesp, entidade representativa de classe.

Laboratório de ver para saber fazer: a primeira escola de aplicação vinculada à única escola normal livre municipal de Sorocaba é o título do segundo capítulo de autoria de Adriana Ricardo da Mota Almeida. Traz a interpretação histórica do processo de instalação da Escola Normal Livre de Sorocaba considerando a origem, a arquitetura, as fontes *primárias* documentais e os sujeitos na trama das lideranças locais e interesses da coletividade, divididos pelas facções do Partido Republicano Paulista. Formou os primeiros professores primários da cidade e cerca de mil professores durantes seus 38 anos de história.

Abordando a educação no campo e a influência da imigração japonesa, o segundo capítulo analisa *O campo escolar e a cultura escolar de Pilar do Sul e a imigração japonesa (1934-1976)*. No texto, Adriana Aparecida Alves da Silva Pereira evidencia as transformações no campo social e escolar de Pilar do Sul, como frutos da introdução de novos agentes, os imigrantes japoneses, que com seus *habitus* modificaram a produção e comercialização agrícola, gerando fortalecimento da economia e adaptações das práticas culturais. A dinâmica dos conflitos inseriu-se no campo escolar com a criação de novas escolas para atenderem às demandas. Com o ingresso dos japoneses e seus descendentes nas escolas houve redefinição das práticas escolares, mudança na organização dos tempos escolares, na definição dos conteúdos, nos rituais cotidianos e festividades.

O quarto capítulo, *O catolicismo ultramontano e o "Colégio Santa Escolástica de Sorocaba"*, escrito por Calil de Siqueira Gomes, visibiliza a mulher e a sua busca de mobilidade nos espaços de poder dentro da história, pelo viés da educação e do papel da Igreja Católica que abriu campos e espaços para que a educação feminina confessional tivesse seu lugar, não substituindo a educação laica do cenário político tradicional e conservador, que à época mantinha poucos interesses em emancipação feminina. A crise modernista do século XIX, reforçou o ideal de educação feminina em colégios religiosos, como parte das estratégias ultramontanas para recristianizar a sociedade pela formação de mães e esposas inspirada no paradigma mariano.

Jane Soares de Almeida, no quinto capítulo, apresenta *A educação protestante e católica no Brasil: alguns indícios do sistema coeducativo no século XIX*. Apesar de nas primeiras décadas do século XX as mulheres terem conseguido um maior acesso à instrução, e posteriormente o direito ao voto e o ingresso no ensino superior, os ideais católicos e positivistas continuariam a impregnar a mentalidade brasileira durante muito tempo. Mesmo com as inovações trazidas pelos missionários protestantes, essa mentalidade tinha a força das tradições longamente herdadas e não mudaria assim tão facilmente. Quando, pelas mudanças sociais, as classes mistas se tornaram uma realidade nas escolas públicas brasileiras, a maioria dos colégios católicos continuou com a tradição de educar os sexos em separado. A coeducação dos sexos, com seus princípios de propiciar a igualdade entre homens e mulheres num meio cultural em que primava a desigualdade entre os gêneros, iria estabelecer um conflito com a destinação feminina, erigida desde priscas eras no culto à domesticidade.

A imigração italiana em Sorocaba e a educação escolar no início do século XX é o sexto capítulo, assinado por Jefferson Carriello do Carmo e Wilson Sandano, que procura verificar as atividades desses imigrantes quanto à sua inserção e contribuição no processo de industrialização; constatar as suas formas de movimentos e associações operárias ligadas à produção e, por fim, examinar a questão escolar, com destaque às ligadas ao "ensino livre" na cidade de Sorocaba entre os anos de 1900-1920. Toda esta preocupação foi norteada pelo conceito de "experiência" entendida como um processo realmente vivido pelos seres sociais e que modifica efetivamente a consciência social e processo educacional.

Com *A escola profissional mixta de Sorocaba: 1929-1942*, José Roberto Garcia traz o sétimo capítulo, explorando os programas educacionais, serviços e relações para a formação de mão de obra necessária à indústria nascente em Sorocaba, e procurando entender que trabalhador estava sendo formado. O preparo profissional, os movimentos industriais dos políticos e da elite sorocabana, o processo de urbanização da cidade, as transformações econômicas oferecem o grande cenário de inserção da escola e dos resultados do trabalho por ela realizado.

No oitavo capítulo, *Criação da Faculdade de Tecnologia de Sorocaba e as dificuldades encontradas na instalação – relatos jornalísticos*, Lauro Carvalho de Oliveira, percorre a cronologia da instalação da Faculdade de Tecnologia de *Sorocaba*, a primeira do Brasil: da proposta de uma nova modalidade de curso superior, desconhecido pela coletividade que tinha outras pretensões. As dificuldades, estranhamentos, ação das lideranças políticas, problemas de infraestrutura física e acadêmica que palmilharam o processo são descritos e analisados paralelamente ao desenvolvimento socioeconômico e industrial de Sorocaba e região.

Do testamento do imigrante português Joaquim Bernardo Borges à edificação de uma escola profissional em Itu-SP, de Marcia Cristina Belucci, se apresenta como nono capítulo. Trata da criação do Instituto Borges em Itu-SP, fundado por vontade e determinação de Joaquim Bernardo Borges, um típico brasileiro de torna-viagem, como eram chamados os portugueses que, após período de trabalho no Brasil, retornavam ricos à terra natal. O trabalho apresenta objetivos, expectativas e escolha dos agentes envolvidos com o Instituto: seu doador, a população ituana e a Misericórdia local, que apesar de atrasos, erros e objetivos postergados alcançou seu intento na medida em que a escola continua oferecendo formação profissional gratuita.

Marivaldo de Oliveira, no décimo Capítulo aborda *O curso dos ferroviários da Companhia de Estradas de Ferro Sorocabana*, uma das instituições de maior representação profissional da cidade. A pesquisa aponta para o entendimento da formação humana a que se propunham as práticas de capacitação naquele contexto histórico: articulações políticas e de gestão da educação tecnológica e profissional do Brasil no período em que se começava a vislumbrar outras possibilidades ligadas à economia e à formação para o trabalho.

O décimo primeiro capítulo sob o título *Aspectos históricos da pessoa com deficiências: algumas solicitações sociais para a contemporaneidade*, de Silmara Aparecida Lopes, analisa criticamente as recorrências sociopolíticas na problematização do processo de exclusão, bem como seu reverso, isto é, as iniciativas de enfrentamento. Apresenta a trajetória histórica das questões da deficiência em diferentes épocas e culturas, apontando para a constante histórica: o estigma que legitima o preconceito e a continuidade do prejuízo em relação ao usufruto dos bens sociais, culturais, econômicos e políticos.

O último capítulo retoma as questões do ensino superior. Em *A Lei 5540/68: a reforma universitária em seu contexto*, Vania Regina Boschetti, insere o *entrelaçamento* da política e da economia durante o período militar. Buscando identificar as causas estruturais geradoras da universidade a partir de 1968, mostra que a instituição universitária como espaço e educação formal também se submete a interesses e ideologias nem sempre compatíveis com os objetivos acadêmicos da produção do saber, socialização do conhecimento e aprimoramento da cidadania.

Sorocaba, outono de 2016.
Jane Soares de Almeida e Vania Regina Boschetti

PREFÁCIO

A coletânea coordenada por Jane Soares de Almeida e Vania Regina Boschetti é denotativa da importância desempenhada nas últimas décadas pelos programas de pós-graduação para o avanço da pesquisa histórica sobre a educação brasileira. Abrangendo diferentes temáticas, os textos reunidos neste livro põem em relevo três aspectos interligados que demarcam a contribuição da linha de pesquisa "História e Historiografia: Políticas e Práticas Escolares do Programa de Pós-Graduação em Educação da Universidade de Sorocaba (PPGE – Uniso) para o campo da História da Educação": o foco das investigações nas instituições educacionais, o recorte privilegiando a história local e o renovado interesse pela educação feminina investigada da perspectiva da História das Mulheres.

No que diz respeito às instituições escolares, os textos desta coletânea realçam a importância desse objeto para a constituição da história e para a preservação da memória educacional do país. De fato, nos últimos anos, a história das instituições tem mobilizado boa parte dos esforços investigativos na área da História da Educação. Além da quantidade expressiva de estudos sobre o tema, chama a atenção o deslocamento da perspectiva, da ênfase nas instituições de referência e nos colégios confessionais e particulares para o privilegiamento de escolas públicas de ensino elementar e médio, de instituições de formação de professores e escolas técnicas e profissionais. Se antes a atenção dos historiadores recaía sobre o pensamento pedagógico e sobre a história da política da educação, concebida em torno das reformas educacionais, a atenção para a escola pública constitui uma operação historiográfica importante. Por um lado, retoma-se uma antiga tradição, a história das políticas educacionais problematizada da perspectiva da institucionalização da escola. Significa dizer que a problemática das instituições se interpõe como dimensão necessária na análise e interpretação do fenômeno educacional. Por outro lado, de modo inovador, o questionamento se volta para a diversidade dos tipos de escolas criadas pelos poderes públicos com diferentes propostas pedagógicas e atendimento a diferentes grupos sociais. Perseguindo parcos e dispersos rastros do cotidiano das instituições educativas, os pesquisadores têm se voltado para a documentação existente nos estabelecimentos de ensino. O encontro com esses rudimentares arquivos escolares (muitos deles constituindo tão somente um ajuntamento desordenado de fragmentos da memória casualmente salvaguardados do esquecimento) tem permitido o acesso a uma documentação administrativa e pedagógica: livros de matrícula, livros ponto, de licenças, de termos de compromisso, livros de apontamentos sobre o pessoal, livros de chamada, de ata de fundação, de atas de exames finais, de nomeação e licenças, de termos de vista de inspetores, mapas de movimento, inventários e correspondências oficias. Ainda, livros comemorativos, recortes de jornais, atas de reunião de professores, dados sobre patrono, livro de atas do Centro Cívico, atas de reuniões do Conselho de Escola, atas de reuniões de estudo de professoras, Regimento Escolar, Planejamento de Curso, Livros de Honra, fotografias, entre outros. Ao revirar, mobilizar e, em certos casos, ordenar essa documentação, os pesquisadores têm dado visibilidade à cultura material escolar, contribuindo, assim, para a construção de uma produtiva sensibilidade em torno do patrimônio educativo.

Encontramos nos textos desta coletânea uma abordagem geral que busca interpretar a história das instituições levando em conta sua forte vinculação com o meio social e com a cidade, operando, dessa maneira, com a história local. Como bem nos lembra o historiador inglês Raphael Samuel, no artigo traduzido intitulado "História local e história oral", publicado no final da década de 1989 (*Revista Brasileira de História*, v. 9, n. 19, 1989), esse tipo de história requer "um conhecimento diferente daquele focalizado no alto nível de desenvolvimento nacional e dá ao pesquisador uma ideia muito mais imediata do passado". Essa aproximação significa uma redução da escala de observação com impressionantes ganhos no aprofundamento do conhecimento sobre o funcionamento das escolas, das práticas escolares, das cidades, da sociedade local e do fenômeno educacional. Nesse sentido, a imagem proposta por Samuel é elucidativa desse encontro racional da operação historiográfica, mas, ao mesmo tempo, afetivo e sensível com o passado, uma vez que, por meio da história local, o pesquisador encontra vestígios do passado "dobrando a esquina e descendo a rua. Ele pode ouvir os seus ecos no mercado, ler o seu grafite nas paredes, seguir suas pegadas nos campos". É essa dimensão humana e cotidiana que nos oferecem os capítulos deste livro. Ao virar as páginas, o leitor poderá se deparar com o burburinho da cidade de Sorocaba no acelerado processo de urbanização e industrialização no início do século XX, poderá se surpreender com a atuação dos líderes da colônia japonesa em prol da educação das crianças em Pilar do Sul, compartilhará os sonhos dos imigrantes italianos e as expectativas de melhoria de vida dos artesãos e trabalhadores da pacata cidade de Itu. Na ambiência dessas cidades, sobressaem os sujeitos sociais, educacionais e políticos que ganham nome, cor, domicílio, trajetórias individuais e profissionais e ficam mais evidentes as tensões, os conflitos, as relações de poder, as negociações e as resistências implicadas na institucionalização da escola. Especialmente em relação a Sorocaba, parte dos estudos contemplados neste livro oferece o mapeamento de várias instituições educacionais criadas na cidade no período republicano, possibilitando compreender os tortuosos caminhos enfrentados pela população para o acesso à educação escolar. Essa história da educação cravada no coração dos municípios do interior do estado de São Paulo põe em questão interpretações instituídas, dialoga com teorias e permite comparações, o que torna esses resultados de pesquisa conhecimento de inegável fertilidade.

    Vale destacar, ainda, a relevância dos estudos sobre a educação feminina contemplados nesta coletânea. A insistência nesta temática, ainda pouco frequentada pelos pesquisadores, justifica-se por vários motivos, ressaltando-se, não obstante, a necessidade de problematizar a diferenciação sexual histórica no campo da educação. De fato, prevaleceu no país diferenças sistemáticas nos níveis de escolaridade de homens e mulheres até a segunda metade do século XX. Estas desigualdades de acesso às oportunidades educacionais tiveram implicações importantes na condição de vida das mulheres e na constituição da cidadania. Ao problematizarem a coeducação e o papel da religião na conformação da subjetividade e na sociabilidade das mulheres, os textos que tratam dessa temática desvelam tanto os processos de dominação quanto os de luta das mulheres pela emancipação e pelo direito à escolarização.

Por todas essas razões, este livro vale a pena ser lido pelas inquietantes questões que suscita e pelas contribuições que traz para a compreensão da História da Educação e da sociedade no estado de São Paulo e no Brasil.

Araraquara, junho de 2016.
Rosa Fátima de Souza

Capítulo 1
PROFESSORES VÃO ÀS RUAS: O PROFESSORADO PAULISTA ENTRE CONQUISTAS E DERROTAS[1]

Antonio de Pádua Almeida

Introdução

O texto traz uma argumentação sobre a situação profissional e a organização sindical do professorado paulista, no período após o término da ditadura civil-militar, frente às políticas governamentais implantadas e suas divergências com o movimento sindical da categoria.

A partir de meados da década de 1980, com a volta do país ao estado de direito, a escola brasileira entrou numa etapa de reestruturação, inserindo-se no processo de redemocratização. A Constituição Federal de 1988 delegou à educação a responsabilidade de formar para a cidadania, visando à emancipação humana, corroborada em 1996, com a Lei de Diretrizes e Bases (LDB) em suas esferas: gestão, organização e postura dos professores em sala de aula.

Parte dos professores em exercício se formou e iniciou suas atividades docentes durante o regime militar, não adquirindo o hábito de participar de decisões coletivas e muitos levaram para as salas de aulas posturas autoritárias, presentes em sua formação.

---

1 O texto se reporta à dissertação de mestrado do autor, intitulada *Ação docente em tempos de abertura: considerações sobre a história da educação pública paulista de 1985 a 2000*, defendida em 2011, na Universidade de Sorocaba – Uniso.

A reflexão a seguir argumenta sobre as ações do professorado paulista sob a liderança de entidades representativas, mais especificamente a Apeoesp (Associação dos Professores do Ensino Oficial do Estado de São Paulo), que no período de 1985 a 2000, procederam uma série de manifestações públicas de natureza reivindicatória, com passeatas, greves e assembleias, procurando articular propostas de qualidade de ensino, melhoria das condições de trabalho, valorização profissional, ajuste salarial e ação política.

A expansão escolar no contexto do período militar

As mudanças na educação durante o período militar contribuíram para a construção de um outro perfil de professor. Na década de 1960 e anteriores as escolas públicas eram referência de bom nível cultural. Provavelmente pelo fato de serem em pequeno número eram altamente seletivas, vindo a atender uma parcela pequena da população. O corpo docente acompanhava esse contexto de excelência, e na sociedade da época, a escola, os professores e alunos se aproximavam por essas representações sociais que dignificavam a todos.

A partir dos anos de 1970, pela ótica do processo de democratização de ensino, foi expandida, significativamente, a oferta de escolarização – novas instituições, aumento de vagas naquelas já existentes e ampliação dos períodos de atendimento ao aluno. A escolaridade básica que anteriormente era de quatro anos (antigo curso primário), por determinação da Lei 5692/71, passou para oito anos em nível denominado de primeiro grau. O progressivo aumento das instituições escolares expandiu, por sua vez, a oportunidade de acesso ao exercício de várias funções no interior das escolas, entre elas a docência.

Os professores que vivenciaram esse período viram a transformação de uma escola que privilegiou a quantidade e passou a generalizar-se com um trabalho que comportava apenas o aspecto burocrático, enquanto o aspecto pedagógico era confinado e mutilado em sala de aula. Por duas décadas houve aumento quantitativo de escolas e professores, mas não aumento qualitativo.

> A extensão da escolaridade obrigatória de quatro para oito anos ocasionou a rápida expansão quantitativa da escola fundamental, exigindo para o seu atendimento, a célere formação dos educadores, o que se deu de forma aligeirada. A combinação entre crescimento quantitativo, formação acelerada e arrocho salarial deteriorou ainda mais as condições de vida e de trabalho do professorado [...]. (Ferreira Jr.; Bittar, 2006, p. 1166)

O período permitiu a emergência de movimentos sociais e operários, e neles o professorado também teve sua atuação tanto nas manifestações públicas quanto nas greves. Sua atuação foi igual à da maioria dos trabalhadores, lutando por melhores condições de vida e de trabalho, sem, no entanto (apesar da formação superior) ser, em sua maioria, uma classe detentora de consciência política intelectualizada, capaz de propor uma estrutura social contrária à exploração capitalista. O aspecto principal das lutas e greves ocorridas nesse período estava voltado para questões econômicas, visando corrigir a perda salarial e a consequente queda em seu padrão de vida. Alguns profissionais se destacaram e até se engajaram em movimentos políticos partidários, movimentos sindicais, da mesma forma que ocorreu com os operários fabris.

> Premida pelo achatamento salarial e pela rápida queda no seu padrão de vida e de trabalho, a categoria profissional dos professores públicos de 1º e 2º graus foi desenvolvendo uma consciência política que a situava no âmago do mundo do trabalho [...] incorporou a tradição da luta operária – nos marcos da expressão sindical – e transfigurou-se numa categoria profissional capaz de converter as suas necessidades materiais de vida e de trabalho em propostas econômicas concretas. (Ferreira Jr.; Bittar, 2006, p. 1169)

A Apeoesp e a adesão do professorado paulista às mobilizações da categoria

No ano de 1930, um grupo de professores, preocupado com a falta de representatividade daquela que era, já então, a maior categoria profissional do serviço público paulista, empreendeu esforços para organizar uma entidade que lhes servisse de voz e representação. Assim, os professores da rede estadual vinculados às quatro séries iniciais do ensino fundamental, constituíram o Centro do Professorado Paulista (CPP) vinculado aos interesses e orientações do antigo ensino primário, que foi, durante muito tempo, o âmbito de responsabilidade governamental da escolarização elementar obrigatória. O CPP nasceu em virtude dessa necessidade de representatividade dos educadores perante os diversos poderes do Estado.

A Apeoesp, por sua vez, tinha por associados o quadro do magistério público estadual que exerciam a docência nas turmas de 5ª a 8ª séries do 1º grau e ensino médio. Fundada em 1945, por algumas décadas em seu trabalho predominou o assistencialismo. Fontes oficiais esclarecem que durante a ditadura militar, a entidade acomodou-se, adaptando-se ao regime autoritário, e foi se afastando do conjunto da categoria, passando a orientá-lo no sentido de também se submeter às determinações oficiais. Os anos de 1976 e 1977 foram decisivos para a mudança na direção da Apeoesp. Um grupo de professores que participara desde o início desta fase de reorganização se constituiu em liderança. Os que eram ligados ao Movimento de União dos Professores (MUP) e ao Movimento de Oposição Aberta dos Professores (Moap), embora atuassem inicialmente mais na rede particular, identificaram-se com a luta pela retomada do movimento da categoria.

A partir de então a tônica do discurso passou a se caracterizar por aspectos ligados às questões mais amplas da vida e do trabalho do professor no exercício das suas funções. A Apeoesp adquiriu então um papel em conformidade com os sindicatos de outras categorias profissionais, e a sua pauta, anteriormente reduzida a encaminhamentos jurídicos convencionais, passou a receber novas temáticas: defesa os interesses diretos, individuais e coletivos; encaminhamentos conjuntos visando à unidade e à unificação das entidades representativas da educação pública; reivindicação contínua pela melhoria do ensino, particularmente do ensino público e gratuito, adesão aos movimentos de outras categorias profissionais. Em 1983, mudou a razão social para Sindicato dos Professores do Ensino Oficial do Estado de São Paulo.

O poder de organização dos docentes enfrentou dificuldades. Apesar das mobilizações, greves e do enfrentamento à ditadura, o movimento teve limites para arregimentar número significativo de professores para participar das assembleias e dirigir as ações. Isso começou a ser sentido no início da década de 1980, quando as convocações foram perdendo adesão e respostas para os apelos do sindicato.

> [...] a partir de 80, vai-se evidenciando um distanciamento do conjunto da categoria em relação às lideranças que há bem pouco tempo tinham sido reconhecidas. Poucos são os que passam a comparecer às manifestações públicas; poucos são os que atendem às convocações para assembleias regionais e/ou estaduais (tanto assim que em um dos Congressos de Professores é proposta uma diminuição no "quorum" necessário, sem o que se tornava impossível realizar uma assembleia que preenchesse as condições estatutárias), grande é a diferença do total de votantes nas eleições para a diretoria da APEOESP em 1979 (para mais) e nas eleições de 1981 (para bem menos) etc. (Ribeiro, 1987, p. 280)

É sobre a ação dos profissionais que atuaram nessa época que se analisa situação política e social do país nesse período. Para isso, importante comentar sobre a formação profissional docente. Pode-se afirmar que o professorado se constituiu em contingente profissional, mal remunerado e, em parte, mal formado profissional e politicamente, mas que ao adquirir consciência de sua situação, conforme Ferreira Jr. e Bittar (2006), aderiu à tradição de luta dos operários, lutando pela superação de suas dificuldades materiais, realizando greves e manifestações.

Apesar da dificuldade de organização dos professores, os profissionais do estado de São Paulo realizaram várias manifestações e greves no período de 1985 a 2000, obtendo conquistas e amargando derrotas. A ação coletiva do professorado paulista se constituiu em uma demonstração de descontentamento com a política governamental para a educação, e com o descaso com a questão salarial e esteve diretamente ligada à atuação da Apeoesp.

As greves causaram grande repercussão, pois criavam problemas para os estudantes e seus familiares e traziam à tona os problemas da educação, levando inclusive a imprensa a se manifestar, como fez o jornal *Cruzeiro do Sul* de Sorocaba-SP, que no o editorial do dia 25 de abril de 1989, publicava:

> [...] ao longo dos últimos anos, quer as atividades das escolas estejam se desenvolvendo em aparente normalidade, quer estejam suspensas por força de uma greve: é um prejuízo ocasionado pela perda de qualidade do ensino e pela formação, na escola, de um ambiente nada favorável ao desenvolvimento da criança e do adolescente. A permanente insatisfação em que estão vivendo os professores, em decorrência dos maus salários que percebem do governo do Estado, tem muito a ver com esse clima pouco favorável ao processo de ensino/aprendizagem. (Magistério..., 1989, p. 2)

Para uma categoria profissional ampla e presente em todo o estado, entrar e manter a greve por longo período era muito difícil. A Apeoesp organizava caravanas do interior para a capital para a participação nas assembleias gerais. As subsedes da entidade faziam as assembleias regionais. Essas greves trouxeram à tona os problemas enfrentados pela educação e mostraram a capacidade de organização dos profissionais, que não aceitaram a desvalorização de suas atividades de forma passiva. A Apeoesp contava com dirigentes bem preparados politicamente e com capacidade de convencimento, características importantes para atuação sindical. Além disso, os professores sentiam o arrocho salarial a que estavam submetidos e viam na greve a única possibilidade de conseguir amenizar essa situação. Compartilhavam com seus pares e refletiam, direta e objetivamente, questões educativas mais amplas, como qualidade de ensino, organização das estruturas escolares, recursos materiais e pedagógicos para o exercício de uma prática educativa capaz de atingir aos ideais de formação pessoal e social.

> A greve dos professores, que completa hoje 73 dias, serviu para demonstrar que, também no que diz respeito ao ensino, a comunidade é altamente mobilizável. Até por ter imposto aos pais de alunos uma preocupação real, essa greve – atinja ou não seus objetivos – já obteve um sucesso, que foi justamente tornar acessível e popular o debate sobre o ensino público. Quase sempre restrito às chamadas elites culturais (professores, universitários, sociólogos, etc.), esse debate ganhou vida e força nas últimas semanas, levando cada pessoa a refletir mais profundamente sobre a escola pública, posicionando-se sobre o assunto. Na imprensa, poucos temas tiraram das pessoas tantas e tão variadas manifestações de opinião. Grupos de pais decidiram reforçar os protestos dos professores, fazendo coro com suas reivindicações, enquanto outros preferiram condenar a greve e pedir a volta às aulas. Já que a greve, em si, provocou tamanha mobilização na sociedade como um todo, seria interessante, também, que o debate não se esgotasse com o eventual retorno às atividades escolares. Contatada a realidade, que é das mais deprimentes, seria absurdo que os pais de alunos, bem como os alunos, retornassem à aparente normalidade dos dias de aula sem tentar, pelo menos, avançar o debate em favor deles próprios, procurando detectar os muitos defeitos do ensino que se oferece na rede estadual e pressionando pela sua melhoria. (A Hora do Ensino, 1989, p. 2)

Essas greves deram maior visão de mundo para os professores, ampliando a discussão em sala de aula para questões mais amplas: as políticas salariais do país, a organização dos trabalhadores e a democracia na escola e na sociedade. Embora tivessem como ponto principal a questão salarial, servia como aprendizado e superação de medos e participação em acontecimento democrático.

> A greve apresenta um conteúdo de aprendizagem, um processo em que a informação e o conhecimento aparecem como elementos de construção de uma relação de confiança entre os professores da escola e também entre estes e a direção do movimento grevista. O medo e a insegurança que acompanham qualquer trabalhador no momento de tomar a decisão sobre a adesão ou não à greve, também são sentidos pelos professores. (Souza, 1996, p. 148)

Muitos professores tinham a consciência de que a greve por si só já era uma vitória, ao mostrar para a sociedade os problemas da educação pública e também suas condições de trabalho. No momento em que a sociedade caminhava rumo a uma democracia e modernização, graças aos avanços tecnológicos, a educação estava retrocedendo. Os problemas eram tantos que jogar a culpa só nos professores acusando-os de despreparados e corporativistas, tentando desqualificar suas greves não tinha sentido. A questão exigiu abordagem social por parte daqueles que se propunham a analisá-la. Para os pensadores de esquerda, críticos do capitalismo e comprometidos com ideais voltados ao socialismo, essa crise na educação era inerente ao sistema capitalista, que queria perpetuar a dominação sobre as classes trabalhadoras, não possibilitando sua emancipação através de uma educação de qualidade.

> O quadro a que está reduzida a escola pública é melancólico: desinteresse dos governos, professores mal remu-

> nerados, despreparados, desanimados; crianças famintas, precocemente envolvidas no trabalho ou na marginalidade, empobrecidas culturalmente face às suas condições de vida, prejudicadas escolarmente por uma escola inadequada; escolas sujas, vidros quebrados, falta de recursos didáticos etc. Os governos estão deixando que a escola permaneça numa agonia sem fim, não para matá-la, mas para mantê-la dentro dos limites mínimos de sobrevivência, tal como vem fazendo com o povo. Não está nos planos dos governos a elevação da qualidade da escola, porque não interessa à classe dominante a formação cultural verdadeira que libertaria os indivíduos [...]. (Libâneo, 2002, p. 80)

A organização dos professores nesse período foi marcada pelo conjunto das reivindicações de melhoria salarial e também pela cobrança de uma escola pública capaz de atender a todos com qualidade. Paradoxalmente, quando as autoridades políticas falavam em uma escola para atender a todos, o que se via era uma escola pública carente de recursos, com limites pedagógicos e até físicos. Das reivindicações sempre constava a cobrança pela melhoria da escola pública.

> A organização dos educadores na referida década pode, então, ser caracterizada por meio de dois vetores distintos: aquele caracterizado pela preocupação com o significado social e político da educação, do qual decorre a busca de uma escola pública de qualidade, aberta a toda a população e voltada precipuamente para as necessidades da maioria, isto é, a classe trabalhadora; e outro marcado pela preocupação com o aspecto econômico-corporativo, portanto, de caráter reivindicativo, cuja expressão mais saliente é dada pelo fenômeno das greves [...]. (Saviani, 2010, p. 404)

Mesmo com as manifestações os professores continuaram alheios a políticas educacionais e pedagógicas elaboradas oficialmente. A partir de 1980, surgiram iniciativas governamentais no sentido de revisão e reformas curriculares.

> No início dessa década, a CENP (Coordenadoria de Estudos e Normas Pedagógicas) continuou a executar o projeto de elaboração dos "Subsídios para a implantação dos guias curriculares". Os subsídios foram elaborados com uma linguagem bem coloquial, pois apresentaram-se sob a forma de manuais para o professor, como um "receituário", indicando a distribuição do conteúdo, do tempo, a avaliação e até palavras que o professor deveria usar. Era enorme, portanto, o grau de detalhamento e especificação, buscando direcionar e controlar a prática docente. (Garrossino, 2007, p. 16)

A política educacional implantada pelo estado reduzia a autonomia do professor em sala de aula, com trabalho orientado por teorias externas à prática e presente no conjunto das diretrizes estabelecidas.

> Um dos aspectos decisivos do processo de redução da autonomia do trabalho docente na rede pública do estado de São Paulo é o fato de que a produção teórica que orienta este trabalho ocorre quase que invariavelmente fora da prática docente cotidiana, pelo menos em nível do trabalho docente na escola básica. Na condição de trabalhador o professor acaba aceitando esta pseudoteoria sem se aperceber muitas vezes que se transformou em um "hospedeiro da ideologia dominante". Este fenômeno leva a uma falsa expectativa de que a teoria que é produzida no exterior da prática docente possa dar conta dos problemas concretos da prática educativa cotidiana. (Notário, 2007, p. 88-9)

Durante a década de 1980, e apesar da continuidade político-partidária, a Secretaria de Educação do Estado de São Paulo enfrentou dificuldades na condução do sistema de ensino.

> Passaram pelo governo do Estado de São Paulo, no período de 1983 a 1990, dois governadores do mesmo partido político, Partido do Movimento Democrático Brasileiro (PMDB). Esse poderia ser um fator positivo para a continuidade das políticas educacionais implantadas no Estado

de São Paulo, entretanto, a administração da Secretaria Estadual da Educação, nesse período, passou por sete secretários, comprometendo, dessa forma, a continuidade administrativa e as políticas educacionais. (Casado, 2006, p. 54)

Por meio da Apeoesp, os professores se organizavam para combater a política educacional do estado e pressionar o governo a atender suas reivindicações. Internamente caminhavam para uma grande divergência, com formação de várias correntes políticas, cuja ideologia teórica e métodos de organização eram conflitantes.

> Durante a década de 80 os Congressos Estaduais foram momentos privilegiados para a avaliação e formulação de propostas do sindicato às políticas governamentais em todas as esferas, porém, com o afastamento do sindicato da base da categoria, sobretudo com o aprofundamento do sindicalismo de massa que privilegiou, sobretudo após 1986, a luta salarial e a estratégia de mobilização da categoria como grupo de pressão, fez com que os Congressos se tornassem arena de conflitos viscerais entre as correntes sindicais atuantes na APEOESP. Assim, os Congressos Estaduais, tornaram-se momentos de debate e disputa de projetos de sociedade, de sindicato, de luta, entre militantes. (Goulart, 2004, p. 165)

Apesar das divergências entre as correntes internas, as resoluções dos Congressos apresentavam propostas tidas como de esquerda ou no mínimo de centro-esquerda, marcando oposição ao governo em vários aspectos, e, dessa forma, colocando a Apeoesp na luta por mudanças sociais amplas, não se limitando apenas a questões corporativas. Como exemplo, a resolução do 6º Congresso Estadual da Apeoesp (outubro de 1985, em Bauru, interior paulista) e que tratava da questão da dívida externa do país e da relação com o Fundo Monetário Internacional (FMI), da seguinte forma:

A APEOESP deve se posicionar pelo não pagamento da dívida externa, mas deve assumir a posição da Conferência Sindical Latino-Americana e Caribenha contra a dívida externa e rompimento com o FMI, em uma grande articulação intersindical e popular supra-partidária; organizar um grande movimento que cobre e dê sustentação a uma nova política econômica contra a dívida externa, que rompa com o FMI. Encaminhamentos: elaborar um documento com linguagem popular sobre o tema da Dívida Externa para os professores utilizarem em sala de aula. (VI Congresso, 1985, p. 7)

Nesse mesmo Congresso, foi aprovada uma posição sobre a Reforma Agrária, em oposição ao projeto do Governo Sarney.

A APEOESP, ao lado da CUT e do Movimento Popular, deve manifestar a sua oposição ao projeto demagógico de Reforma Agrária do Governo Sarney e insistir na luta por uma nova política agrícola e por uma Reforma Agrária radical, sob controle dos trabalhadores, não incluindo na distribuição as terras que representam os interesses de vida, sobrevivência e cultura dos povos indígenas (alertando para a necessidade imediata de ampliação das terras demarcadas). Encaminhamento: a APEOESP deve fornecer subsídios e promover debates sobre a Reforma Agrária, e participar da Campanha Nacional pela Reforma Agrária. (VI Congresso, 1985, p. 7)

O posicionamento da Apeoesp era divulgado nas escolas, em debates organizados por seus militantes e em formas de materiais impressos para serem trabalhados com os alunos. A prática tinha como base a ideia da escola como um

> [...] espaço de interesses distintos de classe: é um espaço de lutas de classes, pois, mesmo que os professores não tenham consciência de sua condição de classe, ele está submetido objetivamente às necessidades de reprodução ampliada do capital. Mesmo não produzindo diretamente mais-valia o professor contribui para a formação da força de trabalho

desenvolvida no interior das escolas que vai ser explorada nos diversos setores da economia. (Notário, 2007, p. 103)

Outra questão importante a ser destacada é que mesmo a Apeoesp sendo a entidade oficial representativa dos professores, suas posições não eram aceitas por toda a categoria, pois muitos profissionais permaneciam alheios às discussões que aconteciam no âmbito da entidade, e muitos sequer concordavam com sua prática. Mesmo nos momentos de greve, muitos professores não aderiam por postura contrária à prática ou por divergirem do movimento sindical.

No âmbito da Apeoesp, e como fator de luta interna, alguns grupos consideravam que a entidade precisava passar por um processo de democratização, superando a divisão entre os que dirigiam a entidade e os grupos de oposição para que ela pudesse ter uma prática sindical unitária, e dessa forma atingir os interesses dos professores.

> Consideramos extremamente importante construir uma prática sindical que busque a ampla unidade e democracia da categoria. Essa é a única forma de forjarmos a força necessária para lutarmos pelas nossas reivindicações. Infelizmente a prática hoje instalada na APEOESP divide artificialmente a categoria impondo um muro entre aqueles alinhados à "diretoria" e aqueles alinhados ao "movimento de oposição", criando um ambiente de patrulhamento político, sectarismo e divisão que prejudica a ampliação e fortalecimento do sindicato, impedindo na prática o livre debate de ideias e o diálogo entre as diferenças. Por isso, um dos nossos principais objetivos é construir uma prática sindical unitária, democrática e ligada aos interesses do conjunto dos professores. (Teses, 1994, p. 15)

Em 1995, assumiu o governo do estado de São Paulo, Mário Covas Júnior, do Partido Social Democrata Brasileiro (PSDB). Em sintonia com o governo federal, direcionou sua política pelos princípios neoliberais. Pautou a política educacional pelo discurso da "otimização" dos gastos, alegando que um dos maiores problemas da escola pública estava no péssimo gerenciamento dos recursos, e que o setor não precisava mais de investimentos, e sim, de fazer bom uso dos existentes. Mesmo para a questão da correção dos salários dos professores, que também em sua avaliação eram baixos, seria necessária apenas uma "adequação" de recursos.

> Parece-nos que o tema central na agenda do governo estadual a partir de 1995 é o de como gerir os recursos que estavam sendo mal gastos, desperdiçados, segundo suas avaliações. Afirma-se que o grave problema dos baixos salários dos profissionais nunca seria resolvido sem que se encontrassem formas de liberar recursos dentro do próprio sistema, já que o Estado não via como possível aumentar investimentos no setor. Este eixo, que viria a ser o articulador de quase todas as medidas implementadas a partir de 1995, foi duramente criticado pelos que identificavam aí a adequação da política educacional às orientações neoliberais, que objetiva um Estado mínimo. Os discursos de que a educação vai mal porque se gasta mal seus recursos, estaria, segundo os críticos ao governo, servindo para justificar o "enxugamento" e esvaziamento das funções sociais do Estado. (Oliveira, 1999, p. 29, aspas no original)

Logo no início do governo foram divulgadas as Diretrizes Educacionais para o triênio de 1995 a 1998, que reconhecia os graves problemas acumulados pela ineficiência das administrações anteriores, e que tornava a situação incompatível com o estado paulista industrializado e moderno.

> As últimas administrações não demonstraram sensibilidade aos problemas que São Paulo teria de enfrentar. Para atender adequadamente às demandas de um Estado com um perfil moderno, industrializado, ágil na absorção dos novos modelos de produção e das novas tecnologias, as últimas administrações deveriam ter investido maciçamente num sistema

de prestação de serviços públicos moderno, racional, bem equipado, eficiente e bem remunerado, de modo a atrair profissionais capacitados e comprometidos com a prestação de um serviço de boa qualidade, notadamente no que se refere aqueles do setor educacional. (Diretrizes, 1995, p. 8)

Para resolver o problema e dar direcionamento à educação pública, as Diretrizes colocavam como prioridade modernizar a Secretaria da Educação, tornando-a ágil, eficiente, moderna e flexível. O discurso neoliberal destacava:

> Buscar-se-á construir na Secretaria uma máquina administrativa leve, ágil, flexível, eficiente e moderna, capaz de ser um instrumento eficaz na implantação de uma nova política educacional. Para tanto, dois objetivos deverão ser atingidos: a instituição de um sistema eficaz de informatização dos dados educacionais e a desconcentração e descentralização de recursos e competências. (Diretrizes, 1995, p. 9)

As Diretrizes expressavam reconhecimento pelo profissional da educação, prometendo valorização e estímulo ao trabalho docente, para que houvesse uma verdadeira revolução no ensino público paulista.

> Nesta administração, o profissional da educação será respeitado, reconhecido e estimulado, pois, estando na ponta da sala de aula, torna-se o responsável pelo sucesso ou fracasso de qualquer política educacional de melhoria da qualidade do ensino. Com um profissional desencantado, desacreditado e desconfiado não há possibilidade alguma de se fazer uma revolução no campo da Educação, capaz de virar a educação paulista pelo avesso e dar a São Paulo um sistema de ensino à altura dos padrões de desenvolvimento do Estado mais rico da Federação. (Diretrizes, 1995, p. 10)

A questão da valorização dos professores, mediante melhorias salariais e melhores condições de trabalho, se constituíra em antiga reivindicação dos docentes, cujos principais aspectos constavam na tese da diretoria da Apeoesp, elaborada para o XIII Congresso estadual da entidade, por meio das reivindicações:

> Piso do DIEESE;
> Reposição das perdas salariais dos governos Quércia e Fleury – 201,36% é o reajuste necessário;
> Cumprimento do Orçamento do Estado: 30% do ICMS para o Ensino de 1º e 2º graus, sendo 23% para salários.
> Gratificação do Trabalho Noturno (GTN) de 50%;
> Direito de optar pelo Regime de Dedicação Plena e Exclusiva (RDPE) para todos os professores;
> Incorporação de todas as gratificações para efeito de aposentadoria, inclusive para os atuais aposentados;
> Pagamento no último dia útil do mês;
> Pagamento integral de 1/3 das férias;
> Pagamento de vencimentos atrasados corrigidos conforme artigo 116 da Constituição Estadual;
> Vale-alimentação equivalente ao das estatais;
> Agilidade na implantação do convênio IAMSPE/hospitais particulares, em todo o Estado.
> Limite máximo de 35 alunos no Ensino Fundamental (5ª a 8ª série) e 2º grau e 30 alunos nas salas de 1ª a 4ª série;
> [...]. (Teses, 1994, p. 5)

O governo Covas tinha na área da educação um desafio ao reconhecer a calamidade em que a situação se encontrava e propor uma "revolução" para o setor. Antigas reivindicações dos professores, no decorrer do mandato governamental, foram se tornando incompatíveis com sua política educacional. No XIV Congresso Estadual da Apeoesp, realizado em outubro de 1995, foram aprovadas resoluções com críticas à sua política para com a educação.

> Ao enviar à Assembléia Legislativa a primeira proposta orçamentária de seu governo, o governador Mário Covas registra austeridade, e o corte afiado se volta principalmente para Educação. Se votada desta maneira, transformando-se

no Orçamento, nunca se terá destinado no ensino fundamental e médio uma fatia tão pequena dos recursos públicos. Uma maneira de ilustrar isso talvez seja comparar o gasto médio no período de 79/94 com que se pretende fazer o ano que vem. No ensino de 1º grau, os três últimos governos gastaram, em média, o equivalente a 22,7% da arrecadação do ICM/ICMS. Para 1996 Covas propõe gastar 17,1%. O 2º grau sofrerá corte equivalente. A média foi 1,6% e o previsto para o próximo ano é de 1,1%. Com os salários da Secretaria de Educação, ao longo dos últimos 16 anos se gastou uma média de 19,6% da arrecadação do principal imposto estadual. A previsão para o próximo ano é de 14,1%. Praticamente o mesmo percentual que se aplica hoje. (Construindo..., 1995, p. 6)

Nesse mesmo Congresso, evidenciou-se o descontentamento da Apeoesp para com o governo de Mário Covas.

Passados dez meses do início do governo Mário Covas, seu Programa de Educação não foi discutido com a sociedade e sequer foram consideradas as opiniões expressas pela comunidade escolar a seu respeito. Eleito com um discurso em que afirmava o compromisso de colocar o salário dos professores num piso de 5 mínimos por 20 horas/aulas, Covas aplica o Plano Decenal em São Paulo com o argumento de que o Estado não tem dinheiro e que a arrecadação caiu, por isso parcelou e pagou atrasado o salário, acabou com a segurança escolar, não cumpre o orçamento, lança a lei complementar (794/95), que estimula a demissão voluntária, contribuindo com o êxodo dos profissionais da Educação, anuncia a demissão de sessenta mil professores e milhares de funcionários públicos. (Construindo..., 1995, p. 8)

Diante dessas divergências, o Congresso da Apeoesp aprovou os principais pontos para embasar as lutas dos professores e combater a política do governo Mário Covas. Conforme Resolução aprovada no XIV Congresso, a Apeoesp lutaria pela:

> Criação de um fórum permanente de discussão dos projetos da SE; Revogação imediata das demissões de professores e funcionários; Revogação imediata do decreto de faltas; Suspensão do projeto de reestruturação da rede; Não implantação do projeto de municipalização do ensino; Não implantação do projeto de parcerias com a iniciativa privada; Rejeição total do projeto de reformas do ensino básico de Covas; Fim das perseguições políticas do governo Mário Covas aos trabalhadores em Educação. (Construindo..., 1995, p. 9)

O governo tratou a Apeoesp com autoritarismo, mantendo uma posição inflexível durante as negociações e procurou desqualificá-la. Além de tomar medidas relacionadas à área da educação sem ouvir os professores e entidade, usou a imprensa para divulgar tais medidas, numa demonstração de desprezo.

> Deve-se salientar que a SEE e o governo buscaram desestruturar o sindicato e enfraquecê-lo frente à comunidade escolar e à população em geral. O governo permaneceu inflexível às negociações com o sindicato durante toda a gestão. Não foi incomum a SEE utilizar-se da imprensa para informar importantes medidas que interferiam na vida escolar, anulando a APEOESP como interlocutora da categoria. Além disso, desferiu ações que atingiram as bases de organização do sindicato. Conquista da APEOESP durante o governo Montoro, a participação dos professores em atividades sindicais como encontros, seminários, reuniões de representantes de escola, eleições do sindicato, entre outras, não constavam como faltas. Em 1996, a SEE nega o abono de ponto aos professores durante as eleições gerais da entidade, que ocorreriam, desde então, com urnas volantes. (Goulart, 2004, p. 174)

Além das discordâncias com as políticas educacionais, havia também divergências entre a concepção de educação que deveria embasar a escola pública. O governo defendia um ensino que preparasse as novas gerações para a economia capitalista, formando cidadãos capazes de se adaptarem às mudanças do processo produtivo capitalista, que estava em processo de crescente internacionalização.

> O profundo avanço tecnológico dos anos 80, o impacto da informatização e o processo crescente de internacionalização da economia estão, naturalmente, a exigir um novo perfil de cidadão: criativo, inteligente, capaz de solucionar problemas, de se adaptar às mudanças do processo produtivo e, principalmente, de gerar, selecionar e interpretar informações. Nesse cenário, a Educação torna-se, mais do que nunca, indispensável ao sucesso econômico e social de qualquer país que se proponha a enfrentar a competição internacional. Consequentemente, passa-se a questionar os sistemas de ensino e a exigir ousadia para revê-los e modificá-los. (Diretrizes, 1995, p. 8)

A entidade defendia uma educação valorizadora da cultura popular, do pluralismo de ideias e voltada para a transformação social. A escola deveria estar a serviço da comunidade, e o ensino privilegiar a formação da consciência crítica, e não simplesmente a formação para se adequar, se adaptar às inovações do sistema capitalista. A educação teria que ser um instrumento de luta em favor da liberdade, visando a uma transformação da sociedade.

> Em nossa concepção, a Escola Pública para o trabalhador deverá ser alegre, competente, séria, democrática e, sobretudo, comprometida com a transformação social, gratuita em todos os níveis e para todos. Deverá vir a ser uma escola mobilizadora, a serviço da comunidade, centro irradiador da cultura popular, capaz de recriá-la, permanentemente. Deverá ser unitária na qualidade e no desenvolvimento de um projeto educacional e de um processo pedagógico que tenha o trabalho como princípio educativo, não no sentido de Escola uniformizadora, formadora de cabeças em série, e sim um espaço sadio de pluralismo de ideias. O saber adquirido na Escola, imprescindível para o cumprimento de suas finalidades, não será visto como um fim em si mesmo – mas como um instrumento de luta. Em nossa concepção,

o fim da Educação é a formação da consciência crítica, predominando a ideia de liberdade. (Resolução..., 1991, p. 2)

Coerente com sua concepção de educação, a Apeoesp tomou a iniciativa de organizar cursos e atividades educativas entre os professores para discutir sobre a educação de interesse para a maioria da população. De acordo com a Apeoesp, essa prática melhoraria a formação dos docentes em todos os sentidos e caminharia no sentido de democratizar a escola pública, normalmente tratada de forma autoritária, recebendo os projetos educacionais do governo de forma vertical, sem discussão com os docentes.

A partir de 1982, a APEOESP assumiu a iniciativa da organização de Congressos de Educação, Encontros por Área, Cursos para professores, mostras de Teatro, consciente de que a melhoria da qualidade do ensino se tornará real se, junto com a luta por melhores salários e condições de vida e trabalho, houver a participação organizada do professorado na transformação da escola e da educação. Foi com este objetivo que nos colocamos em movimento, criando espaços de discussão, onde os professores pudessem democraticamente decidir qual educação interessa à maioria da população. Entendemos que é só desta forma, com a participação de todos os envolvidos no processo educativo, que a educação deixará de ser decidida por poucos, e que, por mais progressistas que sejam suas propostas, será tão autoritária como o foram muitos dos projetos educacionais, leis, etc., implantados no país até hoje. A prática tem demonstrado que os professores só incorporam as mudanças quando participam da sua elaboração. Agindo desta forma, a APEOESP tem obtido vitórias significativas nos últimos anos. Milhares de professores têm participado deste movimento, refletindo e debatendo sobre a sua formação profissional, política e sindical, os conteúdos, a democratização da educação, etc. Temos a certeza absoluta que os professores que têm participado deste movimento, vêm tendo uma prática, na escola e principalmente na sala de aula, consequente e questionadora dos conteúdos impostos pelo livro didático e outras formas de dominação existente dentro da unidade escolar. Este movimento vem tendo uma participação decisiva na democratização da escola. (A Apeoesp, 1988, p. A-3)

Mas a formação profissional dos professores estava bastante fragilizada, e também era motivo de críticas que os responsabilizavam pelo insatisfatório desempenho da escola pública, tanto por parte do governo, que, ciente da situação da educação pública, atribuía a culpa pelo fraco preparo profissional dos docentes, como por intelectuais, que ao analisarem o "caos" em que se encontrava a educação, viam uma parcela de culpa na formação dos professores. Em artigo publicado no jornal *Folha de São Paulo*, em dezembro de 1997, o historiador Jaime Pinsky, ao cobrar mudanças radicais para a educação pública, fez uma análise do perfil profissional do professor da escola pública.

> Jogados diante dos alunos da rede pública, muitos professores são incapazes de operacionalizar conceitos básicos de suas áreas, não conseguem construir um conhecimento junto com o aluno e logo entram no ramerrão dos conhecimentos prontos e acabados. Usando o livro didático não como componente do seu arsenal pedagógico, mas como bengala para suas deficiências, vários estudam com o material que deveria servir para ensinar. Muitas vezes, um livro didático é o único que tanto os alunos como o professor consultaram. (Pinsky, 1997, A-3)

A Apeoesp, ciente dessas carências, cobrava do governo condições para atualização profissional dos professores. A tese "Em defesa do salário e da escola pública", apresentada no XIII Congresso da entidade, reivindicava que a cada ano trabalhado pelo professor, o Estado concedesse um mês de afastamento remunerado para o docente realizar cursos nas universidades públicas.

> A formação dos trabalhadores em educação só não é melhor porque não temos tempo para nos atualizarmos, portanto, a medida necessária, além das que já apontamos anteriormente, é que todos os profissionais tenham um período exclusivo, remunerado pelo Estado, para seu estudo e aperfeiçoamento. Para isso, é preciso reivindicarmos que: a cada ano trabalhado, haja 1 mês de afastamento remunerado para realização de cursos de atualização nas universidades públicas. (Teses, 1994, p. 27)

As razões foram dificultosas para fazer da escola um espaço democrático e solucionar, democraticamente, os conflitos cotidianos. Os decretos e determinações pedagógicas foram baixados sem a participação da categoria em sua elaboração. Muitos diretores e professores atuavam com posturas autoritárias, reproduzindo no exercício de suas atividades a formação que tiveram, e consideravam o direito dado aos alunos como a perda da própria autoridade. Para esses profissionais era difícil conciliar autonomia profissional com a liberdade dos alunos, garantida pelo estado de direito. As experiências vividas por eles, inclusive as greves, nem sempre resultou na superação da formação autoritária e aquisição de consciência participativa, importantes para uma ação docente ampla e de qualidade, a ser entendida como a relação estabelecida entre o professor e os alunos, e a postura do professor dentro e fora da sala, diante de acontecimentos que envolvem sua condição de trabalho e políticas de maior amplitude.

> Ressalta-se, assim, a importância de compreender as ligações do espaço escolar com o sistema de ensino e com o sistema social, para articular as práticas pedagógico-didáticas com as demais práticas sociais concorrentes. (Libâneo; Oliveira; Toschi, 2003, p. 38)

A título de considerações finais, cabe salientar que não adianta o professor reclamar de suas condições de trabalho e não lutar para melhorá-las. Sua ação docente tem que ser crítica e comprometida com a transformação social. Conforme Libâneo, Oliveira e Toschi (2003, p. 32), "[...] é preciso que enxergue mais longe, para tomar consciência das intenções do sistema escolar na conformação de sujeitos-professores e de sujeitos-alunos".

> Um projeto educacional autêntico, comprometido com a escolarização de todos com qualidade, no contexto adverso da sociedade brasileira atual, adquire, necessariamente, um caráter contra-ideológico de conteúdo humanista, de denúncia e desmascaramento do projeto político vigente. E é na ação dos professores que atuam em consonância com suas diretrizes, que ele vai ampliando sua base de apoio. Esse é um dos lados do trabalho do educador: de posse de seu saber, atuando para produzir conhecimento de forma crítica, competente e criativa, ele amplia seu espaço de ação e vai desenvolvendo uma atuação política comprometida com a transformação social em favor da maioria excluída. (Construindo..., 1995, p. 3)

Nesse sentido, as greves protagonizadas pelos professores da rede pública paulista demonstraram que profissionais devem participar ativamente da luta por melhores condições de trabalho e de vida, intervindo para mudar a realidade, e não apenas se incorporando ao mercado de trabalho. É a efetivação da ação docente fora da sala de aula, mostrando aos alunos que devem ser cidadãos críticos, participantes para transformar a realidade em que vivem. Isso é função da escola, que deve investir para a formação da cidadania crítica e participativa.

> A formação para a cidadania crítica e participativa diz respeito a cidadãos-trabalhadores capazes de interferir criticamente na realidade para transformá-la, e não apenas para integrar o mercado de trabalho. A escola deve continuar investindo para que se tornem críticos e se engajem na luta pela justiça social. Deve ainda entender que cabe aos alunos se empenhar, como cidadãos críticos, na mudança da realidade em que vivem e no processo de desenvolvimento na-

cional e que é função da escola capacitá-los para que desempenhem esse papel. (Libâneo; Oliveira; Toschi, 2003, p. 119)

Quando os professores se organizam e reivindicam direitos, como melhores salários e condições dignas de trabalho, estão exercendo a cidadania crítica, pois, além de suas exigências, mostram para a sociedade um problema que diz respeito a todos: as condições em que dá a formação escolar. Além da luta política, é importante o envolvimento dos docentes com suas entidades, buscando aperfeiçoamento e dignidade profissional. Isso reflete sua capacidade de organização que deve servir como exemplo de cidadania.

A participação dos professores nas discussões no âmbito do sindicato, na escola junto com o corpo docente, alunos e comunidade escolar, atua no fortalecimento dos movimentos sociais, e enriquece a ação docente, pois aquilo que a escola deve esperar dos alunos, ou seja, a formação de uma cidadania crítica e participativa é vivenciada pelos professores.

Para a ação docente ser pautada em um projeto político de emancipação social, é preciso que ele entenda o que é estar engajado nos movimentos sociais, participar sindicalmente, demonstrar para os alunos que sua prática condiz com seu discurso de transformação social, despertando a consciência coletiva dos educandos para a conquista da cidadania, que só acontecerá através "[...] do fortalecimento das lutas sociais [...] dependem de ampliar, cada vez mais, o número de pessoas que possam participar das decisões primordiais que dizem respeito aos seus interesses" (Libâneo, 2001, p. 9).

A escola representa o local em que se encontram as aspirações coletivas da sociedade e os projetos pessoais de alunos e professores. E para que a ação docente se torne de fato educacional, é necessário que ocorra a humanização. Respeito, solidariedade, amizade e conquista de direitos são fundamentais. Também as práticas políticas voltadas para a superação das desigualdades sociais despertam para a cidadania e enchem de sentido a ação docente.

> [...] a escola se dá como lugar do entrecruzamento do projeto político coletivo da sociedade com os projetos pessoais e existenciais de educandos e educadores. É ela que viabiliza que as ações pedagógicas dos educadores se tornem educacionais, na medida em que as impregna das finalidades políticas da cidadania que interessa aos educandos. Se, de um lado, a sociedade precisa da ação dos educadores para a concretização de seus fins, de outro, os educadores precisam do dimensionamento político do projeto social para que sua ação tenha real significação enquanto mediação da humanização dos educandos. Estes encontram na escola um dos espaços privilegiados para a vivificação e efetivação de seu projeto. (Severino, 1995, p. 16-7)

A relação entre Estado, escola, profissionais da educação e alunos em alguns aspectos se mantém autoritária, mas em outros aspectos existe a cobrança pela atuação democrática. Nesse contexto, ganham respaldo algumas propostas pedagógicas de cunho progressista.

> Poucos negariam hoje que os processos educacionais e os processos sociais mais abrangentes de reprodução estão intimamente ligados. Consequentemente, uma reformulação significativa da educação é inconcebível sem a correspondente transformação do quadro social no qual as práticas educacionais da sociedade devem cumprir as suas vitais e historicamente importantes funções de mudança. Mas, sem um acordo sobre esse simples fato, os caminhos dividem-se nitidamente. Pois caso não se valorize um determinado modo de reprodução da sociedade como o necessário quadro de intercâmbio social, serão admitidos, em nome da reforma, apenas alguns ajustes menores em todos os âmbitos, incluindo o da educação. (Mészáros, 2008, p. 25)

O período analisado coincidiu com amplos debates políticos na sociedade brasileira, atuação de importantes movimentos sociais, representando avanços democráticos, e como não podia ser diferente, a questão da educação pública ocupou seu espaço. Ao se discutir questões relacionadas às políticas educacionais implantadas pelo Estado e a atuação coletiva dos professores, pôde-se entender a sociedade passando por mudanças em seu aspecto estrutural. Se a sociedade caminha rumo à democracia e ao desenvolvimento científico, a educação adquire maior valor. Mas, para sua concretização, é necessário o debate e a participação de todos os envolvidos. Assim, a atuação das entidades representativas em defesa da categoria docente e da escola pública torna-se fundamental.

Referências

APEOESP em Notícias. Resoluções do Congresso Estadual de Educação da APEOESP em 1991. **Suplemento de Educação**, São Paulo, n. 172, p. 2, maio/jun. 1991.

_____. **A APEOESP e a Formação do Educador**. São Paulo, n. 154, p. 8, dez. 1988.

_____. VI Congresso Estadual Anual da APEOESP. **Caderno de Resoluções**, São Paulo, p. 7, out. 1985.

CASADO, Maria Inês Miquelato. **O sistema de ciclos e a jornada de trabalho do professor do estado de São Paulo**. 2006. 110 f. Dissertação (mestrado em Educação) – Faculdade de Ciências Humanas, Universidade Metodista de Piracicaba, Piracicaba.

CONSTRUINDO um projeto da APEOESP para a Escola. Resoluções Aprovadas no XIV Congresso Estadual de Educação. **APEOESP**, São Paulo, 26 a 28 out. 1995.

CRUZEIRO DO SUL. **Magistério em greve.** Sorocaba, ano 85, n. 24.555, p. 2, 25 abr. 1989a.

_____. **A hora do ensino.** Sorocaba, ano 86, n. 24.612, p. 2, 1 jul. 1989b.

DIRETRIZES Educacionais para o Estado de São Paulo no período de 1995 a 1998. Comunicado Secretaria de Educação de 22 de março de 1995. **Diário Oficial do Estado,** São Paulo, 23 mar. 1995, Seção I, p. 8 a 10. Disponível em: <http://www.imprensaoficial.com.br>. Acesso em: 20 maio 2011.

FERREIRA JR, Amarilio; BITTAR, Marisa. A proletarização dos professores. **Educação e Sociedade,** Campinas, v. 27, n. 97, set./dez. 2006. Disponível em: <http://www.cedes.unicamp.br>. Acesso em: 31 jan. 2011.

GARROSSINO, Silvia Regina Barbosa. **A contribuição de Dermeval Saviani no Conselho Estadual de Educação de São Paulo (1984-1987).** 2007, 94 f. Dissertação (mestrado em Educação) – Faculdade de Filosofia e Ciências, Universidade Estadual Paulista, Marília.

GOULART, Débora Cristina. **Entre a denúncia e a renúncia: a APEOESP (Sindicato dos Professores do Ensino Oficial do Estado de São Paulo) frente às reformas na educação pública na gestão Mário Covas (1995-1998).** 2004. 226 f. Dissertação (mestrado em Sociologia) – Departamento de Sociologia do Instituto de Filosofia e Ciências Humanas, Universidade Estadual de Campinas, Campinas.

LIBÂNEO, José Carlos. **Democratização da escola pública: a Pedagogia crítico-social dos conteúdos.** 18. ed. São Paulo: Edições Loyola, 2002.

_____. **Adeus professor, adeus professora?** Novas exigências educacionais e profissão docente. 5. ed. São Paulo: Cortez, 2001.

LIBÂNEO, José Carlos; OLIVEIRA, João Ferreira de; TOSCHI, Mirza Seabra. **Educação escolar**: políticas, estrutura e organização. São Paulo: Cortez, 2003.

MÉSZÁROS, István. **A educação para além do capital**. Tradução de Isa Tavares. 2. ed. São Paulo: Boitempo, 2008.

NOTÁRIO, Antonio Carlos Soler. **Autonomia do trabalho docente na rede pública paulista**: política educacional e resistência sindical. 2007. 137 f. Dissertação (mestrado em Educação) – Faculdade de Educação e Letras, Universidade Metodista de São Paulo, São Bernardo do Campo.

OLIVEIRA, Sônia Regina Ferreira de. **Formulação de políticas educacionais**: um estudo sobre a Secretaria de Educação do Estado de São Paulo (1995-1998). 1999. 43 f. Dissertação (mestrado em Educação) – Faculdade de Educação, Universidade Estadual de Campinas, Campinas.

PINSKY, Jaime. Um choque educacional para o Brasil. **Folha de São Paulo**, São Paulo, p. A-3, 17 dez. 1997.

RIBEIRO, Maria Luísa Santos. **A formação política do professor de 1º e 2º graus**. São Paulo: Cortez, 1987.

SAVIANI, Dermeval. **História das idéias pedagógicas no Brasil**. 3. ed. Campinas: Autores Associados, 2010.

SEVERINO, Antonio Joaquim. Da escola Como mediação necessária do necessário projeto educacional. Subsídios para os encontros regionais. Preparatórios ao Congresso (Republicação). Resoluções do XIV Congresso Estadual de Educação. **APEOESP**, São Paulo, p. 16-17, out. 1995.

SOUZA, Aparecida Neri de. **Sou professor, sim senhor!** Representações do trabalho docente. Campinas: Papirus, 1996.

TESES para o XIII Congresso da APEOESP. Caderno de Teses. **Educação no Centro das Atenções**: uma urgência nacional. São Paulo, ago. 1994. Disponível em: <www.tudoemfoco.com.br/apeoesp-sindicato-dos-professores.html>

Capítulo 2

LABORATÓRIO DE VER PARA SABER FAZER: A PRIMEIRA ESCOLA DE APLICAÇÃO VINCULADA À ÚNICA ESCOLA NORMAL LIVRE MUNICIPAL DE SOROCABA

Adriana Ricardo da Mota Almeida

Apresentação

Este texto compreende a um excerto da pesquisa da tese de doutorado concluída em 2016, intitulada: *Entre o monumento idealizado e o realizado: a Escola Normal Livre Municipal de Sorocaba (1929- 1967)*.

A relevância do tema diz respeito à preservação da memória da educação na cidade de Sorocaba, localizada no interior do estado de São Paulo, assim como para a história da formação de professores primários, destacando a participação e contribuição dos municípios paulistas para a expansão da educação no estado.

Pudemos verificar que, historicamente, foram poucos os municípios que assumiram essas escolas de formação de professores primários, sendo que, no mesmo período, as instituições particulares, em especial as católicas, tiveram participação de destaque em outros municípios, respondendo por essas escolas, conforme o trabalho de Furtado (2004) e Inoue (2014).

A tentativa foi a de interpretar a história da Escola Normal Livre Municipal, realizando um movimento de análise para além das fontes históricas, alicerçadas na institucionalização e nas culturas escolares.

A origem e criação da Escola Normal Livre Municipal de Sorocaba

A Escola Normal Livre Municipal foi criada pela lei municipal nº 209 (Projecto nº 1 de 16 de janeiro de 1929), cerca de um ano após a criação do Ginásio Municipal, pela lei nº 204 de 31 de dezembro de 1927, na condição de anexa, ou apêndice do mesmo.

O recorte temporal de investigação foi da sua fundação até 1967, quando deixou de ser Escola Normal e tornou-se o "Instituto de Educação Municipal Dr. Getúlio Vargas", conforme a lei nº 1452, de 18 de fevereiro de 1967.

Essa escola de formação de professores primários em regime de externato atendeu, desde sua fundação, alunos do sexo masculino e feminino, e emergiu num contexto político vulnerável de disputas entre duas facções do Partido Republicano Paulista ou peerrepistas[2].

Uma das facções apoiava a criação de escolas de humanidades na cidade, e era formada em sua maioria por membros da maçonaria (Loja Perseverança III), os quais tiveram forte influência e desempenharam um papel político relevante nesse período histórico.

A outra facção, dos vergueiristas (hegemonia do sobrenome da tradicional família Vergueiro), liderada por Luiz Pereira de Campos Vergueiro, desde o início da década de 1910 até o final da década de 1920, posicionava-se contra tal ideia.

Nesse período, a cidade foi privada da criação de escolas secundárias de humanidades, embora já houvesse um movimento social e político em prol de sua criação e instalação desde a década

---

2. PRP: Partido Republicano Paulista: dominante no estado de São Paulo a partir do início da República no Brasil.

de 1910, porém esse governante não acreditava em sua relevância, não havendo, portanto, empenho em concretizar esse plano.

Para ele, a prefeitura de Sorocaba não dispunha de condições financeiras para arcar com a instalação e manutenção dessas escolas e tão somente apoiava a criação de escolas profissionalizantes, por conta da expansão naquele momento, de indústrias e fábricas na cidade, visando uma formação básica de jovens cidadãos para atuarem nas mesmas.

A primeira Escola de Aplicação anexa à Escola Normal Livre Municipal

As escolas-modelo, preliminares ou de aplicação foram criadas por meio do Decreto de 12 de março de 1890[3] com a condição de serem partes integrantes da Escola Normal.

Os normalistas, já no terceiro ano, deveriam praticar os ensinamentos recebidos e aplicar seus conhecimentos nessas escolas, daí o nome "aplicação":

> Sobre a Escola-Modelo [...] o livre pensador e reformador paulista Caetano de Campos asseverava seu papel fundamental na formação de professores, considerando-a base de toda a reforma da instrução pública paulista, pois seria impossível ser mestre sem ter visto fazer e sem ter feito, e disso vem a sua importância. (Penteado; Bezerra Neto, 2012, p. 78)

De acordo com esses autores, as Reformas da Escola Normal (1890) e da Instrução Pública (1892) foram cruciais para concretizar iniciativas significativas e produtivas acerca do magistério público paulista, que focava um ensino primário bem

---

3. Reforma a Escola Normal e converte em Escolas Modelos as Escolas Anexas, ampliando o currículo com ênfase nas matérias científicas, o prolongamento de seu curso para quatro anos e a exigência de uma cultura enciclopédica, a ser avaliada através de exames para ingresso na referida instituição (Tanuri, 1979).

- sucedido, o qual dependia diretamente da qualidade da atuação e formação dos professores normalistas, ou seja:

> [...] sem professores bem preparados praticamente e instruídos nos modernos processos pedagógicos e com cabedal científico adequado às necessidades da vida atual, o ensino não pode ser regenerador e eficaz. (Decreto nº 27, 12 de março de 1890 apud Reis Filho, 1995, p. 50)

A escola de aplicação, anexa à Escola Normal Livre Municipal de Sorocaba, mantida pelo poder público municipal era uma das exigências para o privilégio da tão almejada equiparação, que garantiria a validação dos diplomas expedidos pelas escolas normais livres, mantidas pelos poderes municipais e/ou particulares, às normais oficiais mantidas pelo Estado.

Tanuri (1979) chamou a organização das escolas normais na condição de livres de "simplificadas e modestas", pelo fato de que não havia dispositivos legais que pudessem prescrever a instalação de escolas-modelo (aplicação) a elas anexadas, objetivando a prática pedagógica dos normalistas e garantindo melhor qualidade na formação docente:

> Enquanto as normais do Estado possuíam um grupo escolar e duas escolas-modelo isoladas – uma com a organização das escolas urbanas e outra, das rurais destinados à prática de ensino das normalistas, esta seria cumprida pelos alunos das normais livres em grupos escolares da localidade ou, caso existissem, nas escolas primárias anexas à Normal, quando então seria necessária uma autorização da Diretoria Geral da Instrução Pública. (1979, p. 212-213)

O profissional responsável pela escola de aplicação seria um professor normalista-diretor, nomeado pelo prefeito, e com no mínimo dois anos de experiência no magistério primário. Suas atribuições seriam referentes à coordenação pedagógica, em detrimento da função administrativa, até pelo fato de que o diretor responsável pela escola normal arcaria com tal responsabilidade.

A Escola de Aplicação anexa à Normal Livre de Sorocaba foi criada no dia 10 de julho de 1931, na gestão do Prof. Achilles de Almeida, denominando-se "Curso preliminar annexo", e a partir de 18 de julho do mesmo ano passou a chamar-se "Escola de Applicação annexa". As aulas eram ministradas no período diurno (manhã e tarde), sendo nos anos iniciais de atuação apenas uma turma de cada ano (1º, 2º e 3º), com uma professora cada.

O diretor responsável nesse período inicial foi o prof. Mário de Almeida, normalista formado na mesma escola, o qual posteriormente tornou-se diretor da Normal por vários anos.

Como afirma a autora, existia uma escola de aplicação em Sorocaba, porém nesse ano e nos anos seguintes essa escola ficou estabelecida improvisadamente numa casa localizada à rua Dr. Álvaro Soares, e nas dependências emprestadas do Ginásio do Estado, até o ano de 1939, em precárias condições e provavelmente não atendendo à gama de exigências oficiais, exceto o mínimo básico, de ensinamento das primeiras letras e contas. Apesar desse possível contexto cumpriu a parte que lhe cabia, alfabetizando centenas de alunos e contribuindo para a melhoria da prática dos normalistas, futuros docentes primários.

Os únicos registros encontrados nesse período referentes à escola de aplicação foram os registros da frequência docente, ou livro ponto, até o ano de 1946, além do único livro de registros de "Atas de exames do Curso Primário Anexo à Escola Normal Livre Municipal", referente ao período de 1944 a 1963.

As primeiras professoras da escola de aplicação foram D. Anna Zizina de Arruda e D. Emília Rodrigues Leite, as quais lecionaram nas duas "classes de 1º e 2º gráo", ou 1ª e 2ª séries primárias, conforme ilustração abaixo, que mostra o registro do primeiro dia de exercício da escola de aplicação:

Figura 1: Folha nº 35 do primeiro livro ponto docente (1931)

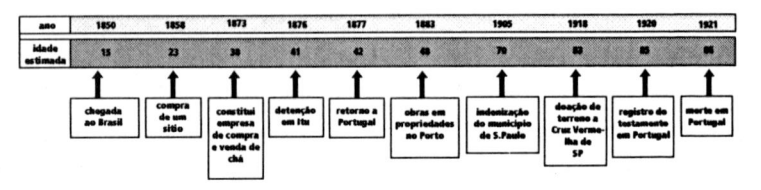

ano	1850	1858	1873	1876	1877	1883	1905	1918	1920	1921
idade estimada	15	23	38	41	42	48	70	82	85	86
	chegada ao Brasil	compra de um sítio	constitui empresa de compra e venda de chá	detenção em Itu	retorno a Portugal	obras em propriedades no Porto	indenização do município de S.Paulo	doação de terreno a Cruz Vermelha de SP	registro de testamento em Portugal	morte em Portugal

Fonte: Arquivo morto escolar E.M. "Dr. Getúlio Vargas".

A partir de 1º de março de 1932, havia, além das classes de 1º e 2º graus, as de 3º e 4º graus, ministradas as aulas pela professora Aracy Rodrigues Leite (esta irmã da professora Emília).

Os horários ministrados na Escola de Aplicação eram os seguintes:

Quadro 1: Horários das aulas na escola de aplicação

Classes	Horários	Professora
1º grau	8h00 às 11h00	Anna Zizina de Arruda
2º grau	11h00 às 14h00	Emília Rodrigues Leite
3º e 4º graus	14h00 às 17h00	Aracy Rodrigues Leite

Fonte: Elaboração própria. Primeiro livro ponto docente – arquivo morto escolar.

D. Anna Zizina de Arruda lecionou até exatos 4 de março de 1932, sendo substituída pela professora Maria Christina Ferreira a partir de 9 de março até o dia 16 de abril de 1932, quando retornou ao exercício do cargo, e acreditamos que seu afastamento naquele período deu-se por conta de algum tipo de licença.

A Profa. D. Anna Zizina de Arruda casou-se alguns anos mais tarde com o Prof. Achilles de Almeida (diretor da Escola Normal no início dos anos 30), e o nome da sua pessoa imortalizou-se no terceiro Parque Infantil de Sorocaba, localizado no bairro Largo do Divino, criado no ano de 1957, hoje CEI-03 "Dona Zizi de Almeida", levando seu apelido e sobrenome de casada.

Em alguns anos durante a década de 1940, o corpo docente era formado por:

Quadro 2: Equipe docente da Escola Primária na década de 1940

Curso primário	Professores
1º ano	Desolina de Souza
2º ano	Maria de Lourdes Fasano
3º ano	Guiomar Verano
4º ano	Esther Bueno de Camargo

Fonte: Elaboração própria. Livro ata de exames finais da Escola primária (arquivo morto escolar).

A equipe docente da escola primária nesse período foi constituída por quatro professoras formadas pela Escola Normal Livre Municipal, como veremos em tópico posterior, todas na faixa etária dos trinta anos de idade, como mostrou o quadro acima (década de 1940). Verificamos a faixa etária nos registros dos diplomas das referidas professoras.

A nomenclatura foi alterada para "escola primária" e não mais "escola de aplicação", além da divisão das turmas em anos e não em graus.

A direção da escola primária passou para as mãos da Profa. Anna Maria Augusto Rosa, no dia 11 de maio de 1945, cujo cargo era assistente. Essa professora, também formada pela Escola Normal Livre de Sorocaba, já havia lecionado na primária como substituta, e sua coordenação pedagógica exemplar perdurou por quase três décadas, como pudemos constatar por meio dos mapas de movimento.

Nos anos 50, parece que somente a escola de aplicação não deu conta de atender à demanda de professorandos, e estes foram estagiar e aplicar seus conhecimentos nos grupos escolares estaduais.

No curso primário anexo funcionavam quatro turmas, sendo uma de 1º, 2º, 3º e 4º anos. O processo de alfabetização deveria ocorrer já no 1º ano, e foi a turma que mais reteve seus alunos. Eram os conservados. A média de aprovação dos 1º anos dava-se em torno de 60% ano. Até o ano de 1945, esses alunos eram avaliados por meio da aritmética, linguagem escrita e leitura apenas, o que traduz bem o básico "ler, escrever e contar".

Já os alunos dos demais anos passavam por testes de Aritmética, Português, Geografia e cartografia, História, Ciências e Leitura. A média de aprovação girava em torno de mais de 75% por ano.

O termo final de exame era redigido pela diretora da escola, Profa. Anna Maria Augusto Rosa, e os mesmos eram realizados em meados do mês de novembro:

> [...] realizaram-se os exames finais deste curso primário, com a assistência das respectivas professoras e sob a presidência da diretora, profª Anna Maria Augusto Rosa. A escola alcançou o seguinte resultado geral: porcentagem de alfabetisação 61,76% (sessenta e um inteiros e 19 centésimos); Total de examinados 82 (oitenta e dois); Total de promovidos 64 (sessenta e quatro); Concluiram o curso 15 (quinze). Nada mais havendo a constar, encerro a presente ata que segue assinada por mim e professoras. (Anna Maria Augusto Rosa. Sorocaba, 22 de novembro de 1949)

Além de mais reprovar, as turmas de 1º ano eram as mais lotadas, com cerca de 35 alunos. Em todos os anos, caso o aluno faltasse ou estivesse doente no dia dos exames, estava automaticamente conservado (reprovado).

As turmas dos anos finais mantinham um número adequado de alunos, em torno de 25 a 26 alunos, tanto que o índice de aprovação sempre passava de 80%. Ao contrário dos anos iniciais, 1º e 2º, a taxa de reprovação podia chegar aos chegava aos 53% numa turma de 35 alunos, por exemplo.

Havia classes mistas, masculinas e femininas, e o corpo docente manteve-se com os mesmos nomes por vários anos, entre eles: Maria de Lourdes Fazano, Celeste Stella Campos Maia, Desolina de Souza, Maria Antonieta Melchior, Maria dos Santos Pires do Amaral, Margarida Maria Ferraz (que veio a falecer em 2015, na cidade de Sorocaba, com 91 anos de idade).

Durante a década de 1950, foi visível o aumento de alunos por turma, chegando até 48, como a turma do 4º ano misto da Profa. Maria Margarida Ferraz, curiosamente com 47 aprovados. Assim, aumentou também o número de professoras substitutas. Resta-nos pensar se esse aparato humano ocorreu diariamente ou somente por ocasião dos exames finais, certamente para garantir um controle e aprendizado mais eficiente dos alunos, e assim evitar fatos indesejáveis, como a possível "cola".

E se no dia a dia as professoras eram fadadas a reger classes com essa quantidade absurda de alunos, ficou fácil compreender o porquê de tantas professoras substitutas. Esse livro registrou dezoito anos de trabalho com as turmas do ensino primário, realizado por um corpo docente e de apoio essencialmente feminino. Embora a escola primária fosse anexa à escola normal, pareceu uma escola totalmente independente, realizando um trabalho também independente, já que não verificamos nenhum visto ou parecer dos diretores, que nesse período foram pelo menos três.

Lembramos que o trabalho da diretora da escola primária deveria ser especialmente voltado ao pedagógico, e o do diretor da escola normal deveria abranger tanto o pedagógico quanto o administrativo.

O fato é que a Profa. Anna Maria Augusto Rosa sempre procurou fazer jus a um trabalho sério, e certamente não mediu esforços para garanti-lo. Inclusive nesse mesmo livro, houve dias em que a própria Anna atuou como professora substituta.

Todas as atas finais foram redigidas por ela mesma, e cada professora tinha a incumbência de redigir a da sua turma. Esse trabalho ocorreu durante todos os meses de novembro.

É fato também que esse corpo de mulheres professoras detinham muita garra e conquistaram o respeito de boa parte dos alunos que passaram por suas mãos, assim como das famílias que, apesar de atuarem perante a escola invisivelmente, cumpriram o seu papel de educar.

Mas incoerências gritantes também foram registradas: em 1959, uma classe de 2º ano mista, regida por uma professora substituta, com 22 alunos, teve uma porcentagem de aprovação de apenas 40%, ou seja, apenas 9 alunos aprovados!

No mesmo ano, uma observação ao final dos registros de uma das atas de 1º ano, dizia: "O aluno José Dimas Bessórnia, por estar doente, não compareceu aos exames finais. Foi julgado pelas provas mensais do 2º semestre, foi conservado".

A questão da retenção não era uma regra, entretanto aprovar 100% da turma era uma exceção: a Profa. Celeste Stella de Campos Maia, por exemplo, lecionou por mais de trinta anos, foi a que menos faltou e a que menos reprovou seus alunos.

Ela trabalhava com os anos finais (4º e 5º anos primários). Foi comum verificarmos suas atas e constatarmos a aprovação total de suas turmas. Lembrando que as turmas na maioria das vezes iniciavam com cerca de 35 alunos, e no ano final podiam chegar a 18 ou 20 apenas.

Em contrapartida, a Profa. Desolina de Souza (que atuou com o ano inicial, alfabetização), foi uma das que mais reprovou. Certamente sua responsabilidade em "mandar adiante" essas crianças pode ter feito com que agisse de maneira a acreditar que estava fazendo um bem a esses alunos. Ou não.

Como os registros das avaliações foram sucintos e numéricos, não deixando transparecer quais estratégias didáticas eram ou não utilizadas pelas docentes, quisemos acreditar que essa professora em especial utilizou-se das melhores estratégias, ou das que melhor atingiram a maioria de seus alunos.

Outros fatos relevantes sobre a Escola Primária: as classes poderiam ser mistas, masculinas ou femininas. Da média de 84 alunos matriculados em todos os anos até 1950, a partir de 1951 vai para 139, sendo um aumento de 64%. A partir de 1953, o 5º ano final passa a existir. Reiterando: 1º e 2º anos: maiores taxas de reprovação. 5º ano: 100% de aprovação. As professoras substitutas são atrizes protagonistas todos os anos. Em 1955, a média de 152 alunos matriculados aumentou para 212, num total de 62%. Em 1956: de 212 para 239.

Em 1957: classes com até 48 alunos matriculados, inclusive nos anos iniciais. Foram sete turmas, 281 alunos. Oito turmas em 1958 e um total de 295 alunos.

O programa didático dos anos iniciais (1º alfabetização e 2º ano): linguagem escrita, aritmética, conhecimentos gerais e leitura. Demais séries: linguagem escrita, matemática, conhecimentos gerais e leitura.

Quanto às duas turmas do pré-primário, encontramos apenas o registro, nesse mesmo livro, de atas escritas pela Profa. Anna Maria A. Rosa, de visitas a essas classes, em 30 de novembro e 14 de dezembro de 1959, os quais resolvemos transcrever pela riqueza da especificidade dos detalhes e revelações:

> No dia trinta de novembro de um mil novecentos e cinquenta e nove, realizei uma visita à classe pré-primária de primeiro grau sob a regência da profª Maria Coraly Genofre de Carvalho, para verificar o trabalho realizado pela dita professora no correr do ano de um mil novecentos e cinquenta e nove. Ao findar o ano letivo eram 32 os alunos matriculados, não estando entretanto, todos presentes. A professora da classe expôs os trabalhos executados pelos alunos, em madeira, papel, massa, caixas de fósforos, pausinhos de sorvete e outros materiais usuais. Muitos deles eram pintados em guacho. Em seguida os alunos apresentaram números de recitativo e cantos, aprendidos em classe.

> Examinando os trabalhos e mais os caderninhos de desenho e pintura e em palestra com a professora, verifiquei que cinco alunos se destacavam pela aplicação e capricho: Wilson dos Santos Corrêa, Alzira Teresinha Martins, Wally Martinelli, Lúcio Ângelo Rosa, Cleni Aparecida Mentone. Com exceção de seis alunos que continuarão no jardim, ou melhor, no primeiro grau do pré-primário, os demais passarão a frequentar o ano seguinte o segundo grau. Devo anotar também alguns trabalhos realizados pela professora, para decoração da classe, durante o estágio de dez dias, que fez nos parques infantis da cidade. De tudo para constar, lavrei a presente ata que vai por mim assinada. Sorocaba, 30 de novembro de 1959. Anna Maria Augusto Rosa, diretora.
> (Anna Maria Augusto Rosa, 30 de novembro de 1959)

Nesse primeiro registro, pudemos enfatizar o caráter lúdico, artístico com trabalhos manuais e utilização de sucatas, a retenção (as crianças tinham apenas 4 anos de idade), assim como destaque aos alunos aplicados, e realização de estágio nos parques infantis da cidade, os quais foram arquitetados para atender a essas crianças menores, afinal tínhamos um parque dentro de uma grande escola, o que remeteu-nos à constatação de que o tempo e espaço para essas crianças foi por demais prejudicado, já que literalmente nunca houve um parque dentro da escola para os momentos de lazer externos.

Os registros da visita a outra classe pré-primária do segundo grau (hoje pré I e pré II – 4 e 5 anos de idade) diziam:

> No dia 14 de dezembro de um mil novecentos e cinquenta e nove, realizei uma visita à classe pré-primária do segundo grau, sob a regência da prof^a substituta Maria das Graças Morais Arruda. A titular prof^a Berenyce Santana achava-se licenciada, por três meses. A prof^a substituta apresentou os cadernos de caligrafia, desenho, linguagem, ou melhor, cópia e contas. Verifiquei em todos eles, capricho e esforço da parte dos alunos e correção e notas, da professora dadas com cuidado e constância. Entre todos pude destacar como me-

lhores, os cadernos dos alunos: Dirceu Doreto, Maria Regina Mendes, Ana Lúcia Amaral Silva e Maria Lúcia dos Santos Pires do Amaral e mais oito alunos também bastante aplicados; seguiam-se dezoito alunos médios e seis alunos fracos. Por idade todos eles frequentarão no ano que vem as aulas do primeiro ano primário. As crianças apresentaram cinco canções novas: Gatinhos, Nha Chica, Jumento, Sapo e Brasil. Foi a parte que mais despertou minha atenção e mesmo admiração pois era patente o cuidado que tivera a professora na escolha e no ensino dessas cançõezinhas. De tudo para constar, lavrei a presente ata que vai por mim assinada. (Anna Maria Augusto Rosa, Sorocaba, 14 de dezembro de 1959)

Essa era a classe das crianças de 5 anos. Em relação ao relato anterior, houve fortes evidências de um caráter escolar propriamente dito: a caligrafia, cópias, contas, correções, notas e a questão da aplicação. Alunos fortes, medianos e fracos. A diretora afirmou que pelo quesito idade, todos iriam frequentar o primeiro ano primário no ano seguinte, mas estariam fadados certamente à retenção, os ditos "alunos fracos".

Todos esses indícios revelados conferiram a essas fontes históricas um estatuto de um papel revelador de culturas escolares específicas e destacaram aspectos que pudemos identificar nesses registros ordinários da escola, no caso, nesse livro de registro de atas de exames finais.

A escola de aplicação em sua organização, no seu funcionamento, compôs uma multiplicidade de traços culturais, caracteres e valores que estão na base da cultura dessa instituição, representados, de acordo com Viñao Frago (2000), por inúmeros elementos constituidores das culturas escolares, tais como o papel desempenhado pelos professores e alunos, os modos de comunicação, de registros e a especificidade do atendimento às crianças de tenra idade. E outro detalhe relevante: liderada somente por mulheres.

Como explanamos, a década de 1950 foi marcada por grandes mudanças na estrutura da escola normal e na evolução das mudanças na escola primária.

Tornou-se finalmente equiparada, retornou o funcionamento do ginásio, a escola normal passou a ser noturna, levou o nome oficial de "Dr. Getúlio Vargas", portanto, pudemos afirmar que urgiu pensarmos em mais de uma cultura escolar, ou em elementos dessa cultura por conta dessas singularidades.

Considerações finais

A Escola de Aplicação, criada em 1931, estabeleceu-se no mesmo seio conjuntural de intempéries sociopolíticas partidárias e econômicas da criação da Escola Normal Livre Municipal, num momento histórico em que a indústrias começavam a instalar-se na cidade, no fenômeno da industrialização de cidades do estado de São Paulo.

Sua função básica era a de laboratório para o estágio dos alunos normalistas, que deveriam acompanhar as aulas ministradas por professoras primárias, sendo que várias delas, anos antes formaram-se na mesma escola normal e encaminhavam-se na profissão, regendo turmas do chamado primeiro grau primário.

O nome inicial de criação, "Escola de Aplicação", foi justamente pelo fato de os normalistas deverem aplicar seus conhecimentos na prática, os quais foram aprendidos durante as aulas de Didática e Prática de Ensino na Escola Normal, embora essa aplicação e análise dos conhecimentos ocorressem por meio da observação atenta.

Outras escolas normais particulares (Instituto de Educação Santa Escolástica, Ciências e Letras, Organização Sorocabana de Ensino e o Curso Normal vinculado ao Ginásio do Estado) foram instaladas na cidade, a partir do final das décadas de 1940 a 1960, porém a Normal Livre juntamente com a escola de Aplicação anexa, continuaram destacando-se das demais, pois foi conquistado certo prestígio entre a população sorocabana e das cidades da região, e embora fosse uma escola para poucos, contribuiu com a formação escolar das primeiras letras de algumas centenas de crianças sorocabanas no período de 1931 até 1967. Apesar de todas as intempéries políticas e econômicas envolvendo o município de Sorocaba, além das mudanças constantes de prefeitos e outros, o papel do município foi crucial para o avanço da educação e instalação das demais escolas de caráter municipal que viriam a formar a rede municipal de ensino, que hoje conta com cerca de cento e cinquenta unidades na cidade, desde creches até o ensino médio.

Referências

ALMEIDA, Adriana Ricardo da Mota. **Entre o monumento idealizado e o realizado**: a Escola Normal Livre Municipal de Sorocaba (1929 a 1967). 25 ago. 2015. 243 f. Tese (doutorado em Educação). – Universidade de Sorocaba, Sorocaba.

FURTADO, Alessandra Cristina. A cultura escolar católica e a formação docente na escola normal livre Nossa Senhora Auxiliadora de Ribeirão Preto/SP, 1944-1970. **Texto integrante dos Anais do XVII Encontro Regional de História** – O lugar da História. ANPUH/SPUNICAMP. Campinas, 6 a 10 de setembro de 2004. CD-ROM.

INOUE, Leila Maria. **Igreja Católica e formação de professores em São Paulo**: a Escola Normal Livre Sagrado Coração de Jesus (1943). 2014. Tese (Doutorado em Educação) - Faculdade de Filosofia e Ciências, Campus de Marília. Universidade Estadual Paulista Julio de Mesquita Filho, São Paulo.

PENTEADO, Ana Elisa de Arruda; BEZERRA NETO, Luiz. As reformas educacionais na Primeira República (1889-1930). In: ANDREOTTI, Azilde Lima; LOMBARDI, José Claudinei; MINTO, Lalo Watanabe (orgs.). **História da administração escolar no Brasil**: do diretor ao gestor. Campinas: Alínea, 2012.

REIS FILHO, Casimiro dos. **A educação e a ilusão liberal:** origens do ensino público paulista. Campinas: Autores Associados, 1995.

SOROCABA (município). **Lei nº 1452, de 18 de fevereiro de 1967.** Arquivos da Escola Municipal "Dr. Getúlio Vargas".

_____. **Lei nº 379 de 29 de outubro de 1954.** Arquivos da Escola Municipal "Dr. Getúlio Vargas".

_____. **Lei nº 119, de 4 de julho de 1949.** Arquivos da Escola Municipal "Dr. Getúlio Vargas".

_____. **Decreto nº 11, de 24 de janeiro de 1933.** Arquivos da Escola Municipal "Dr. Getúlio Vargas".

_____. **Ato nº 12 de 1933.** Arquivos da Escola Municipal "Dr. Getúlio Vargas".

_____. **Lei nº 209, de 16 de janeiro de 1929.** Arquivos da Escola Municipal "Dr. Getúlio Vargas".

_____. **Lei nº 204, de 31 de dezembro de 1927.** Arquivos da Escola Municipal "Dr. Getúlio Vargas".

SOUZA FILHO, João Dias de (org.). **Sorocaba 350 anos** – uma história ilustrada. Sorocaba: Fundação Ubaldino do Amaral, 2004, p. 177-192.

_____. História da formação de professores. **Revista Brasileira de Educação**, Rio de Janeiro, n. 14, maio/jun./jul./ago. 2000, p. 61-88.

TANURI, Leonor Maria. **O ensino normal no estado de São Paulo, 1890-1930.** São Paulo: FE/USP, 1979. Série Estudos e Documentos.

VIÑAO FRAGO, Antonio. **Culturas escolares, reformas e innovaciones**: entre la tradición y el cambio. 2000. (Texto divulgado pelo autor e ainda não publicado).

Capítulo 3
O CAMPO ESCOLAR E A CULTURA ESCOLAR DE PILAR DO SUL E A IMIGRAÇÃO JAPONESA (1934-1976)

Adriana Aparecida Alves da Silva

Introdução

Retomar a obra, após algum tempo de afastamento, foi um movimento prazeroso, pois permitiu retomar lembrança do processo de pesquisa, refletir sobre as direções que a investigação foi tomando e como esse processo resultou no doutorado em educação. Momentos de recordações dos documentos, das pessoas envolvidas, das histórias de vida remexidas. A obra expõe o percurso de pesquisa, e ao mesmo tempo a descoberta da nossa própria história como pilarenses, pois durante a pesquisa nos deparamos com nomes e indícios que se entrelaçam com as histórias de vida de muitos personagens que fazem parte da nossa vida e algumas facetas dessa pequena cidade, onde nasci e cresci.

Na obra revisito alguns conceitos como "cultura escolar", "campo escolar" e "hábitos" fundamentais para a pesquisa, traço um pouco das diferentes facetas, da minha cidade, Pilar do Sul-SP, com seus sujeitos e jeitos próprios de viver e pensar. O processo de imigração dos japoneses para o Brasil, sua chegada à cidade, as mudanças, a euforia, o estranhamento e o processo de integração desses novos agentes do campo social urbano foram determinantes para delimitar sua cultura e economia.

A constituição do campo escolar, inter-relacionado com o campo social, me levou a mergulhar na cultura escolar, buscando compreender quais transformações ocorreram no campo escolar após a chegada dos imigrantes japoneses e quais foram as mudanças na cultura escolar após o ingresso dos japoneses e descendentes nas escolas, enfatizando a problemática e objetivo central da obra: abordar as transformações do campo escolar e as mudanças na cultura escolar, relacionando-as com o campo social, no período de 1934 a 1976.

O recorte temporal vai de 1934, ano de fundação do Grupo Escolar "Padre Anchieta", a 1976, ano em que o campo escolar foi redefinido devido à implementação da lei nº 5692 de 1971. Nesse período, o campo escolar de Pilar do Sul foi se constituindo na inter-relação com o campo social, que demandava diferentes configurações de escola.

Para melhor compreender as ideias abordadas neste texto, considero importante trazer algumas facetas da história de Pilar do Sul e os aspectos teórico-metodológicos da pesquisa.

Pilar do Sul é uma pequena cidade do interior do estado de São Paulo, com a economia baseada na produção e comercialização agrícola. Sua origem e o início do processo de urbanização foram marcados pelo transitar de tropeiros, mineiros e pela imigração japonesa.

Os tropeiros, que vinham do Sul trazendo os muares, paravam na região para descansar, caçar e comercializar mulas, antes de chegar à cidade de Sorocaba-SP. Nesse transitar dos tropeiros, mais a doação de terras para algumas famílias mineiras, às margens do rio Sarapuí, iniciou um povoamento.

As famílias mineiras, vindas principalmente de Ouro Preto e São João Del Rei, chegaram trazendo a esperança de encontrar ouro na região. Mesmo com a inexistência do metal precioso, estabeleceram-se na região, vivendo principalmente da agricultura de subsistência. No final do século XIX e nas duas primeiras décadas do século XX, Pilar do Sul era uma vila de Sarapuí e por dois anos na década de 1930, foi vila de Piedade, conquistando sua emancipação política em 1936.

Em 1945, quando os primeiros imigrantes japoneses chegaram a Pilar do Sul, encontraram uma pequena cidade, com pouca infraestrutura. A energia elétrica era racionada, pois a cidade utilizava o excedente da produção de energia da usina hidrelétrica construída pela *Light and Power* e comprada pela Companhia Nacional de Estamparia, responsável também pelo serviço telefônico. Não havia serviços de água, esgoto, coleta de lixo e nem correios, e a economia era baseada na agricultura de subsistência.

Na cidade, as casas possuíam grandes quintais onde havia hortas, pequenas plantações de milho e mandioca. Um morador relatou em seu livro de memórias a lembrança de sua casa ao redor da praça central.

> O quintal de nossa casa era muito grande, ocupando quase um quarteirão... tinha de tudo, um jardim florido com muitas flores. Plantações de milho, mandioca, abóbora, melancia, verduras, pomar... na casa dos vizinhos também era repleta de verduras e frutas... (Valio, 2005, p. 192)

Analisar a história dessa cidade é tentar compreender uma lógica peculiar, com modos de viver e pensar marcados pela oralidade e por um "tempo da natureza" (Tompson, 1998, p. 268) e não do relógio. O viver se desenrola pelas necessidades dos afazeres do cotidiano e o badalar do sino da igreja.

A vida cotidiana das pessoas que moravam na zona urbana era embalada pelos sinos da igreja, que marcavam muito mais que o passar das horas, mas sim todos os acontecimentos da cidade. A cada soar diferente dos sinos havia um significado que apenas o ouvido aguçado e treinado de um morador poderia informar com convicção o que significava. O soar das badaladas poderia significar que alguém tinha morrido e o corpo estava sendo velado, que o cortejo do enterro havia saído da igreja ou que o corpo já havia sido enterrado. Poderia também significar o anúncio de um nascimento, o começo de uma festa, de um casamento, o anúncio de um acontecimento importante, a preparação para o início da missa ou da reza do terço da tarde.

O terço começava às 18 horas e 30 minutos, sendo que às 18 horas o sino soava as badaladas anunciando o início próximo. Esse era um momento muito importante do dia, porque era usado como desculpa para reunir as pessoas e saber das novidades. As pessoas chegavam antes do horário da reza para saber das novidades da vida da cidade. Isso não era apenas uma conversação cotidiana, pois as pessoas tinham informações importantes sobre quem estava doente, quem necessitava empregar alguém e quem estava precisando de emprego, entre outros assuntos.

A população trabalhava no comércio, na prestação de serviços, na agricultura e na criação de porcos e cavalos.

Segundo o IBGE, em 1950 Pilar do Sul tinha 8.053 habitantes – 4.182 homens e 3.871 mulheres. Desses, 6.281, ou seja, 78% viviam na zona rural. A maioria da população que vivia no campo morava em suas propriedades. As casas eram de pau a pique, com muitos quartos, salas e grandes janelas de madeira.

O trabalho era dividido entre todos os membros da família. As crianças, diariamente, antes de irem para a escola, iam buscar água no rio para as suas mães, alimentar as galinhas e os porcos. As mulheres faziam farinha de milho, limpavam o arroz no pilão, fabricavam a quirera, o fubá no monjolo, ordenhavam as vacas, preparavam o queijo, lavavam roupa no rio, cuidavam da casa, da alimentação e dos filhos. Os homens trabalhavam na lavoura, na doma das tropas e, eventualmente, caçavam e matavam porcos e galinhas para o sustento da família ou para venda.

As crianças pequenas e as mulheres iam pouco à cidade; apenas em casos de muita necessidade ou em acontecimentos importantes, como casamentos, velórios e festas religiosas. O cotidiano era marcado por um tempo que se desenrolava pelas necessidades dos afazeres, pelos passeios na praça central para namorar e conversar após a missa.

Nesse desenrolar do cotidiano qualquer acontecimento causava muitos cochichos na cidade, e foi o que aconteceu, segundo João Lacerda[4], quando alguns moradores avistaram a chegada de um caminhão na cidade com vários imigrantes japoneses na carroceria, acompanhados de um intérprete.

Esse acontecimento causou muitos murmúrios, pois era um povo muito diferente que chegava, com uma aparência peculiar, com vestimentas tradicionais da cultura japonesa que os moradores nunca tinham visto.

Segundo João Lacerda, morador de Pilar do Sul, não se falava em outra coisa na reza do terço das tardes senão da chegada dos imigrantes japoneses, de sua vestimenta estranha e propostas de compra de terras, que os pilarenses consideravam improdutivas.

Os imigrantes japoneses encontraram uma pequena cidade com poucas casas ao redor da praça central, dois bairros na zona urbana, Peixinho e Campo Grande, e vastas terras na zona rural, onde poderiam se instalar e começar a produção agrícola.

A região era considerada ideal para se estabelecer, pois continha muitas terras apropriadas para o plantio dos novos produtos que os imigrantes japoneses queriam introduzir na região. Eles sabiam identificar a qualidade das terras, o melhor clima e tinham conhecimento de técnicas de manejo, possibilitando, assim, uma maior produção. Algumas famílias japonesas chegaram a Pilar do Sul já com suas terras compradas, pois o dono da Fazenda Moquém a havia loteado e vários corretores tinham vendido esses lotes para os japoneses e descendentes. Contudo, a maioria dos japoneses e descendentes que veio para a cidade não tinha comprado suas terras.

Esses japoneses e descendentes chegaram com a proposta de comprar as terras que não eram cultivadas pelos antigos mo-

---

4. João Lacerda: morador da cidade de Pilar do Sul – depoimento concedido em 2006.

radores, deixando-os com as casas, as terras próximas e oferecendo-lhes emprego.

Os moradores de Pilar do Sul ficaram entusiasmados com as propostas de compra, pois viviam do cultivo de subsistência, utilizavam pequenas extensões de terra e consideravam as terras que seriam vendidas impróprias para o cultivo. Dessa forma, o negócio seria lucrativo, pois não perdiam suas casas, ficariam com as terras necessárias para o cultivo familiar e ainda seus filhos poderiam trabalhar para os japoneses.

As famílias japonesas compraram terras próximas e assim, em conjunto, possuíam vastas extensões de terras. As terras compradas, apesar de serem apropriadas e de boa qualidade, não estavam em condições de serem cultivadas. Segundo Sakurai (2007, p. 247), os japoneses encontravam muitas dificuldades para "domar" as terras novas. Foi necessário derrubar as matas e realizar queimadas.

As famílias que se estabeleceram em Pilar do Sul procuravam facilitar a vinda de outras famílias japonesas para a região, estivessem elas no Brasil ou no Japão, aumentando assim o número de imigrantes japoneses e a formação de colônias. As colônias eram formadas por grupos de famílias japonesas em diversas regiões rurais de Pilar do Sul: "Sertão", "Barra", "Bandeirantes", "Sul Brasil" e "Tozan". Introduziram na região o cultivo de novos produtos agrícolas, como o tomate, a uva Itália e novas formas de produção e comercialização por meio das cooperativas agrícolas, o que contribuiu para o crescimento econômico da cidade.

Esse crescimento impulsionou o processo de urbanização, com o estabelecimento de serviços como energia elétrica, água, esgoto, correio, criação de escolas e organizações civis.

A imigração japonesa, além das mudanças mencionadas, trouxe novos modos de viver e pensar que foram recebidos ora com euforia, ora com estranhamento, resistência e até revolta. Esses conflitos modificaram o campo social, pois alteraram as relações, as práticas e o cotidiano da cidade como um todo.

Para analisar esses conflitos e mudanças é necessário compreender que os campos sociais são espaços de lutas e conflitos, mantendo ou modificando interesses que lhes são constitutivos. Não são espaços rígidos, mas espaços que se relacionam e se sobrepõem, sem perderem sua autonomia. Segundo Bourdieu (2002, p. 129), o campo é delimitado pelos valores as formas de capital que lhe dão sustentação. A dinâmica social no interior de cada campo é regida pelas lutas em que os agentes procuram manter ou alterar as relações de força e a distribuição das formas de capital específico. Os campos são produto da história das suas posições constitutivas e das disposições que elas privilegiam.

A partir da constituição de um campo acontece uma interiorização dos agentes, uma disposição em aceitar determinadas práticas. Isso não acontece de forma individualizada, mas relacionada às condições sociais vividas. Essas disposições são denominadas por Bourdieu como *habitus*.

> O *habitus*, sistema de disposições adquiridas pela aprendizagem implícita ou explícita que funciona como um sistema de esquemas geradores, é gerador de estratégias que podem ser objetivamente afins aos interesses objetivos de seus autores sem terem sido expressamente concebidas para este fim. (Bourdieu, 1983, p. 94)

O conceito de *habitus* e campo se relacionam e neste estudo auxiliam na análise da constituição do campo escolar em sua inter-relação com o campo social. Além desses conceitos também utilizamos o de cultura escolar para compreender as mudanças no interior das escolas.

No interior de cada escola existe uma cultura que pode ser considerada peculiar a elas, mas não lhes é restrita, uma vez que essa cultura se relaciona com outras práticas culturais mais amplas da sociedade. Daí afirmar que a sociedade produz a escola e é também por ela produzida, ou seja, os saberes da sociedade perpassam a escola e vice-versa. Entendemos a noção de cultura escolar de acordo com Dominique Julia:

> Poder-se-ia descrever a cultura escolar como um conjunto de normas que definem conhecimentos a ensinar e condutas a inculcar, e um conjunto de práticas que permitem a transmissão desses conhecimentos e a incorporação desses comportamentos; normas e práticas coordenadas a finalidades que podem variar segundo as épocas. (Julia, 2001, p. 10)

Viñao Frago (1995, p. 200) contribui para o entendimento e análise da cultura escolar na medida em que assegura que essa cultura diz respeito às formas de organização, valores, saberes, estratégias e diferentes práticas estabelecidas e compartilhadas no interior das escolas por todos os sujeitos envolvidos nas atividades específicas de natureza escolar, sejam elas realizadas por alunos, professores, outros profissionais da escola ou até mesmo pela comunidade. O autor considera que as acepções para o termo são diversas, assim como são as instituições de ensino.

Dessa forma, utilizamos a cultura escolar como aporte para entender a organização e o funcionamento interno da escola, bem como as práticas escolares, considerando os japoneses e seus descendentes como novos agentes no campo social e escolar que introduziram novos *habitus*, relações de poder e conflitos nesses âmbitos.

O campo escolar de Pilar do Sul, a princípio, caracterizava-se pelo modelo de escolas isoladas que funcionavam em precárias acomodações. Essa configuração de escola foi substituída pelo Grupo Escolar Padre Anchieta em 1934 (Decreto de 16 de janeiro de 1934), única escola graduada na cidade até 1959, quando o Ginásio Estadual foi inaugurado. A escola japonesa foi fundada em 1950, em um barracão na colônia Sertão e funcionava na ilegalidade. E assim permaneceu por doze anos, realizando suas atividades em casas de colonos, em barracões de armazenamento de uva, em garagens na cidade até receber do governo autorização para funcionar, o que aconteceu em 1962, data em que se instalou em um prédio próprio.

Na tentativa de encontrarmos respostas às nossas indagações, consideramos que são muitos os "lugares de memória" que testemunham a história, e esses lugares fornecem pistas, indícios que possibilitam uma nova leitura dos objetos de investigação (Nora, 1993, p. 13). De porões, no meio de poeira e quinquilharias, de arquivos mortos, armários de secretarias, salas de coordenação, de cantos das bibliotecas emergiram vários acervos.

Privilegiamos o levantamento de fontes e dados nos arquivos escolares da Associação Desportiva Japonesa – Kaikan, nos órgãos públicos como Câmara Municipal e Prefeitura Municipal e nos guardados pessoais da população.

Além dessas fontes, foram coletados jornais (*A Tribuna*, *O Correio Paulistano*), Ofícios, Atas, Decretos da Prefeitura e Câmara Municipal de Pilar do Sul e Sarapuí, Livros da Casa Paroquial, recenseamentos do IBGE, fontes iconográficas (fotos e cartazes encontrados no Museu Histórico da Imigração Japonesa no Brasil) e fontes orais.

Dos diferentes arquivos reunimos um conjunto diversificado de fontes, composto por documentos escritos e iconográficos.

Consideramos que a imagem pode ser uma ferramenta analítica capaz de expressar valores, além de ser um material cultural de uma determinada sociedade. Essa característica faz com que seu mero aspecto ilustrativo seja ultrapassado, o que permite pensar em suas configurações históricas e sociais de produção.

Vários autores, como Kossoy (1995), Mauad (2004) e Leite (1998) têm enfatizado o uso da fotografia nas pesquisas históricas. Para esses autores, é preciso atentar para a leitura das imagens fotográficas, submetendo-as a uma crítica que considere a interação entre fotógrafo, tecnologia, objeto registrado e as múltiplas faces e realidades da imagem fotográfica. A fotografia exprime histórias que falam das representações sociais, das ideias e dos significados de uma determinada época; ao mesmo tempo em que expõe zonas de luz, a fotografia também produz regiões de sombras.

Com o cotejamento de informações entre as fontes, a fotografia entrelaçada, principalmente, com fontes orais, sem a exclusão das demais foi possível a interpretação das memórias e suas imagens. Segundo Mauad:

> [...] as imagens não falam por si mesmas, interpretar seus significados, atribuir-lhe valor estético, compreender suas representações sociais, descrever seus espaços de sociabilidades comportamentos subjacentes, identificar seus personagens, tudo isso obriga aos estudiosos das imagens do passado o recurso a outras fontes de informação. Dentre estas, o relato oral, quando possível, é o que mais se acomoda às tramas da memória. (Mauad, 2004, p. 3)

Os depoimentos foram recolhidos em forma de narrativa de vida e história social de diversas pessoas, dentre elas: moradores locais, professores, ex-alunos e funcionários das escolas. A escolha desses sujeitos está ligada ao fato de trazerem experiências profissionais e memórias vinculadas às escolas e ao contexto sociopolítico-econômico e cultural de Pilar do Sul no período histórico selecionado para a pesquisa.

As fontes orais se tornaram imprescindíveis para esta pesquisa, principalmente pela falta de documentos escritos sobre os japoneses (além dos poucos escritos em japonês). Le Goff (1990) adverte sobre a ampliação da noção do documento, tomando-o em um sentido mais amplo, "documento escrito, ilustrado, transmitido pelo som, a imagem ou qualquer outra maneira"; ele destaca ainda que na falta do documento escrito cabe ao historiador "fabricar o seu mel, na falta das flores habituais" com palavras ou outros meios.

Segundo Pollak (1992), por meio dos depoimentos de história de vida recolhemos memórias, que são entendidas como fenômenos individuais, íntimos, pessoais, mas que também podem ser entendidas como um acontecimento coletivo e social, ou seja, "como um fenômeno construído coletivamente e submetido a flutuações, transformações" (1992, p. 2). O autor lembra que "na maioria das memórias existem marcos ou pontos relativamente invariantes, imutáveis" (1992, p. 2) e, assim como a fonte oral é socialmente construída, também o é a fonte escrita, cabendo ao historiador aplicar a qualquer tipo de fonte a crítica, já que "nem a fonte escrita pode ser tomada tal e qual ela se apresenta" (1992, p. 8).

Seguindo as pistas da investigação e dialogando com as fontes, apresentamos neste capítulo evidências das transformações no campo escolar e mudanças na cultura escolar inter-relacionados com o campo social após a chegada e permanência dos imigrantes japoneses em Pilar do Sul e, por fim, tecemos algumas considerações.

Evidências das transformações no campo escolar e mudanças na cultura escolar após a chegada dos imigrantes japoneses

Durante a Segunda Guerra Mundial, os imigrantes japoneses sofreram com as restrições impostas pelo governo: proibição de possuir aparelhos de rádio, impressão de jornais, livros em japonês, falar a língua japonesa em público, fechamento das escolas, entre outras. Ficaram sem informações durante e depois da guerra, o que contribuiu para os conflitos entre os que acreditavam na derrota do Japão na guerra (derrotistas) e aqueles que acreditavam na vitória (vitoristas). Os vitoristas se organizavam na seita *Shindo Rennei*, que realizava ações e atentados contra os imigrantes que acreditavam na derrota do Japão na guerra.

A *Shindo Rennei* atuou principalmente na região Oeste paulista. Devido aos constantes atentados e conflitos, muitas famílias japonesas resolveram mudar para regiões em que os conflitos eram mais amenos ou não acontecessem, e assim pudessem encontrar terras com preço acessível para compra. Pilar do Sul, assim como outras cidades da região de Sorocaba, estava entre algumas das cidades disponíveis. Os imigrantes japoneses chegaram à cidade em 1945, com o objetivo de comprar suas próprias terras e se estabeleceram, trabalhando na agricultura.

À medida que as condições sociais e históricas foram sendo alteradas, o *habitus* dos antigos moradores e dos imigrantes japoneses se modificou e foram incorporando outros esquemas de percepção e ação para que contribuíram para a conservação ou a transformação do próprio *habitus* e do campo social e escolar.

A consolidação dos campos não se constituiu de forma neutra e aleatória. Eles estavam inseridos num determinado contexto e foram sendo determinados com os agentes sociais envolvidos neste processo: os antigos moradores da cidade, os agentes que compõem e definem a estrutura e organização escolar e os imigrantes japoneses:

> Nos diferentes campos, existe uma correspondência entre as divisões objetivas do mundo social, notadamente entre dominantes e dominados – e os princípios de visão e de divisão que os agentes lhe aplicam. [...] A exposição repetida às condições sociais definidas imprime nos indivíduos um conjunto de disposições duráveis e transferíveis, que são a interiorização da realidade externa, das pressões de seu meio social inscritas no organismo [...]. (Bourdieu, 2002, p. 68)

O campo social de Pilar do Sul como um espaço de lutas e conflitos sofreu modificações com a chegada dos imigrantes japoneses. Essas modificações foram construídas num processo lento e gradual de estranhamento e interação entre os antigos moradores e os recém-chegados, os japoneses e descendentes.

Os imigrantes japoneses, no processo de estranhamento e interação foram se constituindo em novos agentes no campo social, o que resultou em modificações na produção agrícola, na organização econômica, nas práticas culturais e no espaço escolar.

Uma das primeiras mudanças no campo social foi a introdução do cultivo de novos produtos agrícolas, com técnicas adequadas que favoreciam o aumento da produção, como o uso de fertilizantes, o que gerou maior produtividade e movimentou a economia. A maioria dos produtos era vendida em cidades maiores, como Sorocaba e São Paulo. A forma de produção e comercialização foi organizada pelo sistema de cooperativas, o que possibilitou maior produção e a comercialização em outras cidades, além de lucro.

Esse sistema de cooperativas influenciou a criação da Casa da Agricultura em 1958 (Lei nº 177 de 23 de setembro de 1958), que prestava assistência técnica, distribuía mudas e sementes e incentivou o cultivo de novos produtos, além da criação de gado.

Em 13 de setembro de 1958 foi fundada a Associação Rural de Pilar do Sul com 44 sócios, a qual, em 1962, já contava com 193 sócios. Era uma agremiação que tinha por finalidade contribuir com o aumento da produção e maior comercialização dos produtos agrícolas de seus sócios.

O fortalecimento da economia rural contribuiu para o crescimento do comércio e para melhorias na infraestrutura da cidade, como rede de água, esgoto, energia elétrica, correio, telefonia, entre outras.

Em Pilar do Sul, desde sua chegada os japoneses se relacionavam com seus pares devido à dificuldade de falar português e com intuito de manter suas tradições. A população pilarense manteve as comunidades separadas por uma barreira de preconceito e mecanismos de controle por anos. Essa barreira começou a ser dissolvida aos poucos, com o convívio cotidiano, nas brincadeiras entre as crianças, pela relação de trabalho – patrões (imigrantes japoneses) e empregados (os antigos moradores e imigrantes japoneses recém-chegados) e com a fundação da Escola de Língua Japonesa e internato, dentro da legalidade, em 1962.

No final da década de 1950 e 1960 descendentes japoneses já participavam da vida política da cidade. Foram eleitos vereadores em vários mandatos e houve até mesmo um candidato a vice-prefeito que não foi eleito.

Nas fotos a seguir podemos observar a participação dos japoneses e descendentes em alguns eventos culturais e políticos da cidade.

Todo ano era comemorado o aniversário de emancipação política da cidade com várias atividades, entre elas, um desfile cívico pelas ruas, que mobilizava o comércio, os órgãos públicos, as associações e principalmente as escolas. Estas desfilavam organizando pelotões com temas, caminhões enfeitados e fanfarras. As figuras a seguir registram a participação da Escola de Língua Japonesa e Internato com pelotões e caminhões enfeitados e a participação da Cooperativa Agrícola Cotia e da Cooperativa Agrícola Sul Brasil nos desfiles.

O movimento de participação nesse evento demonstra o processo de interação por meio das atividades sociais, culturais e econômicas, pois o desfile, além de ser um evento cultural, também é um espaço de demonstração de *status* e poder econômico. Ele é um meio de as escolas demonstrarem e valorizarem seu trabalho apresentando com pelotões bonitos e disciplinados. Para o comércio e as associações, é um espaço principalmente para demonstrar o crescimento econômico e fazer propaganda dos produtos.

Para a Escola de Língua Japonesa e Internato o desfile era um espaço para apresentar um pouco das tradições culturais japonesas e homenagear a terra que a recebeu. As Cooperativas Agrícolas: Cotia e Sul Brasil, além de trazerem um pouco das tradições japonesas e homenagem ao Brasil, demonstravam o crescimento econômico, apresentando sua frota de caminhões e exemplares da produção agrícola.

O fato de a Escola de Língua Japonesa e Internato e as Cooperativas Agrícolas japonesas terem conquistado um espaço nos eventos e principalmente no desfile de aniversário da cidade evidencia o processo de quebra de barreiras e de assimilação desses novos agentes no campo social de Pilar do Sul.

Figura 1: Caminhão da Cooperativa Agrícola Cotia no desfile de aniversário de Pilar do Sul

Fonte: Arquivo da professora Miyo Yoshiba.

Figura 2: Caminhão da Cooperativa Sul Brasil no desfile de aniversário de Pilar do Sul

Fonte: Arquivo pessoal da professora Miyo Yoshiba.

Figura 3: Alunas da Escola Japonesa e Internato no desfile de aniversário de Pilar do Sul

Fonte: Arquivo da professora Miyo Yoshiba.

As figuras 4 e 5 retratam eventos culturais, com apresentações de dança e artes marciais no Salão PIO X, aberto a toda a população pilarense e realizado no final da década de 60.

Figura 4: Dança tipicamente japonesa

Fonte: Arquivo da família Takahashi.

Figura 5: Apresentação de artes marciais

Fonte: Arquivo da família Takahashi.

As mudanças no campo social repercutiram no campo escolar, primeiro com o ingresso dos filhos dos imigrantes nas escolas primárias estaduais e em seguida com a contribuição dos japoneses e descendentes para a fundação do Ginásio Estadual de Pilar do Sul e a criação de uma nova escola: a Escola de Língua Japonesa e Internato.

Entre as diferentes nacionalidades dos imigrantes que chegaram ao Brasil, os japoneses eram o povo que mostrava grande preocupação com a educação. A preocupação dos imigrantes japoneses com a educação dos filhos seria uma continuidade da atitude valorizada no Japão, principalmente por parte daqueles que vivenciaram a *Era Meiji* que, segundo Miyao (1980, p. 91), foi um período em que a educação foi considerada a coisa mais importante da vida.

Como descrevemos anteriormente, houve um processo gradual de interação dos novos agentes no campo social. Essa interação foi impulsionada por vários fatores já descritos, porém é importante destacar que o principal deles foi o fortalecimento econômico das colônias, pelo qual boa parte dos japoneses e descendentes começaram a deter poder econômico na cidade, modificando as relações econômicas e tendo uma ascensão social, o que os tornava parte da classe dominante pilarense.

A ascensão social dos imigrantes japoneses é um dos fatores que influenciaram a constituição do campo escolar, pois ela auxiliou na fundação do Ginásio Estadual de Pilar do Sul e na legalização da Escola de Língua Japonesa.

Em 1936 o campo escolar de Pilar do Sul era constituído pelo Grupo Escolar e as escolas isoladas rurais. Apenas com a chegada dos imigrantes japoneses e seus descendentes, o que impulsionou o desenvolvimento da cidade e modificou o campo social de Pilar do Sul, houve o interesse de abrir mais escolas isoladas rurais e a população começou a reivindicar a fundação do Ginásio Estadual e assim poderem continuar os estudos após a escola primária.

Segundo Silva (2007), o Ginásio Estadual de Pilar do Sul foi uma reivindicação da classe dominante local. Na ata da primeira reunião de pais e mestres do Ginásio Estadual de Pilar do Sul, em 1960, encontramos agradecimentos aos pais dos alunos que arrecadaram fundos para compra dos materiais necessários ao bom funcionamento da escola, dentre eles japoneses e descendentes.

Analisando a lista da primeira classe matriculada em 1959 e o prontuário dos alunos do Ginásio Estadual de Pilar do Sul, concluímos que nesse ano 13% dos alunos eram japoneses ou descendentes, e no período de 1960 a 1971 os japoneses ou descendentes chegaram a 31%. Há um crescimento de alunos japoneses ou descendentes depois de 1962, ano em que a Escola de Língua Japonesa começou a funcionar dentro da legalidade e o internato foi fundado.

A Escola de Língua Japonesa foi criada em 1950, na colônia do Sertão, e foi mantida funcionando na ilegalidade por doze anos, mesmo recebendo avisos do diretor do Grupo Escolar "Padre Anchieta" sobre a não permissão de seu funcionamento, pois era proibido o ensino em língua estrangeira para crianças menores de doze anos. Mesmo com os constantes avisos e ameaças de que os pais poderiam ser presos se a escola fosse descoberta em funcionamento, ela foi mantida até 1962, quando a Escola de Língua Japonesa e Internato começaram a funcionar dentro da legalidade, no centro da cidade.

A legalização da Escola de Língua Japonesa e Internato, além de modificar a constituição do campo escolar, inseriu nele novos agentes, ou seja, uma nova cultura escolar que interferiu direta ou indiretamente nas práticas das demais escolas que constituíam o campo escolar de Pilar do Sul no período investigado.

A escola primária, desde o início da República, era revestida de um caráter nacionalista, valorizando a formação moral e cívica e tendo em vista o disciplinamento e a formação do cidadão. O Grupo Escolar "Padre Anchieta" e as escolas isoladas rurais de Pilar do Sul tinham sua organização e suas práticas norteadas por essa política nacionalista, uma vez que eram consideradas como um espaço da cultura, capaz de ser um agente transformador de moralização e civismo.

Com o ingresso dos alunos japoneses e descendentes, as ideias de moralização dos costumes, hábitos de higiene e principalmente de civismo e amor à pátria são assumidos como fundamentais pela organização pedagógica, norteando as práticas das escolas primárias. Os imigrantes japoneses eram vistos como uma ameaça e eram os principais alvos no ensino da educação moral e cívica, pois eram estrangeiros com costumes e tradições peculiares que enalteciam o Japão.

Tendo em vista as peculiaridades das colônias que faziam questão de manter as tradições japonesas, o preconceito contra os japoneses e o caráter nacionalista que norteava as práticas das escolas primárias, do Grupo Escolar "Padre Anchieta" e das escolas isoladas há uma reorganização dessas instituições com o objetivo de nacionalizar as colônias.

No conjunto de Atas das Reuniões Pedagógicas do Grupo Escolar "Padre Anchieta" e das escolas isoladas rurais observamos a organização dos tempos, dos espaços e das práticas tendo em vista a moralização, o civismo e o patriotismo, com o objetivo de formar o cidadão e principalmente homogeneizar os imigrantes japoneses na sociedade brasileira.

Essa missão de homogeneizar os imigrantes japoneses era realizada durante as lições da língua pátria, pois as atividades de linguagem oral e escrita se constituíam em uma ação que moldava o comportamento. Falar com "moderação no tom de voz e velocidade de razoável pronúncia", escrever com correção e letra legível são demonstrações de uma cultura erudita. As dificuldades dos imigrantes japoneses em falar o português impuseram aos professores novas práticas, principalmente no processo de a alfabetização, pois o aprendizado do oral era fundamental para que alfabetização acontecesse.

Nas Atas das Reuniões Pedagógicas do Grupo Escolar e Escolas Isoladas o diretor e professores escrevem sobre a metodologia do ensino da língua pátria, "que está ligada ao ambiente da criança, daí a necessidade do entrelaçamento entre Escola e Família nas reuniões mensais da Associação de Pais e Mestres; que a metodologia da Língua Pátria estava dividida em áreas: Leitura, Linguagem oral e Escrita" (Ata da reunião pedagógica do Grupo Escolar "Padre Anchieta" e Escolas Isoladas, 1964, p. 16). Também o ensino de Geografia e História do Brasil, engrandecendo as riquezas, os personagens históricos, conhecendo a cultura e as tradições por meio das festas cívicas e rituais.

As festas e rituais no cotidiano escolar eram práticas que elevavam o caráter da criança, moralizando os costumes e disciplinando as ações. A organização pedagógica dessas escolas era norteada pela finalidade atribuída a elas como disseminadoras de sentimentos de amor à pátria; visava-se um espaço alfabetizador e nacionalizador do imigrante e do trabalhador rural.

O Ginásio Estadual de Pilar do Sul sofreu interferência da Escola de Língua Japonesa na organização do tempo escolar e em algumas atividades escolares. Nas atas de reunião de pais e mestres encontramos informações sobre a organização do tempo escolar. Os pais dos alunos japoneses e descendentes pressionavam o ginásio para oferecer suas atividades em horário diferente do da escola japonesa. Assim, caso as aulas da escola japonesa fossem no período da manhã, as aulas do ginásio seriam à tarde. Era comum que muitos alunos japoneses ou descendentes dessem prioridade para participação das atividades da escola japonesa; caso acontecessem festas ou comemorações cívicas em horários concomitantes com as atividades da escola japonesa os alunos preferiam as atividades dela. Essa postura dos alunos japoneses ou descendentes gerava conflitos, pois o ginásio sempre exigia a presença dos alunos nas atividades, o que raramente conseguia.

As mudanças nas práticas escolar são maiores principalmente nas escolas primárias. Quando a criança ingressava no Ginásio Estadual de Pilar do Sul, ela já havia passado pelo processo de disciplinamento, assumido como tarefa nas escolas primárias.

Analisando os depoimentos de professores e ex-alunos percebemos o movimento de disciplinamento dos alunos. Quando os alunos japoneses ou descendentes ingressavam no primeiro ano tinham mais dificuldades na aprendizagem, na integração e na língua; conforme eles avançavam no ensino primário, as dificuldades iam diminuindo.

Com a chegada dos imigrantes japoneses em Pilar do Sul houve mudanças no campo social e principalmente um direcionamento na constituição do campo escolar. O campo social, com seus contextos político, econômico e cultural conduziu o campo escolar, estabelecendo a criação de novas escolas – Ginásio Estadual de Pilar do Sul e a Escola de Língua Japonesa e Internato e mudanças em suas práticas escolares.

Considerações finais

Neste capítulo, propusemo-nos destacar evidências das transformações do campo escolar e as mudanças na cultura escolar, inter-relacionando-os com o campo social de Pilar do Sul, considerando que as transformações no período investigado foram frutos da introdução de novos agentes, os imigrantes japoneses, com formas de viver e pensar diferentes, uma bagagem de vida, *habitus*, que gerou conflitos, num processo de adaptação do *habitus* nesse espaço.

Podemos destacar que após a chegada e permanência dos imigrantes japoneses em Pilar do Sul, o campo escolar passou por transformações, com a criação de novas escolas para atender às demandas do campo social e por mudanças em alguns aspectos da cultura escolar, com o ingresso dos japoneses e descendentes nessas escolas.

Após a chegada e permanência dos imigrantes japoneses e descendentes houve mudanças no campo social que contribuíram para reconfiguração do campo escolar, pois havia demanda de criação de novas escolas, além do Grupo Escolar "Padre Anchieta" e escolas isoladas rurais que já existiam. Foi fundada a Escola de Língua Japonesa e Internato, que funcionou por doze anos na ilegalidade e a fundado o Ginásio Estadual de Pilar do Sul em 1962.

Para investigar as mudanças na cultura escolar após o ingresso dos japoneses nas escolas que constituíam o campo escolar, observamos as práticas escolares, trazendo para análise questões ligadas aos aspectos internos da escola, como a distribuição do tempo, dos espaços escolares, da organização e seu funcionamento interno. No interior da escola são produzidas maneiras de pensar e de agir que oferecem a todos os sujeitos envolvidos no processo educativo "estratégias e pautas para desenvolver tanto nas aulas como fora delas" (Viñao Frago, 1995).

Quando analisamos a cultura escolar das escolas que constituem o campo escolar de Pilar do Sul, estamos olhando para diferentes culturas escolares, do Grupo Escolar "Padre Anchieta", das escolas isoladas rurais, do Ginásio Estadual de Pilar do Sul e da Escola de Língua Japonesa e Internato e não podemos afirmar que o ingresso dos japoneses e seus descendentes modificaram a cultura escolar, mas que houve alterações em alguns aspectos como a reorganização do tempo e espaço escolar e principalmente em suas práticas.

Referências

BOURDIEU, Pierre. **Pierre Bourdieu entrevistado por Maria Andréa Loyola**. Rio de Janeiro: UFRJ, 2002.

_____. **O poder símbolico**. 2. ed. Rio de Janeiro: Bertrand Brasil, 1998.

_____. **Questões de Sociologia**. Rio de Janeiro: Marco Zero, 1983.

HANDA, Tomoo. **O imigrante japonês**: histórias de sua vida no Brasil. São Paulo: T.A. Queiroz; Centro de Estudos Nipo-Brasileiros, 1987.

JULIA, Dominique. A cultura escolar como objeto histórico. **Revista Brasileira de História da Educação** Campinas, n. 1, jan./jun. 2001, p. 9-43.

KOSSOY, Boris. **Fotografia e História**. São Paulo: Ática, 1995.

LE GOFF, Jacques. **História e memória**. Campinas: Ed. Unicamp, 1990.

LEITE, Moreira Moreira. Retratos de família: imagem paradigmática no passado e no presente. In: SAMAIN, Etienne. (org.). **O fotográfico**. São Paulo: Hucitec; CNPq, 1998.

MAUAD, Ana Maria. Fotografia e história: possibilidades de análise. In: CIAVATA, Maria; ALVES, Nilda (orgs.). **A leitura** de imagens na pesquisa social. História, Comunicação e Educação. São Paulo: Cortez, 2004. p. 19-36.

MIYAO, S. Posicionamento social da população de origem japonesa. In: SAITO, Hiroshi (org.). **A presença japonesa no Brasil**. São Paulo: T.A. Queiroz; Edusp, 1980.

NOGUEIRA, Cláudio Marques Martins; NOGUEIRA, M. A. A sociologia da educação de Pierre Bourdieu: limites e contribuições. **Educação e Sociedade**, Campinas, ano 23, n. 78, abr. 2002, p. 15-36.

NORA, Pierre. Entre memória e história. A problemática dos lugares. **Projeto História**, São Paulo, n. 10, p. 7-28, dez. 1993.

POLLAK, Michael. Memória e Identidade Social. **Estudos Históricos**, Rio de Janeiro, v. 5, n. 10, p. 200-212, 1992.

SAKURAI, Célia. Os japoneses. São Paulo: Contexto, 2007.

SILVA, Adriana A. A. **Gênese do ensino secundário estadual em Pilar do Sul (1957-1971)**. 2007. 112p. Dissertação (mestrado em Educação) – Universidade de Sorocaba, Sorocaba.

TOMPSOM, Edward P. Tempo, disciplina de trabalho e o capitalismo industrial. In: **Costumes em comum: estudos sobre a cultura popular tradicional**. São Paulo: Companhia das letras, 1998.

VALIO, Jairo. **Nascente da Águas**. Itu: Editora Ottoni, 2005

VIÑAO FRAGO, Antonio. **Culturas Escolares**. 2000. (Mimeo).

_____. **Tiempos escolares, tiempos sociales**. Barcelona: Ariel, 1998.

_____. Historia de la educación e historia cultural: posibilidades, problemas, cuestiones. **Revista Brasileira de Educação**, São Paulo, n. 0, p. 63-82, 1995.

Capítulo 4
O CATOLICISMO ULTRAMONTANO E O "COLÉGIO SANTA ESCOLÁSTICA DE SOROCABA" COM SEU PROJETO EDUCACIONAL RELIGIOSO

Calil de Siqueira Gomes

Introdução

Esse capítulo ilustra o catolicismo ultramontano, com o exemplo de um colégio religioso feminino pela chegada das Irmãs Beneditinas de Tutzing, da Baviera, Alemanha, que se estabeleceram na cidade de Sorocaba, em 1906. Trouxeram o rigor e o método beneditino de estudo *ora et labora* voltado à formação das meninas da elite sorocabana, ilustrados pelo *ultramontanismo*. Observar-se-á que a imprensa sorocabana, através do jornal *Cruzeiro do Sul* fundado em fins do século XIX, vinha divulgando maciçamente em seus editoriais sobre a educação das mulheres, pois observava desde a criação do Colégio uma expectativa de educá-las, anseio oligárquico de não querer suas filhas entregues à ignorância e reféns do *modernismo* já infiltrado, por meio de influências europeias.

A Igreja Católica no século XIX tinha dificuldade em estabelecer uma relação com a sociedade moderna. A hierarquia católica se sentiu desafiada pelo mundo moderno e tentou garantir sua estabilidade com uma atitude que não correspondia com o contexto histórico, uma instituição de quase dois milênios e resistente às mudanças, procurou à sua maneira preservar seu *status quo* "reconquistado" por um breve período no século XIX. Sendo a instituição mais antiga da história, suas políticas geradas em suas próprias contradições internas e externas causam consequências de longo alcance. O poder espiritual do papado como condutor da sociedade cristã estava sendo efetivamente abalado, após anos de perene estabilidade, conquistada através de alianças com os monarcas católicos, e esta situação parecia continuar possível por um breve período do século XIX.

Mas enquanto essa certeza política das nações europeias se esvaía, a hierarquia católica sonhava em manter sua influência política neste modelo que foi sendo abandonado pouco a pouco, com isso, no decorrer dos séculos surgiram questionamentos de maior ou menor intensidade na história da Igreja. A postura de Roma é o reforço do tradicional magistério, reforçando a tese do *tomismo* como a filosofia válida para os cristãos e aceitáveis pela Igreja Católica. Houve a condenação à *teoria modernista* e seus segmentos em seu conjunto. Todos os atos deveriam ser centralizados em Roma, fortalecendo ainda mais a pessoa do pontífice romano, a infalibilidade, no Concílio Vaticano I, em 1870, no esforço de assumir o paradigma das coisas medievais, tanto nas organizações sociais, políticas e econômicas (Manoel, 2004).

A *romanização* surgiu em meio a conflitos envolvendo *ultramontanos* e *liberais*, para designar, na perspectiva destes, o projeto *ultramontano* de "romanizar todas as igrejas". Destacava-se a educação das meninas e jovens como principal tarefa, pois elas deveriam ser as futuras mães, educadoras de seus filhos, disseminadoras da fé e dos preceitos religiosos. Tal discurso ia ao encontro do desejo das famílias mais abastadas, porque suas filhas receberiam uma educação refinada sem, no entanto, colocar em risco os bons costumes. As ideias católicas apresentavam uma concepção de sociedade, poder político e relações familiares que eram convenientes à forma de vida da oligarquia sorocabana. Mesmo que a educação liberal reforçasse o caráter individualista e o civismo como força para a implantação de uma "nação", a educação católica não fugia aos interesses da elite em ser católico ordeiro, obediente e respeitador da ordem constituída.

A cidade de Sorocaba, um breve cenário histórico

Uma hipótese a ser trabalhada é pensar a especificidade da história urbana de Sorocaba, num momento em que a cidade, pelo menos no que se refere aos grandes centros, se problematiza, gerando novas demandas e necessidades. A questão, portanto, é verificar se para além das transformações por que passam as maiores cidades brasileiras (Rio de Janeiro e São Paulo, por exemplo), muitas dessas manifestações da modernidade da *Belle Époque* já poderiam se fazer sentir em algumas cidades do interior.

Segundo Ferreira (2006), apesar de fazer parte do cenário histórico brasileiro desde 1654, destacando-se em muitos momentos, Sorocaba tem sua história comumente relacionada ao Ciclo do Tropeiro, nos séculos XVIII e XIX. Com o final das feiras de muares, em 1897, a cidade não viveu um período de decadência, pois já estava direcionada a outras atividades econômicas, como a indústria têxtil. Com o desenvolvimento da Guerra da Secessão nos Estados Unidos, 1861-1865 e a consequente decadência na produção do algodão, o Brasil passa a fornecer matéria prima às indústrias da Inglaterra. Sorocaba se destaca, plantando o algodão já herbáceo, iniciando uma nova fase em sua economia. Além da exportação do algodão a cidade desenvolveu processo de mecanização no descaroçamento, sendo uma das primeiras cidades do interior da província a possuir esse tipo de fábrica. O final da guerra civil restabelece a produção americana e o abastecimento do mercado europeu; os preços sofrem queda.

Em 1875 foi fundada a Estrada de Ferro Sorocabana, ligando a cidade a São Paulo, como uma das formas de incentivar a produção local. A grande produção de algodão, a falta de mercado externo e o acúmulo e capital comercial foram fatores decisivos para o desenvolvimento industrial (Ferreira, 2006).

Em 1882 foi fundada a Fábrica Nossa Senhora da Ponte, com máquinas de Manchester, Inglaterra; as fábricas Votorantim e Santa Rosália são de 1890 e a Santa Maria foi fundada em 1896 (Almeida, 1969).

Em 1905, quando da inauguração da Usina de Itupararanga, o engenheiro Alfredo Maia reconheceu um "futuro prospero e próximo; que Sorocaba pela importância de sua indústria será a Manchester Brazileira" (*Cruzeiro do Sul*, 11 de janeiro de 1905).

Sem dúvida, aqueles anos iniciais do século XX foram auspiciosos para o crescimento econômico da cidade. Com efeito, Sorocaba já se inseria num contexto de industrialização que se adensava desde a década de 1890, caracterizado pela instalação, em especial, de indústrias têxteis.

Houve certo refluxo durante os anos de 1897 e 1904, por conta de instabilidades no cenário internacional, bem como pela crise de superprodução do complexo exportador cafeeiro (significando a baixa nos preços do café), e da difícil situação financeira do Estado brasileiro. Contudo, a partir de 1905, o ritmo de crescimento é retomado (Arias Neto, 2003).

Segundo matéria publicada na imprensa sorocabana no início de 1903, uma vez que no ano anterior, em 1902 o panorama começava a se modificar favoravelmente para a indústria nacional. Assim, em Sorocaba, reabriu-se uma antiga e tradicional fábrica de chapéus, com nova direção; uma nova fábrica de bebidas é inaugurada; a fábrica de tecidos Santa Maria retoma suas atividades, tendo inclusive encomendado novos equipamentos que já se encontravam no porto de Santos. Além disso, o Banco União, proprietário da indústria de estamparia e chitas Votorantim, firma contrato para a construção de um grande edifício onde seriam instaladas máquinas de fiação e tecelagem, o que a tornaria o maior estabelecimento do gênero na América Latina. Por tudo isso, escreve o autor da reportagem:

As nossas indústrias apparecem, pois, novamente prosperas novamente recompensadas; e o bom êxito que os productos da industria sorocabana encontram nos principais mercados, nos faz suppor, com justa razão, que, brevemente a nossa cidade saberá attrair sobre si a attenção de homens de iniciativa e de negócios que desejem empregar capitaes avultados em outras industrias rendosas, mas que entre nós, ainda não estão exploradas. (*O 15 de novembro*, 8 de janeiro de 1903)

Em 1904, a revista *São Paulo Illustrado*, numa edição especial sobre a cidade de Sorocaba, salienta o clima de otimismo, escrevendo na apresentação do número: "Sorocaba merece hoje nossa homenagem. É uma cidade histórica, progressista, industrial, é a terra essencialmente trabalhadora, uma colmeia em atividade constante" (*São Paulo Illustrado*, anno II, abril de 1904, n. 24).

A reportagem visita as principais fábricas da cidade, constatando *in situ* seu desenvolvimento econômico. Portanto, podemos compreender a empolgação trazida pela perspectiva da construção de uma usina hidroelétrica, uma vez que essa supriria a crescente demanda de força motriz por parte das indústrias em expansão, além de se constituir numa forma de energia mais barata e segura que o uso direto da água e as dispendiosas máquinas a vapor utilizando carvão (Carvalho, 2004).

A energia elétrica era uma antiga reivindicação dos dirigentes sorocabanos, e sua implementação foi marcada por uma série de contratempos, avanços e recuos. A primeira tentativa ocorreu em 1895, através de contrato realizado entre a Câmara Municipal e os irmãos Vicente e João de Oliveira Lacerda. Ficava estipulado que os serviços começariam a funcionar dali a dois anos, porém, os Lacerda enfrentaram dificuldades de toda a monta, sendo a principal delas as duas epidemias de febre amarela que infectaram o município em 1897 e 1900 (Carvalho, 2004).

O desenvolvimento industrial de Sorocaba trouxe significativas modificações em sua conformação urbana. Assim, já na década de 1880 a população da cidade chegava a mais de 20 mil habitantes, enquanto que uma estatística de 1872 indicava cerca de 12 mil habitantes. Esse adensamento populacional incentivou a instalação de várias fábricas de bens de consumo, como fábricas de cerveja, vinho, licores, massas e café. Na década de 1920 a cidade tinha em torno de 43 mil habitantes.

No entanto, no âmbito das representações, é notável perceber a força da imagem da cidade como *Manchester Paulista*. Com efeito, apesar das críticas contundentes à burguesia local, a imprensa operária, pelo menos até os primeiros anos da década de 1910, não negava de todo essa construção simbólica. É o que transparece no trecho de uma reportagem publicada também no jornal *O Operário*:

> Todos sabem perfeitamente que a vida de Sorocaba, tem seus alicerces na indústria manufatureira de que muito se orgulham os seus filhos aliás com razão, porque nem uma outra cidade do sul, do norte e mesmo do oeste do Estado tem atingido a um desenvolvimento industrial tão considerável como seja a nossa terra, por isso, teremos imenso prazer que as fábricas existentes vão aumentando dia a dia e que muitas outras ainda se construam aqui, para que o nosso progresso material seja cada vez mais acentuado e para que o título de Manchester Paulista de que goza então, nunca, nem por sonho venha um dia a perder. (*O Operário*, 8 de maio de 1910)

Razões históricas e religiosas da chegada das irmãs beneditinas de Tutzing, da Baviera em Sorocaba em 1905

A cidade de Sorocaba tinha um viés educacional uma vez que os ideais nacionalistas apareciam em padrões de pensamento, seja na política por seus representantes locais ou pela importância da urbanização. O primeiro grupo escolar público da cidade foi criado em 1896, por sugestão de um comerciante e vereador, Antônio Padilha de Camargo. Enquanto isso, em 1896, começava a funcionar o primeiro curso primário noturno e gratuito da cidade, mantido pela Loja Maçônica Perseverança III, uma instituição com forte presença na sociedade local e que assim levava adiante os ideais republicanos que o Estado, apesar de proclamá-los, negligenciava (Gonzalez; Gonçalves, 2007).

É notório que Sorocaba em 1900, no advento da industrialização, expandiu-se o comércio, superando a feira dos muares, a agricultura de subsistência e os serviços de maneira extraordinária transformando o homem urbano no centro das atenções (Baddini, 2002). A conclusão a que se chega é de que não bastaria educar somente os filhos, mas educar as filhas passaria a ser uma necessidade urgente, todavia, um sonho ainda negado pela Igreja Católica (Menon, 2000, p. 265). Como educar as mulheres, dentro da modernidade, sem corromper-lhes os costumes? Uma das alternativas seria a implantação de um colégio religioso? Conforme anuncio no *Cruzeiro do Sul* (21 de janeiro de 1904, p. 3), várias foram as escolas particulares confessionais católicas, como o "Collegio de Nossa Senhora da Consolação e o Colégio Agostiniano, além do Externato Sagrada Família, para meninas, à rua Padre Luiz (Centro), dirigido pela Irmã Salesiana d. Othilia Colonna".

Somente em 1910, Sorocaba vai ter uma escola noturna pública gratuita. Ainda assim, em horário de funcionamento não compatível com a jornada de trabalho dos operários, o que servia como argumento para um jornal, que se tornou porta-voz da classe trabalhadora da época, denunciar a exploração a que eram submetidos os trabalhadores pelas indústrias (Gonzalez; Gonçalves, 2007).

Era forte o apelo dos colégios católicos dentro dos paradigmas do *continuísmo* nas entrelinhas do pensamento da Igreja Católica, que estavam em situações precárias de vivenciarem o catolicismo eurocêntrico, *ultramontano*. Assim, fazia-se necessário instaurar a educação feminina à luz da moral cristã, dos bons costumes e afugentar-se o quanto se pudesse dos temores dos tempos modernos.

Boschetti (2007) afirma que a tradição beneditina feminina concretizava desde seu início uma síntese do que significou a importância da Igreja Católica e da família na esfera da educação. No entanto, toda a atuação do Colégio Santa Escolástica de Sorocaba das Irmãs beneditinas se insere na História da Educação pelo forte viés do ensino privado confessional no Brasil. Herdando da Companhia de Jesus uma presença congregacionista, a existência dos colégios, internatos e semi-internatos instalados nas cidades atendiam em grande parte às elites agrárias. Dessa forma, a Igreja Católica é uma das poucas instituições perenes em todo o território nacional, consolidando a condição de mater e magister, aliando interesses privados da educação escolar e concepção evangelizadora, com o beneplácito do poder público. Naturalmente, os pais queriam colocar seus filhos no Colégio das Irmãs, uma vez que com aquele projeto educativo/formativo para seus filhas e filhos da severa disciplina em todas as instâncias em relação aos horários, silêncio e introspecção; saudação em latim às religiosas; uso cotidiano do uniforme (cor, modelo, tecido); comunicação contínua com as famílias sobre o andamento de estudos e de atitudes. Publicamente esse disciplinamento se materializava, quando, em procissões e desfiles, a ordem, a elegância e a disciplina das "meninas do colégio" eram vistas pela população com respeito e admiração.

Com a oportunidade de construir uma orientação religiosa voltada às elites, o Colégio Santa Escolástica difundiu na cidade de Sorocaba o rigor educativo oferecido pela Regra de São Bento.

São Bento e sua regra *ora et labora*: breves considerações

Destaca-se nesse sentido a figura de São Bento de Núrsia, patriarca do monaquismo do Ocidente, monge fundador da Ordem dos Beneditinos. Por volta do ano 500, Bento começou a reunir alguns discípulos, fundando, a partir das ruínas do Palácio de Nero, treze mosteiros de doze monges cada um, reunidos em torno de um abade, segundo o modelo apostólico, cujo ideal é: *Quærere Deum* (finalidade fundamental da existência: a busca de Deus com todas as forças, antes do que quer que seja e de quem quer que seja). Vários acontecimentos e uma nova visão da vida monástica – como uma única família em torno de um só abade – levariam Bento, em 529, a deixar Subíaco para se dirigir a Monte Cassino, onde fundaria a *Cidade Sobre o Monte*, da qual toda a tradição monástica se tanto orgulha. A *Regula Sancti Benedicti*, provavelmente a mais importante e mais utilizada regra de vida monástica existente, tornou-se um modelo de conduta de muitas comunidades religiosas (Pierini, 1998).

A tradição diz que São Bento viveu entre 480 e 547, embora não se possa afirmar com certeza que essas datas sejam historicamente acuradas. Seu biógrafo, São Gregório I Magno OSB, não registra as datas de seu nascimento e morte, mas se refere a uma Regra escrita por Bento. Há discussões com relação à datação da Regra, mas parece existir um consenso de que tenha sido escrita na primeira metade do século VI (Pierini, 1998).

De acordo com os *Diálogos*, Bento (e sua irmã gêmea, Escolástica, que adotou a Regra para as mulheres, dando origem às monjas beneditinas) nasceu em Núrsia, na Úmbria, um vilarejo no alto das montanhas a nordeste de Roma, Itália. Seus pais o mandaram para Roma a fim de estudar, mas ele logo percebeu que, naqueles tempos, a vida que era vivida na Cidade Eterna era degenerada e comprometedora. Devido a isso, partiu para um lugar a sudeste de Roma, chamado Subíaco, onde morou como eremita por três anos, com o apoio do monge Romano. Lá, foi descoberto por um grupo de monges que o convidaram a se tornar o seu líder espiritual. Bento aceitou, mas as obrigações espirituais permanentes e o rígido regime disciplinar diário que estabeleceu logo se tornaram excessivos para os monges indolentes, que, covarde e criminosamente, planejaram envenená-lo. Gregório narra como Bento escapou ao abençoar o cálice contendo o vinho envenenado, que ao ser consagrado se espatifou em inúmeros pedaços. Depois disso, preferiu se afastar dos monges indisciplinados. Retornou ao Silêncio da sua caverna-eremitério, onde passou a receber uma grande quantidade de discípulos sinceros, e acabou fundando diversos mosteiros sob a orientação mística da Regra Beneditina já em gestação. Em 529, por causa da inveja de um sacerdote da região, teve que se mudar para Montecassino, onde fundou o mosteiro que viria a ser efetivamente o fundamento definitivo da expansão de uma ordem religiosa monacal católica, a Ordem Beneditina (*Ordo Sancti Benedict* – OSB). Sete anos antes de sua morte, em 540, primeira metade do século VI, escreveu definitivamente a *Regula Sancti Benedicti*, ensinamentos de Jesus, o Cristo, mediante a prática dos mandamentos e conselhos evangélicos (Pierini, 1998).

Como a Regra de São Bento exigia horas de estudo para os religiosos, foi organizado um tipo de sistema de ensino. Essa sistematização levou algumas famílias cristãs a pedirem ao mosteiro que ficasse responsável pela educação de seus filhos. Desse modelo derivou o trabalho educativo dos beneditinos em todo mundo. Seguindo o irmão, Escolástica abraçou a mesma prática em seu mosteiro, recebendo, para a educação, primeiramente as meninas consagradas a Deus e, mais tarde, as meninas externas, o que séculos mais tarde abriu passagem definitiva para a educação feminina não claustral (Pierini, 1998).

O Colégio Beneditino Santa Escolástica de Sorocaba e seu projeto educacional

Entre as escolas confessionais católicas de Sorocaba, destacava-se o Colégio Santa Escolástica, criado em 1906, para as meninas, em funcionamento até os dias atuais. O Colégio foi fundado pelas freiras pertencentes à Congregação Beneditina das Irmãs

Missionárias de Tutzing, Alemanha em 1885, e que chegaram a Sorocaba em 1905. A Congregação das Beneditinas Missionárias de Tutzing foi fundada em 24 de setembro de 1885, no sul da Alemanha por Andreas Amrhei, monge beneditino da Abadia de Beuron, que quis renovar na Ordem Beneditina o ideal missionário. Seu carisma especial é a convicção de que, assim como os Beneditinos cristianizaram a Europa no século passado, nos tempos modernos deveriam prestar o mesmo serviço, segundo a tradição beneditina. A tarefa das beneditinas missionárias: busca de Deus em comunidade sob uma Regra e uma superiora. O objetivo das irmãs beneditinas missionárias é ter uma vida comunitária na oração, no trabalho em comum, na partilha dos bens materiais e espirituais, no servir, no apoio e encorajamento mútuos. Essa evangelização deve ser apoiada por uma comunidade monástica que viesse segundo a Regra de São Bento.

A escola iniciou suas atividades em 1906, no Mosteiro de São Bento, transferindo-se posteriormente em 1909, para a casa adquirida da Cúria, no Largo do Rosário (Menon, 2000). Inspirando-se nas crônicas *Ora et labora*[5], em virtude desse fato, o anseio da instrução feminina nos moldes católicos, o arquiabade Dom Geraldo von Coloën pediu, em 1900, à Congregação das Beneditinas Missionárias de Tutzing algumas religiosas que pudessem vir à missão brasileira. Em 1903 chegariam as primeiras irmãs alemãs designadas para trabalhar em Olinda. O plano bem estabelecido pela província beneditina era o de formar um núcleo em Quixadá, e assim as irmãs receberiam as missões para outras localidades. Para a consolidação desse projeto vieram, em 1905, da "Casa Mãe", na Alemanha, oito irmãs. Mas, ao chegarem em Olinda, encontraram sérias restrições para a sua fixação,

---

5. *Ora et Labora*: síntese da Regra de São Bento (*Regula Sancta*) que tem como finalidade suprema a perfeição religiosa do monge. *Ora et labora* é uma crônica feita por ex-alunas em função da celebração dos 50 anos do Colégio Santa Escolástica em 28 de setembro de 1955.

em virtude dos escassos meios de subsistência existentes, o que tornava impossível o aumento da comunidade (Menon, 2000).

As irmãs beneditinas em 1905, enquanto se preparavam para abrir a escola, "plantavam os primeiros legumes para a cozinha, bordavam os paramentos e confeccionavam a roupa da Igreja para os beneditinos de São Paulo e do Rio. Algumas Irmãs davam aulas particulares"[6]. Outras faziam trabalhos de costura e consertavam roupas para os quais a Madre Afonsa tinha um jeito especial; e desta forma chegavam muitas encomendas.

Nesse emaranhado de situações aparecia a escola pública e a particular de ensino laico e religioso. A laica, propriedade de professores forasteiros, sobreviveu pouco. A educação religiosa em Sorocaba teve destaque em quatro ciclos: de 1670 a 1805, com os monges beneditinos e destinava-se aos meninos; de 1897 a 1898, novamente com os padres beneditinos; de 1900 a 1906, com os padres agostinianos e de 1906 até nossos dias, com as irmãs beneditinas com a fundação do Colégio Santa Escolástica, destinado às meninas. Dessa forma, o ensino feminino foi auxiliado por uma série de fatores sociopolíticoeconômicos, que se sustentava no velho estereótipo do catolicismo conservador em que partia do pressuposto de que as leis divinas e naturais reservaram às mulheres a função do lar, e as atividades da esfera pública, de "dominação masculina" (Bourdieu, 1999, p. 71).

As irmãs beneditinas ofereciam uma proposta pedagógica, não como produto de coincidências ou de forças a-históricas, mas de planos bem elaborados ao longo dos anos e colocados em prática em escala mundial. A *priori* a Igreja Católica vinha de uma crescente perda de fieis e parcelas de poder que tentava a todo custo recuperar um lugar central na sociedade, de modo a evitar o perigo de sua destruição institucional, como foi tentado na França na época da Revolução Francesa. Utilizavam-se, para

---

6. Segundo Menon (2000), isso faz parte de uma entrevista com a irmã Cecília, então prioresa em 1997.

isso, como linha de frente, de seus membros mais preparados e, talvez por isso, os mais conservadores (Menon, 2000).

Proposta pedagógica e a formação cultural

A fidelidade à regra de São Bento *ora et labora* fazia com que o Colégio Santa Escolástica de Sorocaba tivesse alta reputação. As irmãs beneditinas mantinham firmes os seus propósitos no campo educativo. Todas as atividades pedagógicas desde o início do Colégio eram discretas.

Naturalmente não existia por parte da direção do Colégio a propagação *mercantilista* da educação, mesmo com o refluxo de alunos em tempos mais difíceis e escassos economicamente. No entanto, existia o Jardim de Infância dos 3, 4 ou 5 anos. Depois permanecia 1 ano, usando a Cartilha, período esse de alfabetização. Depois prosseguia com os 4 anos de primário. Ao término havia uma formatura, com sessão solene bem discreta, se as aulas fossem de manhã a cerimônia acontecia naquele período, com a participação das alunas na missa (Boschetti, 2015).

As irmãs beneditinas preparavam o ambiente escolar bem elegante, com aspectos religiosos delicados a oferecer à comunidade. Depois dessa fase de 1ª à 4ª série de primário, vinha o 5º ao 8º ano ginasial, concluindo com a colação de grau, com a missa pela manhã, com muita discrição, enfim, bem preparada pelas irmãs.

No cotidiano das aulas no colégio Santa Escolástica, as alunas o costumavam pedir a bênção às religiosas em latim – *Benedicti*. Às melhores alunas havia uma diplomação por mérito. Havia o costume dos professores rezarem antes das aulas, no começo e no fim do dia letivo, inclusive quando os professores eram protestantes, como no caso de *Dona Bella*, professora de música da Escola Normal, ela permitia que os alunos rezassem. Em relação ao currículo as irmãs seguiam legalmente as exigências preestabelecidas. O Colégio Santa Escolástica de Sorocaba teve o internato, semi-internato e o juvenato, quando recebeu as noviças (por muito tempo, até 1966, pois de 1956 até 1967 Sorocaba foi Sede do Priorado Beneditino no Brasil). O Colégio é oficialmente reconhecido em 1918, pelo Programa Nacional de Ensino que estabelece a forma e o material didático a ser utilizado, sobretudo o rigorismo metódico e a questão do uniforme eram fundamentais (Boschetti, 2015).[7]

A instalação e o funcionamento das primeiras atividades do Colégio Santa Escolástica aconteceram no 1º de agosto de 1906, onde estavam 10 alunas "das melhores famílias" matriculadas no curso primário, terminando o ano, em 1906, com 15 alunas.

> Chegou o primeiro piano oferecendo ao Colégio aulas de música e de trabalhos manuais. A 1º de fevereiro de 1907 iniciaram-se as aulas com 18 meninas e 5 garotos divididos em 3 classes. Neste ano iniciava-se também o semi-internato e em 1908 o internato. Em março deste mesmo ano começaram as aulas de Francês. O ano escolar de 1908 iniciou com 3 boas classes de meninas e 1 de meninos. (Menon, 2000, p. 266)

A impressão que se dá é a de que "a população de Sorocaba ajudou as irmãs beneditinas na sustentação do Colégio". Muitas famílias encaminharam suas filhas. Os principais sobrenomes das alunas que frequentavam as aulas em 1909: Machado, Costa, Rogick, Oliveira, Salerno, Carvalho, Arens, Lichtenfels, Bauer, Grillo, Silveira, Kenworthy, Stabile, oriundas de famílias importantes que seguiam piamente a educação *ultramontana*, à luz de profundos ideários de se tornarem as boas esposas e mães.

---

[7]. Entrevista feita com a professora Vania Regina Boschetti no dia 6 de abril de 2015, na Cidade Universitária Professor Aldo Vannucchi, Sorocaba, SP, sobre alguns aspectos de funcionamento do Colégio Santa Escolástica, uma vez que foi aluna por 11 anos e trabalhou como professora por 24 anos.

As repercussões na imprensa sorocabana

Segundo Ferreira (2006), o que denota é que a imprensa em Sorocaba toma papel relevante em face de situação educacional existente, e ela integra-se ao contexto histórico, influenciados pelos ideários de mudança no campo político, econômico e social. Anarcos-sindicalistas, marxistas, socialistas, anarquistas participaram das lutas por melhores condições de vida nesse momento da passagem do sistema agrário-comercial para o urbano-industrial. A mobilização incluía a organização em associações e, para além das greves, teve como expressão significativa a imprensa operária, que assumiu as mais diversas formas, jornais, periódicos, panfletos, fascículos e folhetos.

São inúmeros os anúncios sobre abertura de escolas de primeiras letras (inclusive noturnas), de preparo para academias, externatos para alunos de várias nacionalidades, publicados nos jornais como *O Ypiranga, Jornal do Commercio, Cruzeiro do Sul, O Sorocabano, O 15 de Novembro*, incluindo *O Operário*. A Maçonaria, por meio da Loja Perseverança III, foi pioneira no ensino primário particular gratuito e noturno, para analfabetos que trabalhavam no período diurno. A escola foi inaugurada em 7 de setembro de 1869, sendo posteriormente aberta à frequência de escravos (Irmão, 1969). A necessidade de escolas noturnas era insistentemente lembrada pela imprensa representativa dos operários.

No jornal *O Cruzeiro do Sul* de 22 de outubro de 1908, importante meio de comunicação da imprensa sorocabana apreciou em seu editorial "Colégio Santa Escolástica. Internato para meninas", que era dirigido pelas irmãs beneditinas de Sorocaba. Esse estabelecimento, situado numa das mais salubres cidades do sul do Estado, tinha, por fim:

> ministrar à juventude feminina educação religiosa, scientifica e litteraria, segundo os sãos principios catholicos. Chamamos a attenção dos interessados, para o annuncio

> do Collegio Santa Escholastica publica hoje, noutra parte desta folha. Acendendo a um delicado convite das Irmãs Beneditinas, tivemos ocasião de visitar, há dias, esse importante estabelecimento de ensino. A primeira cousa que nos chamou, desde logo, a atenção, foi o esmero no tocante a medidas hygienicas. (*Cruzeiro do Sul*, anno VI, 22 de outubro de 1908, n. 766, p. 2)

Com "habilitado corpo docente e provido de todas as condições materiaes necessarias a um estabelecimento de ensino", pois funcionava em

> Vastissimo predio rigorosamente adaptado ao fim a que ora se destina, este collegio offerece reaes vantagens aos senhores chefes de familia que desejam proporcionar as suas filhas uma solida educação. (Cruzeiro do Sul, anno VI, 22 de outubro de 1908, n. 766, p. 3)

O currículo foi desenvolvido em função da educação das meninas:

> Do currículo constavam "Doutrina Christan, leitura, calligraphia, arithmetica, geometria, algebra, historia natural, historia patria e Universal, phisica e chimica, linguas portugueza, franceza, ingleza e allemã, gymnastica, desenho, pintura, trabalho de agulha e Musica (canto, piano e violino)". Não aceitava para o internato "alumnas maiores de 13 annos". (*Cruzeiro do Sul*, Anno VI, 22 de outubro de 1908, n. 766, p. 2)

As famílias mais privilegiadas é que enviariam as suas filhas para receber uma formação sólida. Já à época, em 1908, o jornal *O Cruzeiro do Sul*, noticiava em suas páginas a importante referência sobre o colégio religioso. A anuidade era de "600$000 pagos em duas prestações e a joia da entrada 40$000". O ensino das matérias facultativas (Piano, Violino e Inglês) deveria ser pago à parte. Dava como referência o "Mosteiro de São Bento"

> As aulas abrir-se-hão no dia 7 de janeiro. Enviam-se prospectos a quem os pedir às Irmãs Benedictinas. Collegio Santa Escolastica. Refferencias em São Paulo Mosteiro de São Paulo. Até 22-12. (*Cruzeiro do Sul*, anno VI, 22 de outubro de 1908, n. 766, p. 3)

Em 1910, o Curso de Música oferecia muito bom ensino. Em 1912, embora a situação financeira fosse um tanto precária, fundava-se o Externato São Miguel, noturno para as mulheres domésticas e operárias, totalmente gratuito e que começou com 35 alunas. Em 1913 estendia-se essa atividade também para as meninas pobres.

> Melhoramento indiscutível para a família sorocabana, o Collegio Santa Escolastica também aproveitará, com o seu novo internato a reabrir-se proximamente conforme o annuncio. (*Cruzeiro do Sul*, Anno VI, 22 de outubro de 1908, n. 766, p. 2)

O ensino pago, para as irmãs, seguia a recomendação de S. Bento, na Regra Beneditina: que o mal da avareza não se introduzisse nos preços. No início, a escola funcionava das 11h às 15h30min. Por muitos anos até 1943 as aulas eram em período integral; o semi-internato iniciava às 8h00 da manhã as suas atividades (Menon, 2000, p. 266).

Com o aumento da clientela estabeleceram-se dois turnos, um diurno e o noturno. O corpo docente era formado, até 1910, por irmãs alemãs, depois vieram as francesas e, por último, as brasileiras. As professoras se revezavam no ensino. Com as classes formadas para duas séries ao mesmo tempo, 1ª e 2ª séries, 3ª e 4ª séries, havia professora para a Língua Portuguesa, para o Alemão, para o Francês, para a Música e, excepcionalmente para as aulas de Religião, algum padre ou monge. As alunas sentavam-se em carteiras duplas, as aulas duravam uma hora cada, elas corriam pela decoração das lições, que eram tomadas semanalmente. O ensino da leitura seguia o método analítico, semelhante ao da escola pública. O livro didático era utilizado em quase todas as disciplinas: Português, História Natural, História do Brasil, Geografia, Alemão, Francês, Aritmética e Geometria. Não havia livro para Química, Física, Desenho ou Canto. As aulas de Caligrafia eram feitas em caderno pautado. As provas eram também mensais e o exame era anual, com a própria professora realizando-os (Menon, 2000).

Figura 1: Alunas do Colégio Santa Escolástica em 1909

Fonte: Arquivo pessoal da professora Francisca Luiza Barreto.

Identificação de algumas alunas de 1909 no Colégio Santa Escolástica de Sorocaba. De baixo para cima: 1ª fileira (da esquerda para a direita): 1) Maria Fontoura Costa; 2) Christina Gomes; 3) Adonilda Telles; 4) não identificada; 5) Cacilda Rogick; 6) Cyrilla Silva; 7, 8 e 9) não identificadas; 10) Diva Nunes. 2ª fileira: 1) Maria Fernandes Oliveira; 2) Maria Oliveira; 3) não identificada; 4) Oscarlina Oliveira; 5) Anna Dias; 6) Glorinha

Machado; 7) Rosinha Salerno; 8) Conceição Carvalho. 3ª fileira: 1 a 4) não identificadas; 5) Jandyra Arens; 6 e 8) não identificadas; 9) Olga Kenworthy; 10) Alice Silveira; 11) Manuelinha Machado; 12) não identificada; 13) Ismênia Rogick. 4ª fileira: 1 a 3) não identificadas; 4) Edith Lichtenfels; 5) Clementina Oliveira; 6) Marietta Rosa; 7) Elsa Lichtenfels. 5ª fileira: 1) Adelina Rosa; 2) Maria da Glória A. Rodrigues; 3) Mariana Fontoure; 4) Donária de Oliveira; 5) Dolores Figueiredo; 6) Elvira Grillo.

Vale aqui ressaltar que a preocupação com a higiene e com a saúde fazia parte do discurso republicano da época, segundo o qual reforçava valores morais relativos a padrões comportamentais ditos "civilizados" para época. O jornal *Cruzeiro do Sul* de 1910 colocava o Colégio Santa Escolástica nesta evidência:

> Este estabelecimento funciona em vasto e hygienico prédio dotado das melhores conduções pedagogicas e tem por fim ministrar a juventude feminina. Solida educação religiosa, literária e scientifica, baseada nos principios catholicos. (*Cruzeiro do Sul*, anno VIII, 18 de dezembro de 1910, n. 1409, p. 2)

A formação cultural e educacional das mulheres – o reflexo da religião católica

No Colégio Santa Escolástica havia o exame de classificação e de mérito (Menon, 2000). As avaliações eram realizadas oralmente para uma banca de professores, todas as alunas (de todos os anos) reuniam-se no pátio, em filas, e aguardavam sua vez no auditório principal (salão nobre), o que já conferia um *status* e uma exposição diferenciada das alunas em relação à avaliação. Cada aluna, à sua vez, sorteava um "ponto" que consistia no assunto sobre o qual ela deveria discorrer perante a banca, e pelo qual era-lhe conferida a nota final. O "exame, nesse sentido, também produzia um arquivo, um conjunto de conhecimentos sobre cada aluna", que permitia a individualização, ao dividir e classificar pelo desempenho obtido na avaliação.

Manoel (1996) enfatizou sobre a diferença na educação dos dois sexos, que era fundamental para a garantia da estabilidade moral e social. Para a Igreja *ultramontana*, a coeducação era baseada numa deplorável confusão de ideias, que confundia e legitimava a convivência humana com a promiscuidade e igualdade niveladora. Deus ordenou e dispôs a convivência perfeita dos dois sexos somente na unidade do matrimônio. Além disso, não havia na própria natureza nenhum argumento favorável a haver promiscuidade e muito menos à igualdade na formação dos dois sexos.

O internato, ao contrário do que podia parecer, não substituía o externato e o semi-internato, mas configurava o caráter elitista e conservador. Todavia, o externato e semi-internato permitiam receber alunas de todas as classes sociais, entre elas as mais pobres. Outrossim, o internato só recebia educandas da classe mais rica, oriundas das oligarquias cafeeiras, destinadas a formarem a nova sociedade, pois pagavam por seus estudos.

> Consta-nos, com bons fundamentos, que, em breve, assumirá o exercício da cadeira de portuguez do Collegio Santa Escholastica, desta cidade, o sr. Major Arthur Gomes. Fazemos votos pela confirmação dessa consta, porquanto seria uma esplêndida acquisição daquele estabelecimento, com a qual muito lucrarão as alumnas; pois encontrarão na pessoa daquele estimado educador, a par de um coração magnânimo e de sentimentos nobres, em espírito lucido e profundo conhecedor da matéria. (*Cruzeiro do Sul*, anno VI, abril de 1909, n. 907, p. 2)

Com relação ao aspecto físico da escola, os altos muros tinham como significado não permitir nem a saída das alunas nem a entrada do mundo exterior, seja de pessoas não autorizadas, seja de outras formas de invasão. As grossas paredes e os altos muros do colégio interno desempenhavam uma dupla função:

não permitir nem a saída das alunas nem a entrada do mundo exterior, seja na forma de pessoas não autorizadas, seja na de leituras proibidas ou de correspondência, toda ela censurada, de forma a garantir

> A formação de um alicerce religioso, sobre o qual se reconstruiria uma sociedade segundo os critérios e propostas da igreja conservadora: uma sociedade católica, ordeira, hierarquizada, moralizada, antimoderna, antiliberal, antifeminista. (Manoel, 1996, p. 52)

Nesse recinto todo especial, as alunas eram colocadas em contato com os preceitos da doutrina católica, viam entrelaçar o cotidiano exterior com o interior, em que uma sucessão de fatos e convenções religiosas construía o seu tecido cultural, tendo como referência devoções diferentes daquelas a que estavam habituadas, advindas da religiosidade brasileira e portuguesa. Eram agora festividades do Sagrado Coração de Jesus, da Imaculada Conceição, de São José, da Anunciação, da Primeira Comunhão.

As meninas retiradas de seu meio social familiar estariam sujeitas a um conjunto de normas e preceitos educativos planejados pelo *ultramontanismo*, consolidando o projeto estabelecido para a construção de uma base religiosa sobre a qual se levantaria, segundo os princípios da Igreja (conservadora), uma sociedade católica obediente aos ditames da moralidade, e num crescente de forma deliberada e planejada, o projeto educacional do abade do Mosteiro de São Bento, Dom Miguel Kruse, alimentado por uma visão de mundo provinciana, antiliberal e antimoderna, se mostrava pertinente às conveniências da sociedade.

> Confirmando o consta que inserimos em um dos ultimos numeros de nossa folha, sabemos que o provecto professor sr. Major Arthur Gomes, começou, hontem, a leccionar portuguez no importante collegio de meninas, cujo nome nos serve de epigraphe, o qual é dirigido pelas conceituosas

Irmãs Benedictinas. (*Cruzeiro do Sul*, anno VI, 18 de maio de 1909, n. 934, p. 2)

Considerações finais

As irmãs beneditinas não relegavam a um segundo plano a aquisição do saber escolar, ao contrário, orgulhavam-se de contratar bons professores, de investir na formação prolongada das irmãs e de contar entre os professores homens em suas respectivas disciplinas, engajados, muitas vezes, em operar um currículo "experimental" pontuado por concessões pedagógicas em relação aos métodos tradicionais de ensino (Menon, 2000). Enquanto em outras escolas católicas mais austeras, a aprendizagem da disciplina de História, por exemplo, estava organizada a partir de trabalhos escolares baseados nas datas comemorativas dos acontecimentos cívicos, no Colégio Santa Escolástica de Sorocaba, a professora de História desenvolveu um "método experimental" de ensino de sua disciplina. Para exemplificá-lo, contou que pedia às meninas para elaborar "uma linha do tempo" e solicitava que as alunas relacionassem o nascimento de seus antecedentes familiares aos principais acontecimentos da história recente brasileira. Estratégias pedagógicas como esta se caracterizam por apresentar o trabalho escolar como produção e não como reprodução de um conhecimento ao qual é preciso submeter-se, esforçando-se para memorizá-lo.

Evidenciava-se que, assim como em outras ordens religiosas, o trabalho das irmãs beneditinas alargou o campo das atividades para além do espaço religioso e assistencial, exercendo forte influência educativa. O Colégio Santa Escolástica agregou à História da Educação de Sorocaba elementos decisivos tanto à formação dos jovens pela doutrina cristã e pela formação educativa, quanto substancial reforço ao ideário da educação feminina, esforço até então empreendido. Os pais queriam aquela escola, com aquele projeto educativo/formativo para suas filhas e filhos a ponto de crianças de uma mesma família e por gerações serem matriculadas ano após ano. Do projeto educativo/formativo fazia parte a severa disciplina em todas as instâncias: horários, silêncio e introspecção; saudação em latim às religiosas; uso cotidiano do uniforme (cor, modelo, tecido); comunicação contínua com as famílias sobre o andamento de estudos e de atitudes (Boschetti, 2007).

Rever a história dos colégios religiosos é pensar em modelos educativos que se constituíram e marcaram profundamente as épocas. A passagem das mulheres para o espaço público deve muito à educação religiosa, pois a religião, segundo Perrot (1988), constituía o húmus de toda a educação feminina. Os projetos coletivos de educação feminina trabalhavam com a proposta de que as escolas religiosas adequavam-se aos padrões de comportamentos exigidos pela família patriarcal brasileira. Em relação à educação feminina, o Colégio Santa Escolástica mantinha soberano esforço para atender aos apelos da sociedade que se modernizava, que primava pela construção de espaços físicos confortáveis, cuidando da higiene e da boa aparência. Espaços que proporcionavam tranquilidade aos pais ao entregar suas filhas, certos de estarem bem acomodadas e protegidas dos perigos da modernização, para a qual deveriam estar preparadas. A sobrevivência do colégio estava diretamente ligada ao pagamento de mensalidades que incluíam a instrução e a prestação de serviços. Arcar com tais despesas era impraticável para as camadas menos privilegiadas da sociedade que também almejavam educar suas filhas para que elas tivessem oportunidades melhores naquele projeto de modernização.

O projeto educativo escolar baseava-se no princípio de que a vida das mulheres cristãs implicava no cumprimento de obrigações e na subordinação de suas opiniões pessoais aos juízos mais elevados. Desta forma, o colégio beneditino Santa Escolástica de Sorocaba caracterizava-se por ser uma escola de refinamento da cultura e a sociabilidade das educandas, preocupando-se muito mais em torná-las damas aptas ao convívio social, virtuosas, polidas, religiosas e convictas de tal forma que pudessem educar seus filhos e filhas.

Referências

ALMEIDA, Aluísio de. **História de Sorocaba**. Instituto Histórico, Geográfico e Genealógico de Sorocaba, 1969.

ALMEIDA, Jane Soares de. **Ler as letras**. Por que educar as meninas e mulheres? São Paulo: Autores Associados, 2007.

ARIAS NETO, José Miguel. Primeira República: economia cafeeira, urbanização e industrialização. In: FERREIRA, Jorge; DELGADO, Lucilia de Almeida Neves (orgs.). **O Brasil Republicano – o tempo do liberalismo excludente – da proclamação da República à Revolução de 1930**. Rio de Janeiro: Civilização Brasileira, 2003.

BADDINI, Cássia Maria. **Sorocaba no Império**: comércio de animais e desenvolvimento urbano. São Paulo: Annablume; Fapesp, 2002.

BOURDIEU, Pierre. **Dominação masculina**. Rio de Janeiro: Bertrand Brasil, 1999.

BOSCHETTI, Vania Regina. Entrevista realizada na Universidade de Sorocaba. Sorocaba, 2015.

_____. **Ora et labora**: a educação feminina em Sorocaba na perspectiva Beneditina. Sociedade Brasileira de História da Educação, 2007.

CARVALHO, Rogério Lopes Pinheiro de. Aspectos da modernidade em Sorocaba: Experiências urbanas e representações – 1890-1914. **Revista de História**, São Paulo, n. 151, p. 201-225, 2. sem. 2004.

FERREIRA, Valdelice Borghi. Instrução para todos: a educação escolar na imprensa. **Revista HISTEDBR** [on-line], Campinas, n. 21, p. 153-165, mar. 2006.

GONZÁLEZ, Jorge Luiz Cammarano; GONÇALVES, Júlio. Escola, política e poder local: antecedentes do primeiro ginásio público de Sorocaba. Universidade de Sorocaba. **Revista HISTED BR** [on-line], Campinas, n. 27, p. 179-199, set. 2007.

IRMÃO, José Aleixo. **A perseverança III e Sorocaba**. v. 1. Sorocaba: Fundação Ubaldino do Amaral, 1969.

LOURO, Guacira Lopes. Gênero: questões para a educação. In: BRUSCHINI, Cristina.; UNBEHAUM, Sandra G. **Gênero, democracia e sociedade brasileira**. São Paulo: Editora 34, 2002.

MANOEL, Ivan Aparecido. **O pêndulo da História**: tempo e eternidade no pensamento católico (1800-1960). Maringá: Eduem, 2004.

_____. **Igreja e educação feminina, 1859-1919**: uma face do conservadorismo. São Paulo: Edunesp, 1996.

MENON, Og Natal. **A educação escolarizada em Sorocaba entre o Império e a República**. 2000. Tese (doutoramento em História) Pontifícia Universidade Católica, São Paulo.

PERROT, Michele. **Os excluídos da História**. 1. ed. Rio de Janeiro: Paz e Terra, 1988.

PIERINI, Franco. **Curso de História da Igreja I-II**. São Paulo: Paulus, 1998.

Fontes Primárias

O 15 de Novembro, 8 jan. 1903.

São Paulo Illustrado, anno II, n. 24, abr1904.

Cruzeiro do Sul, anno VI, n. 766, 22 out. 1908.

Cruzeiro do Sul, anno VI, n. 907, 16 abr. 1909.

Cruzeiro do Sul, anno VI, n. 940, 25 maio 1909.

O Operário, 8 maio 1910.

Capítulo 5
A EDUCAÇÃO PROTESTANTE E CATÓLICA NO BRASIL: ALGUNS INDÍCIOS DO SISTEMA COEDUCATIVO NO SÉCULO XIX[8]

Jane Soares de Almeida

Introdução

Quando em 1870, em São Paulo, Mary Ann Chamberlain organizou em sua sala de jantar uma classe para meninas protestantes, sua procura inicial por aqueles que eram politicamente perseguidos fez com que o reverendo Chamberlain considerasse que o sistema escolar do Império brasileiro era insuficiente e que necessitava haver um lugar para ensinar aqueles que eram perseguidos nas escolas públicas, fossem ou não protestantes.

As mesmas reflexões fizeram Georg Nash Morton e Edward Lane, ministros presbiterianos que haviam chegado ao Brasil em 1868 com o objetivo de determinar no país qual o melhor lugar para sediar a missão. O reverendo Lane era do *Nashville Committee* das Igrejas do Sul dos Estados Unidos e de origem inglesa, tendo estabelecido o centro de suas atividades missionárias na região de Campinas. Em 1870, Lane e Morton fundaram em Campinas a Igreja Presbiteriana e a escola que funcionou por um ano. Em 1873 a escola organizou-se melhor e teve funcionamento contínuo, onde lecionou Miss Nanie Henderson e, posteriormente veio ajudá-la Miss Mary Videau e John W. Dabney, para lecionar no College. Estava iniciando-se o funcionamento

---

8. Pesquisa financiada com auxílio da Fapesp, como bolsa de pós-doutorado no exterior e bolsa de produtividade em pesquisa do CNPq.

do Colégio Internacional de Campinas que em 1875 recebeu a visita do imperador D. Pedro II.

Em 1879, devido a dificuldades financeiras que abalaram o colégio, Morton vai embora para São Paulo levando metade do corpo docente com o objetivo de abrir uma escola sua.[9] Em outubro de 1871, Chamberlain organizou uma reunião em São Paulo com o objetivo de conseguir apoio para a fundação do College, os missionários Morton e Lane também estiveram presentes e em dezembro realizaram reunião similar para fundar o colégio de Campinas. Tanto os missionários radicados em Campinas, como o reverendo Chamberlain propunham fundar um tipo de colégio que englobasse o curso primário, o secundário e o curso superior científico.

Na escola de São Paulo, a assembleia decidiu que usaria os métodos e a organização escolar praticados nos Estados Unidos e a língua utilizada seria a portuguesa:

> Era voga a escola em francês para os filhos dos ricos; no momento, a maior clientela de Mary Ann eram crianças de língua inglesa. Mas o Rev. Chamberlain não quis fazer concessões: na Escola se lecionaria em português. (Ribeiro, 1981, p. 229)

Chamberlain obteve apoio da Junta em Nova Iorque para a Escola Americana em São Paulo. A escola deveria ministrar educação evangélica segundo os princípios da moral protestante, ficava excluída a propaganda religiosa e a religião limitar-se-ia às questões éticas e morais.

Os filhos dos republicanos e abolicionistas seriam recebidos, assim como os filhos dos escravos, a educação seria mista, o ensino deveria ser pago para dar conta das despesas, pois a escola não teria fins lucrativos, haveria bolsas de estudos para aos mais po-

---

9. A história do Colégio Internacional de Campinas é analisada por Marcus Levy Albino Bencostta, 1996.

bres e, se possível, oferecidas àqueles que desejassem seguir a carreira missionária, doações poderiam ser aceitas e utilizadas para a melhoria do ensino e a escola poderia também alfabetizar adultos.

A *Board of Foreign Missions of the Presbyterian Church* de Nova York acatou a ideia de Chamberlain e aprovou a iniciativa de sua esposa, incumbindo-se de fazer com que o empreendimento se desenvolvesse. A escola idealizada pelo casal Chamberlain deveria introduzir o método intuitivo e a leitura silenciosa, diferentemente do que faziam as escolas brasileiras com seu costume de leitura em voz alta e decoração sem raciocínio, ainda de acordo com a tradição dos jesuítas. O ensino deveria ser desenvolvido utilizando-se de manuais escolares próprios, à semelhança dos manuais americanos.

O colégio deveria funcionar com uma *Elementary School*, um *Secondary School*, a *Junior High School*, a *Senior High School* além de organizar um *Preparatory Course for College* e uma *Scientific School*. Instituiu-se a semana de cinco dias, eliminando as aulas aos sábados e o ano letivo deveria ter 190 dias. Adotaria-se o regime coeducativo e a língua utilizada seria o português. Dar-se-ia ênfase ao treinamento manual, à ginástica e aos esportes em geral, em especial no regime de internato.

Não se admitiria preconceitos de qualquer espécie, fossem de raça, sexo, político ou de orientação religiosa. De acordo com os princípios éticos e democráticos norte-americanos considerava-se que, sendo a educação um direito do indivíduo, existia também a obrigação de a garantir indistintamente a todos, independentemente da raça, da cor, do sexo ou da classe social. A propaganda religiosa seria excluída e a função do ensino religioso seria apenas debater valores éticos e morais, descartando-se o proselitismo religioso de qualquer espécie (Ramalho, 1976, p. 82).

A abertura oficial deu-se em 1872, sendo nomeado como diretor o reverendo Chamberlain e como vice-diretor o reverendo Robert Lenington. Posteriormente criou-se uma *Training School* destinada a formar professores e, em 1877, um *Kindergarten*, com método de ensino baseado em Froebel, que seria dirigido por uma professora vinda dos Estados Unidos, Miss Phoebe Thomas.

A coeducação dos sexos no contexto da cidade e da província

As escolas americanas se notabilizavam por enfatizar um ensino em que a tônica era a solidariedade e o individualismo ético, onde imperavam valores como honra, virtude, respeito mútuo e liberdade, derivados da religião e do acatamento de seus preceitos. Buscava-se motivar e incentivar alunos e alunas a seguirem um modelo de educação que propiciasse mudanças comportamentais e instituísse valores diferenciados na sociedade brasileira, que não aqueles calcados num modelo clerical católico. Intelectuais formadores de opinião como Rui Barbosa, Rangel Pestana, Caetano de Campos, entre outros, viam com simpatia essa forma dos protestantes veicularem sua cultura e moldarem sua identidade e não foram poucos os que consideravam o modelo cultural norte-americano como algo a ser seguido e implantado no país, que procurava organizar um sistema de ensino que o equiparasse às grandes nações do mundo.

Nesse período, estudantes iam aos Estados Unidos completar sua formação, diferentemente dos tempos monárquicos quando a referência era a Europa. Os protestantes desejavam formar elites em suas escolas, pessoas que, convertidas ou não, abraçassem seu modelo cultural e ético voltado para valores como trabalho, moderação, religiosidade e respeito. Queriam formar seres humanos semelhantes àqueles de seu país, imbuídos de ideais democráticos e do desejo de servir a Deus e à Pátria e que fossem agentes de mudanças sociais. Por conta disso, nas aulas e na orientação pedagógica das escolas, evitavam o proselitismo religioso, não exigiam conversão à sua fé, nem a observação de seus preceitos, mas era explícito, nos relatórios enviados à *Board*, que também queriam formar pastores para dar prosseguimento à sua missão e atrair os jovens para a *verdadeira fé*.

Na organização das escolas utilizavam os princípios de classificar os alunos por seu índice de inteligência e aplicação, criticando a falta de homogeneidade das classes nas escolas brasileiras. Pregavam a liberdade e a democracia como valores essenciais na formação do cidadão, opondo-se os presbiterianos vindos do Norte à escravidão e ao monarquismo, os quais contaminavam a sociedade brasileira e inculcavam valores antidemocráticos, perniciosos a uma sociedade bem organizada.

Nos cursos, instituíram o ensino graduado com classes de ler, escrever, dominar as quatro operações, o ensino do Inglês, Geografia, Português, Latim, Francês, Alemão e Grego. Em continuidade aos anos iniciais básicos foram abertos cursos acadêmicos com matérias como Matemática, línguas, História, Geografia, Filosofia, Física, Química e Direito Público.

O ensino religioso veiculava regras morais e éticas, nas quais se pregava o valor dos indivíduos por sua honradez, virtude e o respeito pelo Criador. Esses princípios e esses valores deram a tônica das escolas protestantes que procuraram adotá-los em sua organização e funcionamento.

A ausência de investimentos e de profissionais do ensino, além da baixa densidade demográfica nas regiões interioranas, onde cresciam as pequenas vilas e povoados, impedia a concretização do ideal católico de manter os sexos separados. No contexto citadino de São Paulo, na pobreza cultural e material da província, ainda era precário o sistema de ensino formal.

Nos maiores espaços urbanos, nos anos finais do século XIX, a iluminação a gás, os carros de boi, a primeira linha de bonde e algumas casas comerciais significavam pequenos lustros de progresso, num ambiente de higiene precária, promíscuo e de pouco lazer. No interior, com a população fortemente concentrada na zona rural, as vilas e povoados careciam de quaisquer benfeitorias e a criação de classes para meninos e meninas obedecia a regras de pouca oferta e baixa procura.

A distância da casa à escola era outro sério obstáculo para a família que desejava que seus filhos ou filhas estudassem. Nesse meio intelectualmente pobre, a escola não se colocava como prioridade e se abriam classes de duração efêmera, com funcionamento irregular e baixa frequência. Quase sempre havia um único professor, diferentemente da capital, com maior índice de população, o que permitia colégios de meninos e meninas para aqueles que podiam arcar com os custos da educação, já que a maioria pertencia à iniciativa particular.

No âmbito do Estado, na idealizada escola laica, pesavam as restrições das famílias e o poder público se debatia com a necessidade de estender a escolaridade para toda a população, ampliando a abertura de classes e mantendo juntos os alunos e alunas dos segmentos populares, conforme a disponibilidade de espaço físico, investimentos financeiros e professores.

As classes mistas como panaceia educacional

No século XIX, o sistema público de ensino contava com classes mistas, mais por força de circunstâncias econômicas do que acatamento de ideais coeducativos e se instaurava uma dicotomia. O ideal republicano de apagar as diferenças sociais pela educação se via esvaziado perante a necessidade de escolas para a população e as dificuldades orçamentárias do Estado. Instalar classes mistas era o meio mais rápido de atender às urgências de escolaridade que a República reclamava.

A Inspetoria Geral da Instrução Pública do Estado de São Paulo, criada em 1852, em relatório de 1870, apontava a existência de 346 cadeiras de instrução pública para o sexo masculino e 208 cadeiras para o sexo feminino, num total de 9.014 alunos e 5.233 alunas; 59 escolas particulares para ambos os sexos, com

1.321 um alunos e 25 colégios de instrução secundária com 868 alunos (Marques, 1980, p. 343).

A cidade de São João do Rio Claro, no interior de São Paulo, por exemplo, contava em 1876 com 12.203 habitantes e possuía quatro cadeiras de instrução primária pública para ambos os sexos, um colégio de instrução elementar e três escolas particulares. Apesar de haver na província várias escolas particulares e algumas pertencentes às instituições religiosas, o governo oferecia apenas o ensino elementar público e gratuito. A ideia de escolas mistas, com aulas regidas por professoras, onde não fosse possível criar classes para ambos os sexos, orientava a criação e o funcionamento do ensino num cenário no qual o pensamento educacional republicano, aberto à livre iniciativa, comungava com as propostas de coexistência de instituições públicas e privadas.

Esse ideário teve prolongamento após a República, tanto que em memória apresentada ao Governador Jorge Tibiriçá em 1891, Caetano de Campos assegurava:

> É óbvio que ninguém pensará em tolher aos cidadãos o direito de abrir escolas particulares. Estas não serão, porém, em número suficiente para a população e nem acessíveis para a grande massa do proletariado. (Moacyr, 1942, p. 90)

Por ser insuficiente o número de professores era inviável a separação dos sexos e se permitia, em caráter excepcional, a criação de classes mistas. Entretanto, isso não significava uma intenção eminentemente coeducativa, tanto que o Regulamento do Ensino em 1893 orientava:

> as professoras das escolas mistas devem promover, durante os exercícios escolares, completa separação entre alunos e alunas, exercendo a mais ativa vigilância para não se dar qualquer procedimento desrespeitoso de uma para outra classe, procurando, com todo o cuidado, habituá-los a tratarem-se com polidez. (Moacyr, 1942, p. 192)

Ao mesmo tempo, a lei impedia meninos de se matricularem nas escolas preliminares femininas e meninas nas masculinas, permitindo apenas nas escolas mistas a frequência de ambos os sexos. Quando o regulamento instituiu a obrigatoriedade de ensino para crianças que não tinham aulas em casa ou que não estavam estudando em escolas particulares, foi colocado o limite em doze anos de idade, excetuando os meninos que residissem a mais de dois quilômetros da escola e as meninas que morassem a mais de um (Moacyr, 1942, p. 212). Isso fazia com que a obrigatoriedade de ir à escola não se estendesse à população rural, a não ser que fossem criadas classes nessas localidades.

As escolas mistas correspondiam em grande número de casos às necessidades do ensino nos centros agrícolas onde havia pouca demanda por educação escolar em vista da baixa densidade populacional e deveriam ser ocupadas por professoras que "comumente serão mais zelosas e assíduas no cumprimento de seus deveres. Raríssimas foram as escolas mistas visitadas pelos inspetores, de frequência diminuta" (Moacyr, 1942, p. 106).

No interior paulista, o ambiente provinciano e a imagética ligada às tradições faziam com que os pais e a população em geral se posicionassem contrários ao agrupamento dos dois sexos nas escolas. De acordo com as normas sociais vigentes o encontro de homens e mulheres somente deveria se dar pelo casamento, no qual dois seres criados separados deveriam adaptar-se um ao outro e viver juntos até que a morte os separasse, conforme ainda reza a liturgia católica nos tempos atuais.

O fato é que as escolas mistas eram frequentadas apenas por meninas dos extratos sociais desfavorecidos e, mesmo assim, os pais logo as retiravam das escolas assim que aprendiam os rudimentos da leitura e escrita, o que fazia com que se fechassem classes por baixo comparecimento de alunas.

Rodrigues (1962, p. 170) relata que as primeiras escolas mistas de que se tem notícia datam de 1835 em Paranaguá e Ubatuba, onde existiam classes primárias mantidas por particulares.

Em 1889, em Taubaté existiam dois colégios mistos, Externato União dirigido por José Ramos Ortiz e Colégio Príncipe de Nápoles de D. Elvira Colella, de origem italiana.

O repúdio em educar juntos meninas e meninos tinha por base uma razão cultural representada por uma sociedade que se erigia em valores coloniais luso-cristãos, nos quais a instrução feminina era dispensável. Quando se instituíam classes mistas havia pressões ideológicas para a organização curricular, exigindo-se temas específicos para as meninas como corte e costura, bordado, culinária, o que resultava em currículos distintos para um mesmo grupo de alunos, horários de entrada, saída e recreio diferentes e até mesmo divisões físicas nas salas de aula.

Algumas escolas para ambos os sexos no ensino primário e nos ginásios e escolas normais de São Paulo funcionavam em espaços, mas as classes mistas desde algum tempo eram uma realidade para a população mais pobre do interior, o que significa que a discussão de gênero levada pela Igreja e pelo Estado, numa luta conjunta pela moralidade da população, tinha um forte recorte classista por esse discurso se referir às classes alta e média. Ao povo se podia fazer concessões, mesmo que com isso a moralidade e a religiosidade sofressem danos, porém a educação deveria ser estendida a todos, homens e mulheres, de diferentes classes sociais e raças. A coeducação, prática que se difundia nos demais países ocidentais, ajudaria a remediar os vícios do sistema escolar que se estruturava lentamente e carregado de defeitos e seria natural, vantajosa, imparcial, econômica e desejável.

A coeducação dos sexos: entre a religião e a moral

No Brasil, apesar da separação da Igreja dos assuntos do Estado e da total proibição de ensino religioso nas escolas, há que se considerar a influência ideológica do catolicismo como a religião dominante entre a população. O matrimônio indissolúvel, os ritos do batismo, comunhão, crisma, extrema unção impregnavam há mais de três séculos o imaginário brasileiro e não seria o ato político de se depor um imperador português e instituir um regime republicano que ausentaria o povo desses rituais e de sua influência. A educação escolar não fugia disso, pois quem ensinava nas escolas também pertencia à população e vivia na sociedade brasileira fazendo parte do intenso intercâmbio cultural que a urbanização proporcionava, incorporando a imagética social do período quanto aos papéis sexuais.

Nas primeiras décadas após a República, a Igreja e o Estado não mais se alinhariam ideologicamente e ao apostar no poder transformador da educação para o futuro da Nação que intentava se desenvolver e se alicerçar entre as grandes potências mundiais, esse projeto civilizador também alocaria à educação escolar o papel de equalizadora de oportunidades sociais. Desse princípio não se poderia alijar o sexo feminino do acesso à escola e a democratização e universalização do ensino propostas também não deveriam permitir que esta fosse diferenciada da educação masculina. No entanto, na prática social e no mundo do trabalho, os papéis sexuais reservados a homens e mulheres confrontavam com essa tendência de maior igualdade entre os sexos, mostrando que nem sempre se processava o diálogo escolar com o diálogo social de forma harmoniosa e decorrente.

A coeducação nas escolas normais republicanas paulistas

Na primeira década republicana, a necessidade de formar professores para lecionar nas escolas que se expandiam na capital e no interior do Estado e nos grupos escolares fez com que os republicanos voltassem seus olhos para uma instituição capaz de fornecer esses profissionais que o regime precisava. A escola normal surgiu como uma iniciativa em que a questão da educação conjunta deveria ser amplamente debatida. Nesse nível de ensino não mais se discutiria apenas a educação de crianças, mas de jovens em idade de contrair matrimônio, o que duplicava o perigo moral e higiênico. Mesmo aqueles que militavam em favor da escola pública não viam com bons olhos um sistema único de ensino para moças e rapazes.

Posicionar-se contra as classes mistas não tinha origem apenas na orientação religiosa, era também uma questão de costumes e disciplina escolar. A reforma do ensino de 1886, mesmo propondo uma educação religiosa facultativa, coerente com os princípios da não ingerência da Igreja nos assuntos do Estado, revelava que a mentalidade vigente sobre as expectativas sociais quanto ao sexo feminino continuava atrelada às fronteiras do universo doméstico:

> nas escolas do sexo feminino haverá mais: no primeiro grau, costura simples; no segundo grau, costura, crochet, corte sobre moldes e trabalhos diversos sobre agulha, bordados úteis e economia doméstica. (Moacyr, 1942, p. 61)

Esperava-se, portanto, que as futuras professoras aprendessem aquilo que iriam desempenhar no lar, as prendas domésticas, o que impunha um paradoxo: se, de acordo com a ideologia de destinar as mulheres ao ensino de crianças, essas professoras fossem lecionar em classes mistas, haveria um problema de difícil solução sobre o que se ensinar para os meninos, embora posteriormente isso fosse revisto.

A coeducação nas escolas normais permitiria que as jovens aprendessem os mesmos conteúdos destinados aos rapazes, já que também iriam ensinar em classes masculinas, e defendia os defensores do sistema coeducativo nesse nível de ensino, contrapondo-se e minimizando, em nome da necessidade de formar quadros profissionais para a educação escolar que se expandia, a nocividade dessa prática anunciada pelos defensores dos costumes paulistas tradicionais.

A ideia de formar professores e professoras pela Escola Normal fez que, além das escolas normais oficiais, surgissem estabelecimentos com essa finalidade depois que a Lei n. nº 130 de 25 de abril de 1880 exigiu a obrigatoriedade do diploma de normalista para poder lecionar, exceção feita aos bacharéis em Letras, Direito e sacerdotes autorizados.

O Seminário das Educandas destinado a educar as órfãs sem dote abriu um curso de formação de professoras que foi fechado várias vezes por falta de verbas. Alguns anos depois se instituíram classes mistas, com bancos separados para alunos e alunas por uma divisão. Mas no curso preparatório anexo havia duas seções, masculina e feminina e na classe das meninas somente poderiam lecionar professoras (Rodrigues, 1962, p. 158).

A escola-modelo anexa à Escola Normal, após a Reforma instituída em 1890 por Caetano de Campos, reduto onde os futuros professores fariam seus exercícios práticos de ensino, era dividida em escola-modelo para o sexo feminino e escola-modelo para o sexo masculino:

> A escola de aplicação foi estabelecida para esse fim em um largo plano. Em primeiro lugar foram contratadas duas professoras largamente reputadas nas práticas de ensino elementar do primeiro grau, as quais haviam adquirido longa prática do magistério nos Estados Unidos. Sendo dupla a escola de aplicação em virtude da separação dos sexos, cada uma dessas professoras dirige uma escola. (Reis Filho, 1981, p. 80)

Essas escolas, criadas como pilares para o desenvolvimento de ensino de qualidade, funcionavam em turmas separadas por sexo. Se pensarmos que Caetano de Campos e Rangel Pestana (o mentor intelectual da reforma de 1890) eram grandes admiradores dos norte-americanos e do seu sistema educacional e que este último reconhecia a igualdade intelectual entre os sexos, é de se admirar que tivessem mantido salas de aula separadas nas escolas normais e escolas-modelo. É possível que tivessem as mesmas dúvidas de Rui Barbosa quanto à aplicabilidade da coeducação no sistema de ensino brasileiro em vista dos costumes morais da população. Liberais convictos não se aliavam nem se curvavam aos ditames da Igreja Católica, mas mantiveram as classes separadas, o que evidencia a força ideológica da moral e da religiosidade se imiscuindo nas questões estatais.

Apesar de nas primeiras décadas do século XX as mulheres terem conseguido um maior acesso à instrução, e posteriormente o direito ao voto e o ingresso no ensino superior, os ideais católicos e positivistas continuariam a impregnar a mentalidade brasileira durante muito tempo. Mesmo com as inovações trazidas pelos missionários protestantes, essa mentalidade tinha a força das tradições longamente herdadas e não mudaria assim tão facilmente. Quando, pelas mudanças sociais, as classes mistas se tornaram uma realidade nas escolas públicas brasileiras, a maioria dos colégios católicos continuou com a tradição de educar os sexos em separado.

A coeducação dos sexos, com seus princípios de propiciar a igualdade entre homens e mulheres num meio cultural que primava pela desigualdade entre os gêneros, iria estabelecer um conflito com a destinação feminina, erigida desde priscas eras no culto à domesticidade. A independência econômica das mulheres, obtida pelo desempenho de uma profissão e sua autonomia intelectual representada por uma educação igual à dos homens, significava a ruptura com acordos estabelecidos desde outros tempos e poderia ocasionar desordem social. Mantida dentro de certos limites, a instrução feminina não ameaçaria os lares, a família e o homem. Demasiados conhecimentos, de acordo com a imagética social, eram desnecessários, pois poderiam prejudicar a sua frágil constituição física e emocional, além de serem menores suas capacidades intelectuais. Nisso concordavam católicos brasileiros, não católicos e até mesmo as próprias mulheres, em vista da força desse imaginário no mundo social em que viviam.

A população seguia as regras ditadas pelas elites, aprofundando o fosso que separava homens e mulheres.

Essa ideologia se manteve na Colônia e no Império, até que nos tempos republicanos os discursos positivista e eugênico passaram a veicular a necessidade da educação feminina como forma de se manter a família e a Pátria dentro de cânones desejáveis para o desenvolvimento. Os higienistas já haviam plantado a semente das mulheres serem as principais responsáveis pela saúde de seu corpo e dos filhos.

Os homens deveriam ser os provedores da família e os guardiões das mulheres. Portanto, a educação deveria encaminhar-se para os objetivos definidos quanto aos papéis sexuais: às mulheres, a reprodução; aos homens, a proteção. Esses valores se estenderiam a todas as áreas: no lar, na política, na economia, na sociabilidade, na religiosidade, nos hábitos e costumes, enfim na própria cultura do período, instalando uma imagética resistente a mudanças.

Mulheres educadas: um risco social?

Dos finais do século XIX até a metade do século XX, a vida em sociedade, as expectativas sobre os papéis sexuais, as doutrinações da Igreja Católica, as implicações na sexualidade, o controle dos corpos e da mente e a inculcação moral mostravam um país preocupado em construir uma sociedade que deveria se expandir sem perder valores tradicionais. As mulheres eram as principais destinatárias de uma ideologia que se centrava na vigilância e na profecia de destinos para cada sexo: ao homem, o espaço público, a política, a gerência de recursos, a liberdade; para a mulher, o espaço privado, a dependência financeira e emocional e a castidade.

Conscientes dos receios da sociedade de que as mulheres educadas abandonassem a sagrada missão a elas confiada, a de dar filhos fortes para a Nação, e que isso interferisse em sua saúde e na da prole, mesmo as pioneiras feministas compartilhavam com os homens o ideal de manter as mulheres no espaço que lhes foi reservado, o mundo da casa. Durante todo o tempo, o discurso social caracterizou-se dentro dos princípios da ideologia masculina, numa sociedade que se assumia masculina e que fosse orientada no plano da religiosidade pelo catolicismo.

No Brasil, o regime republicano instituiu o Código Civil de 1916, no qual o homem chefiava a família, administrava os bens e autorizava o estudo e o trabalho feminino. O amparo legal era o que menos pesava nos comportamentos ditados pela herança portuguesa e derivados das tradições imutáveis desde os tempos da Colônia e que colocavam os homens no centro do universo social e doméstico.

No século XIX, em São Paulo, o processo de urbanização promoveu alterações na posição social feminina, mas o domínio masculino continuou sendo determinante na organização vigente. Isso porque, apesar de serem consideradas superiores do ponto de vista moral, era *natural* que as mulheres ocupassem um lugar inferior na escala social, por conta das diferenças entre os sexos, e que os homens detivessem as rédeas do poder.

Na organização das escolas, essa ideologia, ao não atingir uniformemente toda a população, dado que se aceitava a não separação dos sexos por medidas de economia, demonstra que por trás disso existia um problema de classe social, ou seja, o que é bom para o povo não o é para as elites.

Juntos, mas separados. E a educação escolar?

As ideias coeducativas no cenário da educação pública paulista acompanharam, com alguns anos de atraso, o debate norte-americano do século XIX acerca de meninos e meninas receberem a mesma educação. Porém, a insistência da Igreja em se opor ao sistema e o conservadorismo das elites impuseram a separação dos sexos nas escolas privadas de orientação católica e nas públicas, sempre que isso fosse possível.

A perspectiva feminista norte-americana trazida pelas missionárias protestantes de se proporcionar idêntica educação para os dois sexos e com isso atingir a igualdade social e familiar, caiu no vazio. As escolas públicas, apesar de estabelecerem meninas e meninos estudando juntos numa mesma sala de aula, separava alguns conteúdos e atividades por conta de raciocínios sexistas, mantendo-se, assim, a ordem vigente na sociedade.

Os protestantes também não deviam estar assim tão convencidos da prudência de se implantar a coeducação num país com ideias tão arraigadas quanto à separação dos sexos. Muitas vezes, durante os primeiros anos da criação dos colégios e das escolas paroquiais, as classes mistas significavam um momento transitório enquanto não recebiam verbas para a construção de classes separadas ou se aguardavam novas professoras.

Nas escolas normais públicas paulistas, a introdução das classes mistas não foi um ato pensado para promover a igualdade, mas uma atitude movida pela necessidade de economia de recursos humanos e materiais. Juntar os dois sexos nas mesmas classes, aprendendo os mesmos conteúdos desafiava valores solidamente arraigados. Nessa perspectiva, o mesmo não aconteceria na sociedade e as mulheres continuaram destinadas ao lar e à maternidade enquanto os homens se ocupavam das lides do espaço público. As ideias progressistas e libertárias dos protestantes norte-americanos comungadas pelos republicanos não conseguiram romper com esse padrão. A complexidade inserida nos debates coeducativos fez com que essa discussão não ultrapassasse o espaço da instituição escolar – as propostas coeducativas eram republicanas e, por consequência, de cunho liberal – e a intolerância religiosa com as teses do liberalismo colocariam educação protestante e religião católica como antípodas e até a metade do século XX a militância católica impôs sua vontade no cenário social e educacional.

Se no século XIX havia na cultura brasileira alguns sinais favoráveis à disseminação dos ideais protestantes, divulgados como uma alternativa ao catolicismo, em relação ao sexo feminino não houve avanços significativos. Não se pode esquecer também que a modéstia de recursos das Igrejas Presbiterianas dos Estados Unidos fazia com que os missionários compartilhassem os mesmos problemas de verbas das escolas brasileiras.

No país de origem dos missionários, a ideologia de delimitar espaços para cada sexo também era uma realidade. Com a ofensiva católica na primeira metade do século XX, muitas escolas protestantes fecharam suas portas e a proposta de se estender uma educação igual para os dois sexos limitou-se a colocá-los em classes onde assistiam aulas juntos, com os mesmos professores, os mesmos métodos, sob a mesma direção.

Quanto à projeção da futura vida social para cada sexo, não havia discordância entre católicos e protestantes. Fora da escola tudo permaneceu como antes: os homens mandavam, as mulheres obedeciam; os homens cuidavam, as mulheres pertenciam. Mediando essa relação, a educação escolar prosseguiria como uma forma de controle social e controle de gênero, mesmo embutindo em seu discurso a perspectiva da igualdade, da liberdade e da cidadania. Num país que durante décadas acreditou na superioridade masculina sobre a feminina, não seria assim tão fácil romper com essa pretensa supremacia.

Coeducação e classes mistas: práticas semelhantes, objetivos diferenciados

Para Chamberlain, a formação de professores era uma tarefa urgente, pois pensava que uma escola sem bons mestres não atenderia aos anseios educativos exigidos para a formação dos alunos. O preparo do futuro educador seria uma preocupação constante dos dirigentes das escolas americanas, pois sendo o articulador e organizador do ensino e repousar em suas mãos e em seu caráter a perfeita educação dos jovens e crianças, a formação do professor deveria ser equilibrada e rodeada dos maiores cuidados profissionais e pedagógicos.

A *Training School*, criada em 1875, destinava-se a preparar os futuros contingentes de professores que seriam os encarregados de ministrar ensino primário. O curso tinha seu currículo organizado com disciplinas como: Metodologia do Ensino, Pedagogia, Higiene Escolar, Psicologia Aplicada, Matemática, Português, Geografia, História, Música e Educação Física, com duração de três anos. No ano de 1886 essa escola é transformada na Escola Normal do Mackenzie College e para dirigi-la foi convidada Miss Marcia Brown, missionária e professora americana, considerada uma grande especialista no método intuitivo. Horace Lane, ao assumir a direção do colégio, deu nova vitalidade à tão sonhada escola de Chamberlain. Posteriormente seria chamado para colaborar com o Governo de São Paulo como consultor educacional de Caetano de Campos e Cesário Mota, os organizadores do ensino público no estado.

Da pequena sala de aula erigida ao lado das igrejas, para as grandes instituições de ensino, foi um grande passo e o sistema educacional norte-americano contribuiu para o desenvolvimento da educação no estado de São Paulo. Assim, a implantação de uma prática educativa inovadora e uma visão de mundo diferenciada, com o tempo ganhou a simpatia dos intelectuais reformadores e os colégios firmaram-se como centros de excelência, irradiadores de modernas metodologias, passando a ser aceitos também pela classe média ascendente urbana e pela pequena burguesia progressista.

Ao findar o século XIX, a província de São Paulo contava com vários estabelecimentos de ensino comumente denominados Escolas Americanas. Essas escolas beneficiaram o sistema escolar que tentava firmar-se no cenário do ensino público paulista e, aos poucos, foram tornando-se parte do cenário nacional, tanto que as autoridades brasileiras a elas prestaram seu reconhecimento. Portanto, explorar o potencial pedagógico dessas escolas revela-se um caminho para repensar a educação escolar atual, uma educação constantemente exposta a críticas, a reformas periódicas e nem por isso parece conseguir atingir os seus objetivos. Ao mesmo tempo, investigar a vida das educadoras norte-americanas protestantes no Brasil também significa dar maior visibilidade feminina na construção da cultura, da nacionalidade e da identidade de um país e de sua população, num caminho ainda por explorar devidamente.

Afirmar que foram os missionários americanos que introduziram a coeducação no sistema de ensino paulista, considerando esta ser a prática de se organizar classes frequentadas por meninos e meninas, é um equívoco. O sistema de classes mistas já era uma antiga prática brasileira quando os missionários vieram para o País. A ausência de investimentos no ensino e a baixa densidade demográfica nas regiões interioranas, onde cresciam as pequenas vilas e povoados impediam a concretização do ideal católico de manter os sexos separados. Além disso, os pais costumavam enviar à escola os filhos, bem de acordo com a concepção vigente que não via necessidade de educar as filhas.

A chegada dos protestantes em 1870 e a criação das pequenas escolas ao lado das igrejas e de colégios nas localidades maiores trouxe ao panorama educacional uma concretização do que já acontecia nos Estados Unidos acerca da instituição da coeducação dos sexos. Os missionários norte-americanos, em que se considerem as ideias democráticas e libertárias de que estavam imbuídos, também eram movidos pelas mesmas medidas de economia de investimentos físicos e recursos humanos, porém tinham um discurso ideológico compatível com as lutas feministas que se processavam em seu país acerca de igualdade de oportunidades educacionais para os dois sexos.

Desde a Guerra da Independência nos Estados Unidos, as escolas norte-americanas mostraram uma tendência em adotar o sistema de educar juntos os dois sexos. Em São Paulo, os republicanos viam com bons olhos uma prática também compatível com o seu pensamento liberal e democrático. No Império, apesar do confronto com o regime monárquico, a Igreja católica ditou as regras educacionais. Na República os protestantes tiveram seu momento de glória e suas escolas eram vistas como exemplo a ser seguido pelo Estado em sua causa da educação popular.

O enfraquecimento da Igreja Católica nos anos finais do Império e a separação do Estado na República abriu espaços para que o imperialismo cultural norte-americano que se espalhava pelo mundo como uma teia, envolvendo os vários países, enviasse seus representantes para a nova nação que se erigia e precisava ser evangelizada. Isso colaborou para que as igrejas e escolas protestantes prosperassem, apesar da resistência do clero e da mentalidade da população voltada para a prática católica.

As razões econômicas para que nos estados norte-americanos muitos defendessem o funcionamento de classes mistas se escudavam na necessidade sempre presente de ampliar a escolarização no novo país que se desenhava no final do século XIX e que precisava de mentes ilustradas para prosperar. Em escolas separadas para os dois sexos, embora fosse uma aspiração das famílias e da sociedade, haveria necessidade de duplicar pessoal e equipamento pondo em risco a comunidade local quanto aos gastos com educação.

Referências

ALMEIDA, Jane Soares de. **Ler as letras**: por que educar meninas e mulheres? Campinas: Autores Associados, 2007.

HAWTREY, Mabel. **The co-education of the sexes**. London: Kegan Paul, Trench, Tribner e Co. Publishers, 1900.

MARQUES, Manuel Eufrásio de. **Província de São Paulo**. Apontamentos históricos, geográficos, estatísticos e noticiosos. v. 2. São Paulo: Edusp, 1980.

MOACYR, Primitivo. **A instrução pública no estado de São Paulo**: primeira década republicana 1890/1893. São Paulo; Rio de Janeiro; Porto Alegre: Cia. Editora Nacional, 1942, (Coleção Brasiliana, v. 213).

RAMALHO, Jether P. **Prática educativa e sociedade**. Rio de Janeiro: Zahar Editores, 1976.

REIS FILHO, Casimiro dos. **A educação e a ilusão liberal**. São Paulo: Cortez, 1981.

RIBEIRO, Boanerges. **Protestantismo e cultura brasileira**. São Paulo: Casa Editora Presbiteriana, 1981.

RODRIGUES, Leda M. P. **A instrução feminina em São Paulo**: subsídios para sua história até a Proclamação da República. São Paulo: Faculdade de Filosofia "Sedes Sapientiae"; Escolas Profissionais Salesianas, 1962.

Capítulo 6
A IMIGRAÇÃO ITALIANA EM SOROCABA E A EDUCAÇÃO ESCOLAR NO INÍCIO DO SÉCULO XX

Jefferson Carriello do Carmo

Wilson Sandano

Apresentação

Neste capítulo procuramos verificar as atividades desses imigrantes quanto à sua inserção e contribuição no processo de industrialização; constatar as suas formas de movimentos e associações operárias ligadas à produção e, por fim, examinar a questão escolar, com destaque às ligadas ao "ensino livre" na cidade de Sorocaba entre os anos de 1900-1920. Toda esta preocupação foi norteada pelo conceito de "experiência" entendida como um processo realmente vivido pelos seres sociais e que modifica efetivamente a consciência social e processo educacional.

Imigração e industrialização em Sorocaba

O início do processo fabril, na cidade de Sorocaba, ocorreu com a experiência do fazendeiro de algodão Manuel Lopes de Oliveira que instalou, em 1857, uma fábrica para descaroçar, cordar, fiar e tecer algodão em tecidos grossos empregados nas roupas dos escravos, operada com apenas "quatro operários (escravos) que produziam trezentas onças de fio por dia" (Ribeiro, 1988, p. 24; Carmo, 2006). Aliás, esse processo mecânico de maquinas de descaroçar algodão, segundo Canabrava (1984), identifica Sorocaba como uma das primeiras cidades interioranas a fazer uso desse recurso.

Nessa primeira experiência, as dificuldades enfrentadas por Manoel Lopes de Oliveira foram a falta de mão de obra especializada e a alta do preço do algodão, que levaram ao fracasso da iniciativa.

Em 1873, com a recuperação das exportações norte-americanas para a Europa, foi criada uma situação favorável ao estabelecimento de fábricas nos centros produtores de algodão, o que proporcionou, também, o aumento da imigração para a cidade e facilitou o recrutamento de trabalhadores especializados.

> O papel desempenhado por estes [os imigrantes] no primeiro surto de industrialização foi crucial, sob vários aspectos: pela ampliação do mercado de trabalho e de consumo; pela preferência em inverter a poupança no setor comercial e industrial, tendo-se em conta as dificuldades impostas ao acesso à propriedade da terra; pelo impulso dado ao crescimento da Cidade de São Paulo. [...] também que a força de trabalho estrangeira não veio substituir simplesmente a mão-de-obra escrava, mas representou um grande aumento do potencial de trabalho, destinado a atender aos requisitos de uma economia em plena expansão. (Fausto, 1976, p. 17)

Essa situação trouxe novos extratos sociais emergentes, criando e concretizando novas relações de produção entre o capital e trabalho. Essa relação toma lugar das velhas relações entre proprietários e escravos e vem consolidar uma nova situação econômica e social.

Em Sorocaba essa situação já havia aparecido no início da construção da ferrovia, em 1872, e depois, na fábrica Nossa Senhora da Ponte, em 1882 (Saes, 1981; Ribeiro, 1988). Como exemplo desses novos tempos, pode-se indicar o surgimento dos locais de moradia desse operariado imigrante, as chamadas vilas operárias, que, geralmente, ficavam próximas ao local de trabalho.

A fábrica de Votorantim, localizada a seis quilômetros de Sorocaba, construiu praticamente uma "cidade operária", que, em 1913, acomodava 3.000 operários e tinha em seu âmbito jardins públicos, clubes, escolas, lojas e iluminação elétrica (Decca, 1987)

Nos anúncios dos vários jornais[10] da cidade pode-se verificar que, nos anos de 1880, Sorocaba, motivada pelo impulso industrial, passou a atrair imigrantes italianos e alemães, que exploravam o comércio urbano através das manufaturas e pela diversificação dos investimentos. O italiano Alferio Malzone fabricava calçados; Antonio Faizano, macarrão; Mathias Baddini, café em pó; Domenico Guli, massas; José Luchesi, calçados; Francisco Matarazzo, banha. Os alemães mantinham o seu negócio local, como as fábricas de cerveja de Augusto Boemer, Faust e Schimming, Luiz Bücher, de Lausberg e Raszl; além da fábrica de colchões de Eduardo Müller e de louças de Joana Katzer. A cidade atraía, ainda, pessoas ligadas a outros tipos de serviços, como o fotógrafo italiano Italo de Angelis, que passara na cidade em março de 1882.

Entre as profissões o censo indicava os seguintes dados: lavradores, 2.456; negociantes, 338; empregados públicos, 22; padres, 5; advogados, 5; solicitadores, 2; médicos, 2; farmacêuticos, 2; relojoeiros, 3; ourives, 5; fotógrafo, 1; pintores, 18; músicos, 23; tipógrafos, 3; alfaiates, 52; marceneiros, 27; carpinteiros, 111; seleiros, 72; sapateiros, 55; serigoteiros, 52; armadores, 2; trançadores, 24; chapeleiros, 27; ferreiros, 97; pedreiros, 61; laoeiros, 8; fogueteiros, 19; barbeiros, 2; ferradores, 8 (*O Ypanema,* de 21 de novembro de 1872).

Muitos dos imigrantes e comerciantes começaram a investir seu capital em outras atividades industriais. Foi nos anos de 1880 que se realizou a instalação da indústria de grande porte na cidade, representada pela indústria têxtil. Anteriormente a esse investimento as atividades fabris eram de cunho manufatureiro,

---

10. Annuncios, *Ypanema*, Sorocaba, 10 out. 1879; Annuncios, *Diário de Sorocaba*, Sorocaba, 11 maio 1883, 9 out. 1884, 12 dez. 1884, 7 out. 1886, 5 abr. 1889.

incluídas as indústrias de fabricação de redes, cestas, tranças, etc., muito comuns entre as classes desprovidas de meios de produção da cidade (*Diário de Sorocaba*, 26 de outubro de 1890).

No caso específico da vinda dos italianos, ela está atrelada a várias insurreições de caráter nacional, tendentes à unificação da Itália, que se concretizou com a formação do Primeiro Parlamento Italiano em 1861, ano em que foi promulgada a Constituição do Reino da Itália (Cenni, s/d; Dolléans, 1977). Estes imigrantes trouxeram consigo, para o Brasil, experiências de luta e reivindicações trabalhistas (Rodrigues, 1984; Biondi, 1998).

Aqui chegando, criaram associações nas quais realçavam suas próprias opiniões quanto aos direitos sociais para os mais humildes nativos e menos para os humildes de terras alheias. Traziam em seus ideários as novas ideias presentes nos meios operários e tinham como objetivo fixar, o nacionalismo e o patriotismo em relação à terra natal. Para eles, a voz da ideia é a palavra; seu eco, o jornal, folhetos e revistas que cumprem, na cidade, tarefa importantíssima na disseminação das ideias, das experiências e das reivindicações dos trabalhadores e a condição operária na cidade (Bonadio, 2004; Araújo Neto, 2005; Cavalheiro, 2001; Martins, 1981; Rodrigues, 1974; Silva, 1976).

Em Sorocaba, o jornal *O Operário*, de cunho socialista e anarquista[11], além de mostrar o progresso representado pela indústria[12], também denunciava os excessos das jornadas de trabalho.

Com o lema do progresso, as fábricas impunham um ritmo de produção, em que as jornadas de trabalho variavam de 12, 13, 14 e até 15 horas diárias como no caso das fábricas Santa Maria,

---

11. O jornal tinha como missão "defender a legião dos oprimidos que constitui o elemento primordial do progresso e conseqüentemente o da riqueza universal" (*O Operário*, 9 de abril de 1911).

12. Sobre a fábrica de tecidos Nossa Senhora da Ponte, a primeira do gênero em Sorocaba, não restavam dúvidas de que, por ser pioneira, havia sido dado "um passo gigantesco na senda do progresso da nossa terra" (*O Operário*, 19 de fevereiro de 1911).

Santa Rosália e Fonseca. Em alguns casos, o chamado "serão" era estendido até a madrugada. O jornal denunciava que essas jornadas de trabalho muito longas impediam que os menores em serviço frequentassem as escolas noturnas, contribuindo para o aumento do número de semianalfabetos (*O Operário*, 2 de outubro de 1909).

Outro aspecto denunciado pelo jornal eram os castigos corporais aos menores, realizados pelos contramestres e fiscais das seções da Fábrica Nossa Senhora da Ponte (*O Operário*, 12 de dezembro de 1909). O trabalho menor era utilizado nas fábricas, porém combatido e denunciado. Nas longas jornadas de trabalho existia a má alimentação, o cansaço em demasia dos pequenos operários de 10 e 12 anos, que trabalhavam como ajudantes dos operários principais, causando-lhes diversos acidentes, algumas vezes graves (*O Operário*, 24 de julho de 1910).

Esses e outros fatos (Cf. Carmo, 2005; 2006; 2007) remetem-nos a considerar alterações nas relações sociais que a imigração para a cidade de Sorocaba e a mudança do processo de produção com a implantação das indústrias caracterizada pelas relações entre capital e trabalho em que estabelecem a obrigatoriedade da venda do único bem que o trabalhador imigrante e local possui: a força de trabalho. É exatamente durante esse exercício cotidiano que se desenvolvem algumas das mais (senão as mais) importantes contradições das relações sociais – as relações contraditórias do trabalho, que podem ser contempladas pela organização das sociedades dos trabalhadores e pela experiência escolar.

As associações de imigrantes italianos

Na gênese do processo de industrialização em Sorocaba, como já registramos, houve a criação de várias associações das mais variadas posições políticas e ideológicas. Não podemos deixar de considerar que as divergências entre essas correntes oriundas das lutas ideológicas já eram travadas no país de origem e foram trazidas para o Brasil e suas províncias (Cf. Galli, 1998; Bresso; Cereja; Gariglio, 1989; Gobetti, 1995; Batalha, 1995; Rodrigues, 1988, 1972; Fausto, 1976).

Segundo Araújo Neto (2005) é possível já constatar, no mínimo, dois aspectos relevantes dessas associações quanto à sua organização:

1) eram compostas por imigrantes, mostrando que no Brasil muitas vezes (mas nem sempre), as primeiras iniciativas de se organizarem sociedades operárias partiram dos estrangeiros;

2) o próprio caráter contraditório que elas possuíam, sendo, no caso da primeira, uma homenagem permanente a um monarca, e, no caso da segunda, tendo um elemento proeminente da colônia em sua diretoria, que, no ano seguinte, iniciaria atividades empresariais que a transformariam em grande capitalista e, ao mesmo tempo, ser uma sociedade operária (Araújo Neto, 2005, p. 48).

No caso de Sorocaba, que não era diferente do que acontecia em outras cidades e estados, podemos citar os movimentos e associações ligados aos trabalhadores, em sua maioria compostas por imigrantes europeus, cuja função principal era o auxílio mútuo. Essas associações estavam ligadas aos ofícios e à proteção mutualista, que traziam também do Velho Mundo as novas ideias que rondavam os meios operários.

As primeiras alusões sobre as associações italianas em Sorocaba ligadas aos operários foram a *Societá Operaria Umberto I*, constituída em 11 de outubro de 1885 de cunho monárquico. "Essa era composta por mais de 200 italianos da colônia de Sorocaba é uma das mais importantes, entre as cidades, segundo a, ordem desta no império" (Irmão, 1999, p. 320). Essa associação era composta pelo Presidente "João Cozzetti; Vice-Antonio Catalano; 1º Sec. Franscico Matarazzo; 2º Sec. José Válio; 1º Tes. Angelo Rizzo; 2º Tes. Franscisco Cozzetti" (Irmão, 1999, p. 320). Há registros, ainda, nesse mesmo período da *Societá Operaria Italiana di e Mutuo Soccorso e Beneficenza* só para italianos (*Cruzeiro do Sul*, 22 de novembro de 1905). Era composta pelo Prof. Constabile Sergio, da *Scuola Coloniale Italiana* e da *Societá Italiana de Mutuo Socorro* (*Cruzeiro do Sul*, 12 de outubro de 1904), presidida por C. Matarazzo e pelo professor da escola da cidade de Votorantim, José Rizzo. Esta associação tinha caráter "garibaldino" de cunho republicano. A *Societá Operaria Umberto I* detinha a influência sobre a elite sorocabana e a *Societá Operaria Italiana di e Mutuo Soccorso e Beneficenza* detinha a mesma influência e interesses dos mesmos grupos pertencentes às colônias, tendo um caráter mais nacionalista do que de classe.

Num primeiro momento, o que podemos verificar quanto a essas sociedades é que em seu bojo havia uma necessidade da organização em torno do nacionalismo patriota, embora essa fosse divergente devido às posições políticas que ambas assumiam. A *Societá Operaria Umberto I*, de cunho monárquico e a *Societá Operaria Italiana di e Mutuo Soccorso e Beneficenza*, de expressão garibaldiana, tinham como princípio a ajuda mútua para os operários. Essa preocupação de organização operária ocorreu antes mesmo da República no Brasil, o que nos remete a inferir que essas sociedades operárias tinham um caráter tênue quando pensada na ótica das lutas de classes. Embora isso ocorresse pela própria incongruência da própria classe operária que ainda estava em formação constituíam em um caráter muito mais nacionalista do que contraditório de classe presente na ideologia proletária.

A situação, porém, começa a tomar outros rumos com o progresso da cidade, visto nas primeiras fábricas com a chegada de mais imigrantes de várias nacionalidades que trazem consigo não só as experiências operárias, mas também de luta por melhores condições de salário e de trabalho. Nesse período acentuam-se as contradições entre trabalho e capital, através das organizações operárias, que são vistas no início do século XX, como um perigo para os industriais e comerciantes. Esse sentimento de perigo era registrado nos discursos dos socialistas e anarquistas sem, contudo, descartar as greves que foram realizadas nas últimas décadas do XIX, como na fábrica de chapéus de Pereira &

Villela, nos anos de 1890, e as reivindicações dos trabalhadores do comércio pela redução da jornada de trabalho, em 1888 (*Diário de Sorocaba*, 13 de novembro de 1888). As paralisações dos trabalhadores em diversas regiões e principalmente na capital federal fizeram com que os donos do capital ficassem mais atentos com a organização operária.

Embora a história mostre que os donos dos meios de produção controlavam a imprensa e outras instituições sociais, no caso de Sorocaba constata-se que vieram atacar não só todas as formas políticas que eram contraditórias ao progresso. Alguns republicanos descontentes com o governo e opositores da política municipal passam a incutir, em algumas organizações operárias, suas posições políticas, o que propicia a abertura de espaço na imprensa local em nome do "progresso da nação" (*Cruzeiro do Sul*, 13 de janeiro de 1904).

Embora bastante valorizadas nos discursos, estas associações não exerceram maior atração junto aos operários locais. Há registros que só 200 trabalhadores aderiram à *Sociedade Beneficente União Operária* (*Cruzeiro do Sul*, 4 de janeiro de 1905), que funcionava através das mensalidades dos associados e se situava numa sede na Rua São Bento (*Cruzeiro do Sul*, 19 de outubro de 1904) e que no ano seguinte foi transferida para a Rua do Rosario, n° 26 (*Cruzeiro do Sul*, 19 de julho de 1905). Seu presidente, Pedro de Mello Pacheco, aproximava-se da alta sociedade sorocabana e, contraditoriamente, revogava e conciliava a união dos operários com o patrão e propunha a negação do socialismo e anarquismo. No primeiro ano de sua existência, em 1904, a União Operária era vista com olhares desconfiados, principalmente dos operários. Logo depois da criação, uma carta enviada à redação do jornal *Cruzeiro do Sul* assinado pelo pseudônimo "Um Operário" descreve:

> Fundou-se a Sociedade Operaria em janeiro. Muitos enthusiastas adheriram á ella na fundação, outros depois de a estudar.

> A propaganda pró e contra já diminuiu de intensidade. Muitos operarios tem medo de unirem-se, dizendo que os patrões os olharão como a inimigos. Não há tal. E' preciso que se comprehenda que a sociedade iniciada tem por fim a beneficencia e a instrucção, nada poderá ella fazer contra os patrões. Nestas épocas em que o deleterio socialismo vae solapando o operariado, sugando aos poucos sua lealdade no serviço, vemos repudiadas todas as idéias de união.
> O operario teme as consequencias de um socialismo mal entendido, de um anarchismo filho da dynamite e do assassinato.
> E' preciso que os dois mil e tantos operarios de Sorocaba comprehendam para que devem se unir. E' preciso que a associação repudie o anarchismo e o Socialismo. (*Cruzeiro do Sul*, 27 de fevereiro de 1904)

Esse repúdio, todavia, não acontece em sua totalidade, quando olhado pela ótica do movimento operário; o que ocorre é que na virada do século no Brasil o socialismo possuía vários adeptos, militantes que vieram de vários movimentos europeus, principalmente da Itália (Cf. Batalha, 1995). Na cidade de Sorocaba, nos movimentos abolicionistas e republicanos, muitos de tendências socialistas, ficaram desiludidos com a República e migraram para outro tipo de socialismo que ainda poucos conheciam. Isso é passível de verificação através das formas de propagação da imprensa escrita no início do século.

No ano de 1896, com uma grande festa, funda-se a *Sociedade Beneficente dos Empregados da Companhia União Sorocabana e Ituana* dos operários de Sorocaba.

Em 1897, o jornal *A Voz do Povo*, de 29 de janeiro, dá a conhecer o surgimento de um "órgão legítimo" para a defesa da classe operária de Sorocaba, *A Conquista do Bem*, que se apresentava como órgão do Partido Democrata Socialista na cidade (Bonadio, 1992).

No ano de 1897 surge outra publicação política destinada a propagandear o socialismo, a revista *O Fim do Século*, redigida por Arthur Silva, sob o pseudônimo de Isaltino G. Costa. Em seu subtítulo aparece: "em favor do Socialismo, Cosmopolitismo e Espiritismo". A preocupação da revista é tornar visíveis as propostas socialistas, embora tivesse um caráter extremante passivo quanto a um posicionamento político frente à classe operária – em suas publicações visava reformas e benefícios a todo o gênero humano. Em seu conteúdo havia um determinado ecletismo de posição intelectual, caracterizado pelas mais variadas publicações e pelas diversas formas de opinião, sem observância alguma de uma linha rígida de pensamento. Há publicações de socialistas como Alicare Cypriani, textos de anarquistas como Kropotkin – "A conquista do pão" – às publicações religiosas kardecistas.

O próprio subtítulo da revista traz este ecletismo, em favor do Socialismo, Cosmopolitismo e Espiritismo, que reúne elementos doutrinários de origens diversas que não chegam a se articular em uma, em seu conteúdo em uma unidade sistemática consistente. Embora não fosse notável o posicionamento político-partidário definido da revista, era evidente a aversão ao jesuitismo e a defesa por escolas leigas e gratuitas, que foi um posicionamento também assumido pelos anarcossindicalistas (Cf. Carmo, 2007).

Há várias evidências de que o socialismo em Sorocaba, após inúmeras investidas, não conseguiu firmar-se na cidade, embora haja diversas publicações que trazem a cogitação da criação de Diretórios e Centro Socialista. No jornal *A Conquista do Bem* a menção da criação de um Centro Socialista, citado também pelo *Almanaque de Sorocaba* de 1903, como sociedade política. Há registros de várias sociedades políticas e operárias em Sorocaba entre 1902-1904 (Cf. *Almanach de Sorocaba*, 1903; 1904).

A presença socialista é, ainda, marcada por algumas conferências nos anos de 1902 e 1903, sendo os oradores: "Benjamin Motta (1902); Paschoal Cilento (jan. 1903) e Alceste de Ambrys (mar. 1903)". Houve festas promovidas pelos operários, cuja finalidade era comemorar o "natal dos deserdados". O que favoreceu, ainda que em pequenas proporções, uma tomada de consciência por parte do operariado que também prepararam um ambiente propício para a aceitação de novos ideais políticos, voltados à questão social.

Nos anos seguintes a estes, ocorre o crescimento do movimento operário devido ao aumento da massa proletária. Há estudos que identificam que as próprias condições materiais propiciavam uma maior agitação do meio proletário. Porém, foram os anarcossindicalistas e anarquistas que assumiram a vanguarda do movimento, conquanto os socialistas continuassem presentes, sendo esses, também, de nacionalidade italiana.

A instituição da escola italiana

Seguir as sendas trazidas e deixadas pelos imigrantes italianos no Brasil sobre a questão escolar é de fundamental importância para a compreensão das concepções de escola, educação e ensino que tinham e estavam propondo para os seus patrícios na nova pátria. Provavelmente o caminho a ser percorrido, quando pensamos em imigração italiana, foi o a proposta educacional centrada em um novo homem para uma nova sociedade (Cf. Bakunin, 1990 e outros). É no cerne dessa preocupação que se encontra a importância de se constituir as "escolas laicas e livres". Essa é uma proposta que ocorre, no início do século XX, no Brasil com altos índices de analfabetismo. As poucas escolas que existiam eram frequentadas pelas famílias privilegiadas, pois eram as que tinham condições de estudar, tinham tempo e disponibilidade, condições de adquirir material escolar, etc. As crianças das famílias de trabalhadores, a partir dos cinco anos de idade, ou iam para a lavoura ou iam para a fábrica (Rodrigues, 1984).

Um olhar para os pedagogos que defendiam as "escolas laicas e livres" vinculavam essa concepção educacional à revolução social e ao processo de consolidação da ordem social libertária através de um programa educacional libertário.[13] Essa preocupação era contrária à educação tradicional, cujo procedimento era preparar os trabalhadores para que aceitassem, sem contrariar, a ordem estabelecida. Essa educação ensina os valores sociais e a moralidade da burguesia. Ela ensina através de uma metodologia baseada no autoritarismo e repressão, que contrariava a compreensão que advinha dos anarquistas quanto às escolas livres (Moriyón, 1989).

A proposta de escola libertária feita pelos anarquistas formula uma pedagogia contrária ao exercício do poder e aponta para uma educação antiautoritária, um ensino integral, e a educação para a revolução, norteada pela premissa de promover um relacionamento grupal baseado na confiança e na cooperação mútua em que seria a base de uma sociedade ácrata.

O trabalho de educação não visava simplesmente ao desenvolvimento individual através do estudo, pelo contrário, a educação era proposta dentro de um objetivo de transformação social em que os trabalhadores deveriam se preparar coletivamente para se apropriar do saber, que até então tinha sido monopólio das classes dirigentes. Deveria haver, portanto, uma íntima relação entre a instrução popular e a transformação social revolucionária (Cf. Moriyón, 1989; Bakunin, 1990; Luizzetto, 1987).

Na teoria anarquista havia a compreensão de que a escola não deveria ser disciplinadora e que tampouco nela devesse existir o espírito de obediência e submissão. A nova escola deveria ser laica e privada, pois tanto a Igreja quanto o Estado eram considerados como os pilares de sustentação dos privilégios de uma classe social dominante e repressora. Com esse entendimento os anarquistas passaram a fundar por todas as partes escolas livres com o objetivo de alfabetizar os operários e seus filhos, utilizando-as como instrumento de abertura para novas perspectivas

---

13. No encaminhamento dessa proposta de educação libertária é notável as diferenças quantitativas e qualitativas no que se refere ao assunto. Isso ocorre, provavelmente, pelo encaminhamento das diferentes correntes representativas do movimento – mutualistas, coletivistas, comunistas (Cf. Tomasi, 1973).

dos trabalhadores. Como indica Rodrigues (1984), na primeira década do século XX, na cidade de São Paulo foram fundadas várias escolas que eram norteadas pela preocupação educacional dos anarquistas. A escola *Dante Alighieri*, no Bairro do Brás, por Luigi Basile, com o propósito de realizar um trabalho de alfabetização dos italianos e brasileiros da região. Alfabetizar era criar as condições necessárias para que o trabalhador começasse a abrir os olhos e se levantar contra a dominação política. Além disso, alfabetizar era uma coisa indispensável para que os trabalhadores pudessem começar a ler e assim aprender a filosofia anarquista. Essa preocupação de alfabetizar os trabalhadores foi muito intensa no início do século em que esse trabalho ocupava literalmente o cotidiano dos trabalhadores. Realizavam-se aulas em casa, nos locais de trabalho, nos intervalos das jornadas de trabalho, nas sedes das associações, etc.

O crescimento dessa atividade de formação dos anarquistas impulsionou a criar escolas em prédios apropriados, desenvolvendo-se aí as chamadas "escolas modernas". Os anarquistas fizeram um trabalho teórico da revisão do papel da escola e da metodologia pedagógica. Dentre os vários pensadores libertários destacamos dois: Paul Robin, fundador da dominada Escola Integral, e Francisco Ferrer, fundador da dominada Escola Moderna ou Escola Racionalista, sendo que este último teve enorme repercussão no Brasil (Cf. Jomani, 1990; Tragtenberg, 1978).

A concepção de escola, de Robin, enfatizava o processo de aprendizagem através da atividade e do trabalho do educando

> É do direito que cada homem tem, quaisquer que sejam as circunstâncias do seu nascimento, de desenvolver, da forma mais completa possível, todas as faculdades físicas e intelectuais. Estas últimas palavras definem a educação integral.
> (Moriyón, 1989, p. 88)

Que reúne segundo Robin três características: educação física; educação intelectual e educação moral (apud Dommanget, 1974).

Outro aspecto relevante do pensamento de Robin é com referência ao trabalho como o fundamento da educação, nesse sentido, acentua que na sociedade o trabalhador que produzia para toda a sociedade era, portanto, o núcleo gerador de todas as riquezas. A produção era a própria vida do homem, portanto uma educação ligada à vida deveria, naturalmente, levar em conta a atividade produtiva do homem.

Quanto à proposta da Escola Moderna ou Racionalista de Francisco Ferrer (1859-1909), esclarecem Raynaud e Ambauves (1978), havia uma proposta de coeducação com grupos heterogêneos, salas de aulas compostas por ambos os sexos e de indivíduos oriundos de diferentes classes sociais. Ensino racionalista quer dizer ensino que tem como meio a razão e como guia a ciência; como esta ainda não disse a última palavra sobre qualquer assunto, resulta que o ensino racionalista não tem programa fixo.

Essas experiências anarquistas de educação encontraram eco, no Brasil, em diferentes cidades, incluindo-se Sorocaba.

Quanto às escolas italianas na cidade de Sorocaba constata-se, pela imprensa local e por sua historiografia, do final do século XIX e início do século XX, vários registros que caracterizam e mostram a inserção dessas escolas, na cidade. É notável que elas aconteceram pela imigração dos italianos vindos para o trabalho industrial e para as oficinas da estrada de ferro da região.

Nesses registros encontramos no jornal *A Cidade de Sorocaba*, de 14 de janeiro de 1909, a citação da mais antiga escola italiana chamada de *Scola Italiana "Dante Alighieri"*, que estava situada na colônia italiana em Sorocaba e foi fundada pela *Sociedade Operária de Mútuo Socorro* em 1885, que funcionava à Rua do Hospital, nº 7, e destinava-se aos filhos dos associados, cuja frequência era de aproximadamente 30 alunos. Esse jornal, ao comentar sobre a escola, no ano de 1909, dizia:

[...] que a sua localização era na "rua Mons. João Soares, nº 26 e tinha por finalidade ministrar para a juventude estudiosa a educação moral e intelectual, segundo o programa do governo, recentemente recebido, era extinguir o número de analfabetos, incentivando-os a tomar o caminho da virtude e do conhecimento. O programa era composto pelas seguintes disciplinas, línguas: italiano, latim, francês e português, bem como música, caligrafia, aritmética, geometria, geografia, história da pátria, eclesiástica e natural, os livros eram distribuídos gratuitamente [...]". (*A cidade de Sorocaba*, 14 de janeiro de 1909)

Embora não encontremos registros mais explícitos quanto às atividades dessa escola podemos inferir, pela historiografia, que seu objetivo era alfabetizar os italianos e brasileiros. No entanto, em ápice de seu desenvolvimento, na cidade de São Paulo apropria-se da condição de *Universidade Livre*, dentro da concepção racionalista de Francisco Ferrer. Ferrer entendia que o ensino, seja ele acadêmico ou não, deve tratar de uma educação não neutra, mas articulada através de uma escala de valores que não reflita simplesmente as grandes declarações de princípios, mas também a vida cotidiana e a própria organização da escola.

O jornal *Diário de Sorocaba*, de 13 de outubro de 1888, trouxe uma nota parabenizando a *Societá Operaria Italiana Umberto I* pela criação de uma escola primária para o ensino diurno, para os filhos dos associados e, em anexo a este curso, outro, trimestral, para os adultos da colônia. Esse importante passo dado por essa associação recebe elogios do jornal:

> Necessariamente uma associação não pode visar um fim mais esplendidamente grandioso que a instrução publica. Preparar o espírito dos homens, equivale preparar a nação desde seus alicerces, conduz o homem ao conhecimento da própria existência. (*Diário de Sorocaba* de 13 de outubro de 1888)

Essa preocupação com o ensino trazido pelos italianos em Sorocaba toma corpo, especialmente no que se refere à importância da escola e ao que essa deveria representar para o operariado no início do século XX.

O jornal *O Operario*, cuja preocupação era ser "orgão de combate" da classe operária e que tinha como missão "defender a legião dos oprimidos que constitui a riqueza universal", trazia, em abril de 1910, uma nota intitulada "Orestes Ristori"[14], dizendo:

> Esteve nesta cidade, e deu-nos o prazer de ouvir a sua eloquente palavra, o ilustre orador cujo nome nos serve de epígrafe, discutindo sobre vários pontos referentes à escola moderna, demonstrando de um modo claro e preciso as vantagens do ensinamento único racional, o único verdadeiro, o único digno de ser ministrado aos nossos filhos, para que não sejam amigos de padres e de confessionários. (*O operário*, 24 de abril de 1910)

Em 1909 houve o movimento para a criação da Escola Moderna, inspirada em Francisco Ferrer. Foi criada uma comissão denominada Pró-Fundação da Escola Moderna, em São Paulo, que passou a trabalhar duro, tanto no interior como na capital, no intuito de angariar fundos. Orestes Ristori, por exemplo, saiu pelo interior do Estado realizando palestras, exibindo filmes etc.; ao mesmo tempo em que distribuía listas de subscrição em favor da Escola Moderna (Ghiraldelli Jr., 1987, p. 132).

A presença de Orestes Ristori, na cidade de Sorocaba, teve esse objetivo que foi aceito no meio operário.

Há registros de publicação de palestras realizadas por adeptos da Escola Moderna, cujo conteúdo era sobre os "novos méto-

---

14. Ristori era considerado um grande difusor das ideias libertárias no Brasil, tendo realizado palestras, falado na porta das fábricas, em fazendas e em salões operários. "Comparava a situação brasileira com a Europa, nas cidades, o contexto era quase igual (salários e jornada) e nas fazendas terrivelmente pior do que no continente europeu" (Pascal, 2006, p. 3).

dos de ensino". Foram publicados, também, os Estatutos Gerais da Liga Internacional para a Educação Racional da Criança, que, entre outras coisas, enumerava alguns princípios que deveriam ser obedecidos pela Escola Moderna, como o apego ao "ensino experimental e científico", a liberdade, os ensinamentos da "moderna psicologia", dentre outros. Esses princípios, de forma geral, foram aceitos não só pelo movimento operário, mas por vários segmentos sociais que eram simpatizantes a um ensino cientificista. Na cidade de Sorocaba, por exemplo, pelos maçons, que apoiavam esse tipo de escola (Cf. Irmão, 1999; Carmo, 2006).

De fato, ou por vínculo com a colônia italiana, ou mesmo por simpatia a qualquer tipo de pensamento modernizante, uma boa quantidade de pessoas, das mais distantes localidades do interior de São Paulo, colaborou com a criação da Escola Moderna.

Em Sorocaba há o registro de uma escola para os filhos de anarquistas, localizada na Chácara de Vicente de Caria[15], no bairro da Caputera, nos anos da década de 1910.

> Na chácara do Vicente havia uma escola: Angelina Soares (irmã de Florentino de Carvalho, na época em que viveram na rua Bresser, no Brás, São Paulo) foi professora, por um bom tempo, dos filhos dos anarquistas da comunidade. (Rodrigues, 2005, p. 49-50)

---

15. "Vicente de Caria, italiano da Calábria (1873), veio para o Brasil em 1891, e não demorou em fixar residência em Sorocaba, numa colônia espanhola, em terras localizadas na encosta do Morro da Mariquinha. No ano de 1907, comprou uma chácara no bairro da Caputera e com sua família dedicou-se à plantação de cebolas: vivia um pouco do que produzia e um pouco do anarquismo. [...]. Alguns anarquistas perseguidos de várias regiões do Brasil procuravam esconderijo na Chácara de Vicente de Caria. E uma vez ou outra, a polícia também dava batidas à procura de subversivos, obrigando Vicente a esconder companheiros de idéias, livros e jornais que recebia de São Paulo, do Rio de Janeiro, e até do exterior, no meio dos arbustos [...]" (Rodrigues, 2005, p. 49).

Finalmente, há o registro da Escola Noturna da Liga Operária de Sorocaba, escola esta fundada em 1912. Segundo as informações obtidas, esta foi uma escola que empregava métodos semelhantes aos da escola moderna (Tudo..., 2008)[16].

Considerações finais

Verificou-se que o papel desempenhado pelos imigrantes italianos na primeira fase do processo de industrialização na cidade de Sorocaba foi fundamental pelos seguintes motivos: houve uma crescente ampliação do mercado de trabalho, do consumo, de investimentos no setor comercial e industrial, que determinou o crescimento de mão de obra na cidade, o que representou não só a substituição da mão de obra escrava, mas o aumento do potencial de trabalho destinado a atender aos requisitos de uma economia em plena expansão.

Nesse processo de industrialização constatou-se a criação de várias associações das mais variadas posições políticas e ideológicas, mas que em seu cerne objetivavam organizar e formar as associações de trabalhadores imigrantes em Sorocaba, cuja função principal era o auxílio mútuo por estarem, nesse período, ligadas aos ofícios. Essas associações, no Brasil, nem sempre tinham essa iniciativa de estrangeiros, mas todas tinham uma estreita relação com os operários, embora constata-se que na constituição dessas associações há também um caráter nacionalista.

Por fim, verificou-se que no centro dessas organizações estava a inquietação pela instituição escolar. Os registros mostram que tanto em São Paulo quanto em Sorocaba essas instituições são do tipo "escolas laicas e livres", cuja proposta centrava-se na revolução social e no processo de consolidação da ordem social libertária através de um programa educacional libertário.

---

16. Infelizmente, não foram encontradas outras informações sobre a escola da Chácara de Vicente de Caria e sobre a escola da Liga Operária de Sorocaba.

Referências

ARAÚJO NETO, Adalberto Coutinho de. **Sorocaba operária**: ensaio sobre o início do movimento operário em Sorocaba 1897-1920. Sorocaba: Linc, 2005.

BADDINI, Cássia Maria. **Sorocaba no império**: comércio de animais e desenvolvimento urbano. São Paulo: Annablume; Fapesp, 2002.

BAKUNIN, Mikhail. **A instrução integral**. São Paulo: Imaginário, 2003.

BATALHA, Claudio H. M. A difusão do marxismo e os socialistas brasileiros na virada do século XIX. In: MORAES, João Quartim de (org.). **História do marxismo no Brasil**. v. II. Os influxos teóricos. Campinas: Ed. Unicamp, 1995.

BIONDI, Luigi. Anarquistas italianos em São Paulo. O grupo do jornal anarquista La Battaglia e a sua visão da sociedade brasileira: o embate entre imaginários libertários etnocêntricos. **Cadernos AEL, Anarquismo e Anarquistas**, n. 8-9, 1998.

BONADIO, Geraldo. **Sorocaba**: a cidade industrial (espaço urbano e vida social sob o impacto da atividade fabril). Sorocaba: Geraldo Bonadio, 2004.

_____. **O partido democrata-social e o jornal** *A conquista do bem, 1897*. Sorocaba: Academia Sorocabana de Letras, 1992.

BRESSO, Paola; CEREJA, Federico; GARIGLIO, Bartolo (orgs.). **Politica e instituzioni in Italia dall'unità fascismo**. Torino: IL Segnalibre, 1989.

CANABRAVA, Alice P. **O algodão em São Paulo**: 1861-1875. 2. ed. São Paulo: T. A. Queiroz, 1984.

CARMO, Jefferson Carriello do. O jornal O Operário e as relações de trabalho na gênese da indústria têxtil na cidade de Sorocaba. **SAECULUM** – Revista de História, João Pessoa, n. 16, p. 119-127, jan./jun. 2007.

_____. A fábrica têxtil em Sorocaba, imprensa operária e educação nos anos de 1889-1914. **Revista do Centro de Educação e Letras Campus de Foz do Iguaçu** – Unioeste, Foz do Iguaçu, v. 8, n. 9, p. 23-37, 2006.

CARMO, Jefferson Carriello do; RICCI, Jamer. Indústria em Sorocaba no tempo dos visionários. **Cadernos de História**, Uniso – Sorocaba, v. 1, n. 1, p. 49-53, 2005.

CARMO, Jefferson Carriello do; SANDANO, Wilson. A imigração italiana na cidade de Sorocaba e a experiência escolar do século XIX e início do século XX. **HISTEDBR** [on-line], Campinas, n. 33, p. 109-121, mar. 2009.

CAVALHEIRO, Carlos Carvalho. **Salvadora!** Sorocaba: Linc, 2001.

CENNI, Franco. **Italianos no Brasil**. São Paulo: Livraria Martins Editora, s/d.

DECCA, Maria Auxiliadora Guzzo de. **Cotidiano de trabalhadores na República**: São Paulo - 1889/1940. São Paulo: Brasiliense, 1990.

DOLLÉANS, Édouard. **Storia del movimento operaio 1830-1871**. V. 1. Firenze: Nuova Biblioteca, 1977.

DOMMANGET, Maurice. **Os grandes socialistas e a educação de Platão a Lenin**. Portugal: Europa-AmÉrica, 1974.

FAUSTO, Boris. **Trabalho urbano e conflito social**. São Paulo: Difel, 1976.

GALLI, Giorgio. **I partiti politici in Itália 1861-1943.** Torino: UTT Libreria, 1998.

GHIRALDELLI JR., Paulo. **Educação e movimento operário**. São Paulo: Cortez; Autores Associados, 1987.

GOBETT, Piero. **La rivoluzione liberale**: sagio sulla lotta política in Italia. Torino: Einaudi, 1995.

IRMÃO, José Aleixo. **A perseverança III e Sorocaba**: da fundação à proclamação da República. Sorocaba: Fundação Ubaldino do Amaral, 1999.

JOMINI, Regina Celia Mazoni. **Uma educação para a solidariedade**: contribuição ao estudo das concepções e realizações educacionais dos anarquistas na República Velha. Campinas: Pontes, 1990.

LUIZZETTO, Flávio. **Utopias anarquistas**. São Paulo: Brasiliense, 1987.

MARTINS, José de Souza. **O cativeiro de terra**. 2. ed. São Paulo: Lech, 1981.

MORIYÓN, Félix García **Educação libertária**. Porto Alegre: Artes Médicas, 1989.

PASCAL, Maria Aparecida Macedo. A pedagogia libertária: um resgate histórico. In: **I Congresso Internacional de Pedagogia Social**, 1., 2006. Proceedings online... Faculdade de Educação, Universidade de São Paulo. Disponível em: <http://www.proceedings.scielo.br/scielo.php?script=sci_arttext&pid=MSC0000000092006000100032&lng=en&nrm=abn>. Acesso em: 13 nov. 2015.

PINHEIRO, Paulo Sérgio; HALL, Michael M. **A classe operária no Brasil, 1989-1930.** São Paulo: Alfa-Omega, 1979.

RAYNAUD, Jean-Marc.; AMBAUVES, Guy **L'education Libertaire**. Paris: Spartacus, 1978.

RIBEIRO, Maria Rosa Alice. **Condições de trabalho na indústria têxtil paulista (1870-1930)**. São Paulo: Hucitec; Ed. da Unicamp, 1988.

RODRIGUES, Edgar. Trinta horas em Sorocaba. In: **Biblioteca Sorocabana: história**. v. 1. Sorocaba: Crearte, 2005. p. 49-53.

_____. **Os anarquistas trabalhadores italianos no Brasil**. São Paulo: Global, 1984.

_____. **Nacionalismo & cultura social 1913-1922**. Rio de Janeiro: Laemmert, 1972.

RODRIGUES, Leôncio Martins. **Trabalhadores, sindicatos e industrialização**. São Paulo: Brasiliense, 1974.

SAES, Flávio Azevedo Marques. **As ferrovias de São Paulo**. São Paulo: Hucitec; Brasília: INL, 1981.

SILVA, Sergio. **Expansão cafeeira e origens da indústria no Brasil**. São Paulo: Alfa-Omega, 1976.

TRAGTENBER, Maurício. O conhecimento expropriado e reapropriado pela classe operária: Espanha 80. **Educação e Sociedade**, Campinas, v. 7, p.53-62, set. 1980.

TUDO sobre escola moderna. Disponível em: <http://brasiliavirtual.info/tudo-sobre/escola-moderna/>. Acesso em: 26 maio 2008.

Fontes primárias – Jornais e Revistas

A Cidade de Sorocaba (1913; 1915; 1916).

O Operário (1909-1913).

Diário de Sorocaba (1880-1930).

O Ypanema (1872-1880).

Revista O fim do Século (1897).

Capítulo 7
A ESCOLA PROFISSIONAL MIXTA DE SOROCABA: 1929-1942[17]

José Roberto Garcia

Em acordo com a epígrafe citada, este capítulo tem o desafio de refletir sobre as relações entre a instituição escolar ora em tela e a Estrada de Ferro Sorocabana, considerando as influências dessas relações no processo de formação e qualificação dos trabalhadores da indústria sorocabana. Iniciamos nossa reflexão abordando aspectos da cidade de Sorocaba e o surgimento da Estrada de Ferro Sorocabana. Em sequência, analisamos os fatores motivadores da criação e instalação da Escola Profissional *Mixta* de Sorocaba; analisamos, a seguir, o processo de ensino e aprendizagem utilizado em escolas profissionalizantes naquele período, com destaque ao sistema *Slojd* e às séries metódicas; finalmente, refletimos sobre o entrecruzamento da Instituição e da ferrovia. Este capítulo tem origem na pesquisa sobre a Escola Profissional *Mixta* de Sorocaba, hoje Escola Técnica Estadual Fernando Prestes, desenvolvida no curso de Doutorado em Educação, na linha de pesquisa "História e Historiografia: Políticas e Práticas Escolares", da Universidade de Sorocaba (Uniso). A Instituição pesquisada é uma das oito escolas profissionais mais antigas do Estado de São Paulo.

---

17. Pesquisa apresentada no X Congresso Luso-Brasileiro de História da Educação, 25 a 28 de agosto de 2014, Curitiba-PR.

Apontamentos sobre a cidade de Sorocaba e a Estrada de Ferro Sorocabana (EFS)

As atividades urbanas, necessárias em função da feira de muares, tornaram-se a base da economia sorocabana, atraindo muitos comerciantes, manufatureiros, profissionais liberais, pequenos industriais, bem como atividades artísticas, culturais e de lazer. O comércio de tecidos, área geradora de maior lucro, explorado por importantes personalidades da sociedade, proporcionava a acumulação de capital e permitiu, juntamente com outros fatores, o capital agroexportador algodoeiro existente durante curto período de tempo e a construção da primeira fábrica de tecidos da cidade. Assim,

> Não foi por acaso que o mesmo grupo que instalou a Companhia Sorocabana em 1870 organizou, no ano seguinte, uma sociedade anônima denominada "Indústria Sorocabana" para a criação de grande fábrica de tecidos. (Baddini, 2002, p. 269)

É interessante observar que o desejo modernizante, suscitado e desenvolvido na cidade de Sorocaba, envolveu um roteiro de influências e apropriações. Como escreve Carvalho (2010, p. 48),

> Por exemplo, quando os jornais sorocabanos comparam a urbanização da cidade com outras do estado de SP, como Botucatu e Campinas, usando a situação desses municípios como modelos para uma série de "melhoramentos" que poderiam e deveriam ocorrer em Sorocaba.

Explicitando o caso da cidade de Sorocaba, Carvalho (2010, p. 48) aponta que

> esse discurso modernizante é encampado por setores influentes e representativos da cidade. Estes, portanto, começam a encarar o tradicional comércio de muares como um

empecilho aos melhoramentos de que a cidade necessita. Tal fato não se dá sem tensões uma vez que a maior parte da arrecadação de impostos e da movimentação comercial ainda se dava em função do comércio de animais. Há um desejo de diversificação econômica, dada a fragilidade de uma economia exclusivamente dependente do comércio de animais. Na década de 1860 ocorre a expansão da cultura do algodão, incentivada pela paralisação do mercado norte-americano em decorrência da guerra da Secessão.

A continuidade do processo urbanizador se dá, também, com a criação, através de Luís Mateus Maylasky, da Companhia Sorocabana, que

> só se converteu em realidade a partir do instante em que seus dirigentes passaram a apresentá-la como uma via de ligação – tornada indispensável pela Guerra do Paraguai (1864/1870) – entre a Fábrica de Ferro São João Ipanema e a capital paulista. (Bonadio, 2004, p. 129)

A Companhia Sorocabana recebeu autorização para funcionar através do Decreto nº 4729 de 24 de maio de 1871, "com o propósito de construir uma via férrea a partir da fábrica de Ipanema à cidade de São Paulo, passando por Sorocaba e São Roque, e não um ramal de Itu a Sorocaba" (Gaspar, 2003, p. 35). Vinte anos depois incorporou a ferrovia Ituana, e, no início do século XX sofreu uma série crise financeira, sendo encampada pelo Governo Federal, o qual, a partir de 1919 assumiu completamente suas ações. O Governo Federal promoveu muitas medidas de recuperação culminando em 1940 como sendo a maior ferrovia do estado, possuindo 2.074 quilômetros de linhas férreas. A realização mais importante foi a construção do trecho Mairinque-Santos. A partir da década de 1940, a ferrovia foi paulatinamente substituída pelas rodovias, o que provocou o declínio de todo o sistema ferroviário (Zucchi, 2005).

As construções da fábrica de tecidos e da Estrada de Ferro Sorocabana impulsionaram a vida urbana existente, demandando, consequentemente, novas profissões e um novo modelo de trabalhador. No final do século XIX, Sorocaba já se destacava com um grande polo industrial, contando com um número de unidades empresariais maior que a capital: cinco fábricas de móveis, três de chapéus, uma de calçados, a de extração de calcários e granitos em Itupararanga, três de fiação e tecelagem – Nossa Senhora da Ponte, Santa Rosália e Santa Maria – e a estamparia de Votorantim.

A Escola Profissional *Mixta* de Sorocaba

Com a consolidação do capitalismo e fim do modelo escravocrata de produção, ocorridos no Brasil a partir dos anos de 1870, novos contingentes de mão de obra, preferencialmente especializados, deveriam ser formados. A inexistência de mão de obra nacional especializada fomentou, em Sorocaba, assim como em outras regiões, a importação de operários das mais diversas nacionalidades. Nas duas primeiras décadas do século XX, o quadro de trabalhadores das organizações sorocabanas era composto, notadamente, por operários originários do continente europeu, com alguma experiência em entidades que defendiam os interesses da classe trabalhadora. O declínio da importação de mão de obra, a proibição pelo governo da continuidade de exploração do trabalho infantil e as reivindicações ocorridas entre 1910 e 1920, pela redução da jornada de trabalho, pela melhoria dos salários e contra os abusos cometidos pelos empresários, motivaram a classe dirigente a preparar cientificamente, isto é, através de escolas, a mão de obra necessária.

Recorrendo a Horacio Silveira, Moraes informa que o

> acelerado ritmo de progresso das indústrias "aumentava cada vez mais a necessidade de obreiros dotados de técnica mais aperfeiçoada". E perguntava: "como atender, na

medida do possível, essa carência de mão de obra especializada?" A resposta seria empreender a racionalização do processo de ensino aprendizagem, de modo a garantir que se pudesse qualificar, no menor tempo, o número e o tipo de trabalhadores requisitados pelo mercado industrial. (Moraes, 1990, p. 228)

Assim, os cursos oferecidos pelas escolas profissionais e técnicas, e seus conteúdos programáticos, visavam prover as fábricas com o operariado nacional devidamente qualificado, sem a preocupação com a formação integral do aluno. Em 30 de dezembro de 1921, com a Lei nº 1860 Sorocaba recebe a autorização para a criação da Escola Profissional. Nesta mesma Lei, as cidades de Tatuí, Faxina, Bauru, Jundiaí, Piracicaba e Bragança também são contempladas com a criação de escolas profissionais.

No entanto, a instituição só iria iniciar suas atividades em 1929. Um dos possíveis motivos para a demora de quase oito anos da instalação da escola pode ter sido a reforma da instrução pública ocorrida em 1925. Conforme Moraes (1990, p. 226), a reforma promovida pelos "tradicionalistas", no governo de Carlos de Campos, introduziu algumas modificações no funcionamento das escolas profissionais que são extremamente criticadas pelos educadores "reformadores"[18]. Ainda segundo Moraes (1990, p. 226), os reformadores sugeriam a falta de verbas como o maior problema que impedia a instalação de muitas escolas anteriormente criadas.

A escola foi instalada em 9 de junho de 1929, na Rua Barão do Rio Branco, nº 228/280, esquina com a Rua Álvaro Soares, ruas centrais da cidade, em prédio com dois pavimentos e que anteriormente havia abrigado uma empresa beneficiadora de algodão, pertencente a Mateus Maylasky e também um ho-

---

18. Fazem parte do grupo de reformadores: Lourenço Filho, Fernando de Azevedo, Ramos de Azevedo e Roberto Mange.

tel. A casa possuía duas entradas, sendo uma reservada ao setor masculino, pela Rua Barão do Rio Branco, e a outra, reservada ao setor feminino, pela Rua José Bonifácio, atrás da escola. Em 1930, a seção feminina foi transferida para a Rua Monsenhor João Soares, no "sobradão" do "Barão de Mogi Mirim enquanto a masculina permaneceu no prédio original" (Moraes; Alves, 2002, p. 150).

A Escola Profissional *Mixta* de Sorocaba, inicialmente funcionando como primária, criada em 1921 e instalada em 1929, articulava-se com o ensino primário e forneceu cursos industriais básicos e de aperfeiçoamento. Para ser admitido no curso o aluno deveria ter a idade de 12 anos completos, ter o curso das escolas primárias ou conhecimentos equivalentes, ser vacinado e não sofrer de moléstias contagiosas. Inicialmente os cursos dessas escolas, incluindo as Escolas Profissionais da Capital (institutos denominados "Escola Profissional Masculina" e "Escola Profissional Feminina") e as denominadas "Escola de Artes e Ofícios" de Amparo e Jacareí, tinham três anos de duração, com aulas predominantemente práticas, ministradas nas oficinas e apenas as disciplinas de Matemática e Noções de Desenho tinham cunho de cultura geral. Destacam-se os cursos de Mecânica, Marcenaria, Tecelagem, iniciados desde o começo da escola; o curso de Aperfeiçoamento da EFS e o curso Ferroviário, iniciados a partir de 1931, em acordo firmado pelo Estado de São Paulo com a Estrada de Ferro Sorocabana. O Decreto nº 5.884, de 21 de abril de 1933, instituiu o Código de Educação, implantando por Fernando de Azevedo, organizou a educação pública no estado de São Paulo. Segundo Moraes (1990, p. 228), no

> Período que antecede o golpe de Getúlio Vargas, entre 1930 e 1937, os reformadores empreenderam uma série de medidas que vinham concretizar seu projeto educacional: as escolas profissionais são equiparadas às acadêmicas, recebendo a denominação de Escolas Profissionais Secundá-

rias; são instalados os cursos vocacionais, uma espécie de estágio preliminar de um ano, para os candidatos às escolas profissionais secundárias.

Segundo Laurindo (1962), com o objetivo de elevar o nível intelectual e técnico-profissional dos alunos, exigência imposta pelo acelerado ritmo de desenvolvimento das indústrias, o Código de Educação aumentou o ciclo escolar de três para quatro anos, inserindo, no primeiro ano, o curso Vocacional. Neste sentido entende-se que a escola foi instalada já adequada às exigências do mercado e da política, uma vez que os cursos oferecidos estavam estreitamente ligados à indústria. Este fato permitiu que, em curto espaço de tempo, já a partir de 1933, a escola obtivesse o *status* de secundária, sendo sua denominação alterada para Escola Profissional Secundária Mista de Sorocaba.

Os interesses da ferrovia eram os principais motivos para a instalação da escola. Os primeiros passos do ensino profissional ferroviário no Brasil, segundo Galli (1962, p. 46), foram dados em 1924 quando os diretores da Estrada de Ferro Sorocabana sentiram "a necessidade de pessoal melhor preparado para as mais diversas funções, principalmente no setor das Oficinas". Continua o autor na mesma página esclarecendo a forma de preparação dos aprendizes. Escreveu ele que

> Os aprendizes vagueavam pelas oficinas e pela observação junto aos artífices e feitura de pequenos trabalhos, iam aprendendo o ofício. Além de demorado, este tipo de aprendizagem apresentava outros inconvenientes. Não havia a bem dizer, um aperfeiçoamento contínuo, que é imprescindível para o desenvolvimento progressivo da técnica. O aprendiz assimilava tão somente o que o artífice sabia fazer, e este, por sua vez, apresentava uma evolução técnica muito lenta, por falta de boa fonte de novos conhecimentos. Além disso, todos os defeitos e incorreções porventura apresentados pelos empregados antigos, eram igualmente assimilados pelos aprendizes.

Detectadas a ineficácia e a ineficiência na forma de preparo dos operários, seria necessário

> dar uma formação profissional metódica aos aprendizes... A Sorocabana passou a enviar, anualmente, aqueles que possuíam melhores qualidades à Escola de Mecânica anexa ao Liceu de Artes e Ofícios (LAO) de São Paulo. Os resultados devem ter sido muito animadores, pois pouco depois (1927), o então Diretor da E. F. Sorocabana, Dr. Gaspar Ricardo Junior, estabeleceu um projeto para a criação de uma Escola Preparatória de Aprendizes, e de um Curso de Aperfeiçoamento para os funcionários já existentes. (Galli, 1962, p. 46)

Gaspar Ricardo Junior, no Relatório Anual da Estrada de Ferro Sorocabana de 1931, explicitou a necessidade da Escola Profissional *Mixta* de Sorocaba servir à ferrovia, dizendo que

> Às oficinas de Sorocaba, as maiores e mais modernas da América do Sul, era indispensável prover de pessoal habilitado, capaz de manejar e de tirar de seu moderníssimo maquinário, toda a eficiência de que são dotadas. Para não recorrer à pessoal estrangeiro e, socorrendo-nos exclusivamente de elementos da própria zona Sorocabana, criamos a Escola de Aperfeiçoamento, junto às Oficinas de Sorocaba, para o pessoal já pertencente à Estrada, e a Escola de Aprendizagem para os futuros candidatos à entrada nas Oficinas. Em benefício da economia, procuramos as aulas teóricas e de caráter geral ministradas pela Escola Profissional já existente em Sorocaba e com a qual entramos em entendimento de modo a cooperarem assim entre si, sem desperdícios de esforços. (Galli, 1962, p. 46-47)

Tal discurso proferido pelo Diretor sugere que a instalação da Escola Profissional *Mixta* de Sorocaba começou a ser gestada alguns anos antes de 1929, tão logo se comprovou a eficácia das séries metódicas aplicadas pelo LAO. Gaspar Ricardo Junior completava, no Relatório Anual da Estrada de Ferro Sorocabana de 1932, página 206, que "era natural que uma Escola Profissional Estadual, como o é a de Sorocaba, prestasse seu concurso em primeiro lugar às empresas industriais estaduais, portanto, à Estrada Sorocabana".

O processo de ensino e aprendizagem nas escolas profissionalizantes

Ao analisar o curso de mecânica do Liceu de Artes e Ofícios, Moraes (1990, p. 219) escreve:

> visava-se a formação integral do obreiro, capaz de dominar todas as elaborações da mesma matéria-prima – sua única especialidade – alternando-se apenas na aprendizagem das operações técnicas em que se apoiavam os exercícios fundamentais da arte escolhida. Conforme o método proposto por Victor Della Vos, os alunos deveriam executar, nos três anos de mecânica, todas as séries educativas e tecnológicas. Terminada a série preparatória, "educativa e média", os trabalhadores começavam a produzir profissionalmente. Os trabalhos iniciais, baseados no sistema *Slojd*, tinham por objetivo iniciar os alunos no manejo dos instrumentos, de acordo com alguns princípios de ordem higiênica e fisiológica.

Os métodos Della Vos foram apresentados, pela primeira vez, segundo Moraes (1990, p. 206),

> na Exposição de Viena, em 1873, e imediatamente incorporados pelas escolas alemãs e francesas. Três anos depois, na Exposição Industrial da Filadélphia, o presidente do Instituto Tecnológico de Boston, professor John Runkle, publica um ensaio, recomendando a adoção do método da Escola Técnica de Moscou em "todas as escolas profissionais dos Estados Unidos". Foi também por meio destas exposições internacionais [...] e ainda por meio de contatos com as universidades europeias e norte-americanas, espe-

cificamente a de Boston, que a classe dominante paulista tomou conhecimento destas experiências de ensino.

Estes métodos de ensino objetivavam

> diminuir o tempo de aprendizagem; controlar, por meio de procedimentos simples e rápidos, o avanço dos alunos nos estudos práticos e, finalmente, dar ao ensino técnico um caráter sistemático, capaz de fazer dele um novo meio de adquirir conhecimentos úteis. (Moraes, 1990, p. 206)

Porém, Moraes (1990, p. 206) ressalta que "não há condições de avaliar até que ponto estas concepções permearam a proposta de educação profissional do Liceu de São Paulo. No entanto, é perceptível a coincidência de objetivos e de procedimentos". Neste sentido, como se verá mais adiante, é importante destacar que os conceitos descritos e aplicados na Escola Profissional *Mixta* de Sorocaba foram importantes para o alcance das metas estabelecidas pelos industriais no que tange à formação do trabalhador.

O sistema *Slojd*, segundo Moraes (1990, p. 219),

> consiste em uma determinada metodologia de ensino, desenvolvida na Dinamarca por Axel Mikkelsen, que considera o trabalho manual como o principal meio educativo, na escola, para disciplinar moralmente o educando e desenvolver-lhe o amor pelo trabalho. O sistema slojd está baseado em alguns princípios higiênicos e pedagógicos que devem ter sido adaptados para uso nas escolas profissionais. O ensino profissional deveria ir ao encontro do operário, assim como a escola primária vai ao encontro da criança. No que se refere aos princípios pedagógicos, "eram os mesmos de todo ensino elementar": a matéria era dividida em seus elementos e os exercícios realizados um após o outro, em seriação crescente, de acordo com as "leis da pedagogia". Os alunos deveriam produzir objetos de diversas naturezas, como, por exemplo, brinquedos, objetos de uso doméstico, aparelhos de física, etc, empregando modelos de dificulda-

des gradativas. Quanto à higiene, os princípios prescreviam que os trabalhos fossem realizados em posições definidas do ponto de vista fisiológico e que os utensílios, escolhidos segundo indicações higiênicas, estivessem adaptados à força da criança: que o aluno empregasse alternadamente a mão direita e a esquerda, etc.

A inexistência de mão de obra nacional especializada fomentou, em Sorocaba, assim como em outras regiões, a importação de operários das mais diversas nacionalidades. Nas duas primeiras décadas do século XX, o quadro de trabalhadores das organizações sorocabanas era composto, notadamente, por operários originários do continente europeu, com alguma experiência em entidades que defendiam os interesses da classe trabalhadora. O declínio da importação de mão de obra, a proibição pelo governo da continuidade de exploração do trabalho infantil e as reivindicações ocorridas entre 1910 e 1920, pela redução da jornada de trabalho, pela melhoria dos salários e contra os abusos cometidos pelos empresários, motivaram a classe dirigente a preparar cientificamente, isto é, através de escolas, a mão de obra necessária. Neste sentido, segundo Moraes (1990, p. 228), o Código de Educação implantado por Fernando de Azevedo, em 1933, concretizou

> uma antiga reivindicação dos reformadores: a institucionalização da carreira do magistério profissional. A substituição dos "antigos mestres", geralmente de origem estrangeira e formados empiricamente nas oficinas e, por isso mesmo, portadores de graves vícios técnicos e de valores perniciosos, exigia urgente solução. Os novos mestres, "cientificamente preparados", dentro dos preceitos pedagógicos modernos, exerceriam benéfica influência sobre seus futuros alunos. As alterações introduzidas nos currículos das escolas visavam atender às "necessidades impostas pela experiência adquirida".

O tipo de trabalho e a forma de preparo, aplicados pela EFS aos seus aprendizes são descritos pelo senhor Jardel, esclarecendo que o superior, um português,

> olhou bem para mim e disse: "Tu vieste aqui para trabalhar?". Eu respondi: "sim senhor, estou aqui me apresentando para trabalhar!". "Então toma a sua ferramenta". Eu olhei e não vi ferramenta, e falei: "eu não estou vendo a ferramenta". "Está sim. É aquela vassoura e aquele caixão. Traga para começares a varrer a seção". Respondi: "Está bom. Sim senhor! Então como é que eu começo?". "Você começa aqui e vai até o fundo e do fundo volta para cá". Era um pavilhão mais ou menos de 300 a 350 metros que na época da guerra esse pavilhão foi apelidado de "Monte Castelo". (Garcia, 2013, p. 189)

Com relação ao nível de escolaridade dos funcionários da ferrovia, o senhor Jardel conta que "de todo esse pessoal trabalhando, poucos eram alfabetizados". O analfabeto não tem as habilidades de leitura, de escrita e de cálculo necessárias para viabilizar seu desenvolvimento pessoal e profissional, consequentemente, não está em condições de ler e entender instruções no ambiente de trabalho; de sugerir correções adequadas ou novas formas de processo no ofício que desenvolve. Tampouco os analfabetos estão organizados ou politizados para tomarem a palavra, fazerem reivindicações, sendo eles, à época, interessantes para a ferrovia. Assim, tornaram-se, em função das novas tecnologias que surgiam, um entrave para a indústria. O analfabetismo, aliado à forma ineficaz e ineficiente de preparo, passou a ser um problema. Seria necessário "dar uma formação metódica aos aprendizes" (Galli, 1962, p. 46).

Recorrendo a Horacio Silveira, continua Moraes, na página 228, informando que o

> "acelerado ritmo de progresso" das indústrias "aumentava cada vez mais a necessidade de obreiros dotados de técni-

ca mais aperfeiçoada". E perguntava: "como atender, na medida do possível, essa carência de mão de obra especializada?" A resposta seria empreender a racionalização do processo de ensino aprendizagem, de modo a garantir que se pudesse qualificar, no menor tempo, o número e o tipo de trabalhadores requisitados pelo mercado industrial.

A instituição de Sorocaba, inicialmente denominada Escola Profissional *Mixta* de Sorocaba, enquadrou-se apenas por três anos como escola profissional primária, visto que, a partir de 1932 tem sua denominação alterada para Escola Profissional Secundária Mista de Sorocaba. Essa alteração de nome pouca ou nenhuma diferença fez em relação às disciplinas que seriam ministradas: a mudança só seria iniciada a partir de 1936, com a disciplina Economia Doméstica, e em 1937, com a disciplina Geografia e História. Estas alterações se conservaram até 1942 quando o Decreto-Lei federal n° 4.073, de 30 de janeiro de 1942, promulgou a "Lei Orgânica do Ensino Industrial", estabelecendo nova organização para esse tipo de ensino no país (Laurindo, 1962). Assim, a "Lei Orgânica do Ensino Industrial", em seu artigo 59 estabelece as condições para que as instituições possam ministrar esse tipo de modalidade de ensino, bem como os motivos para a cassação ou suspensão de cursos, além de indicar que o Ministério da Educação forneceria orientação pedagógica.

A Escola Profissional *Mixta* de Sorocaba, inicialmente funcionando como primária, foi criada em 1921 e instalada em 1929, articulava-se com o ensino primário e forneceu cursos industriais básicos e de aperfeiçoamento. Destacam-se os cursos de Mecânica, Marcenaria, Tecelagem, iniciados desde o começo da escola; o curso de Aperfeiçoamento da EFS e o curso Ferroviário, iniciados a partir de 1931, em acordo firmado pelo Estado com a EFS. Neste sentido entende-se que a escola foi instalada já adequada às exigências do mercado e da política, visto que os cursos oferecidos estavam estreitamente ligados à indústria, permitindo que, em curto espaço de tempo, a partir de 1933, obtivesse o *status* de secundária, sendo sua denominação alterada para Escola Profissional Secundária Mista de Sorocaba.

A relação entre a Escola Profissional *Mixta* de Sorocaba e a Estrada de Ferro Sorocabana

A partir do Decreto nº 5.884, de 21 de abril de 1933, que instituiu o Código de Educação, vários outros surgiram, como o 6.537, o 6.566 e o 6.604. O Decreto nº 6.537, de 4 de julho de 1934, estabelecia um sistema de cooperação entre as Diretorias das Estradas de Ferro do Estado, o Governo, municipalidades e empresas particulares. Nesse sentido, foram criados núcleos de ensino profissional, escolas com o objetivo de permitir o funcionamento de cursos de ferroviários, em localidades onde não existissem escolas profissionais. O núcleo de ensino profissional destinava-se, ainda, a auxiliar o ensino profissional de outras atividades industriais ou agrícolas, promovido pelas prefeituras municipais ou empresas particulares. Em diversas escolas profissionais do estado foram criados e funcionaram, também, cursos de ferroviários.

O Curso de Ferroviários da Sorocabana, mantido pela Estrada de Ferro, teve início em 1931; o Núcleo de Ensino Profissional entrou em funcionamento em 1935; ambos funcionaram junto à Escola Profissional Mista de Sorocaba (Ferretti; Silva Jr., 2006).

Com relação ao curso de ferroviários, segundo Weinstein (2000, p. 96),

> desde a época em que fundou seu curso de Mecânica no Liceu de Artes e Ofícios, Roberto Mange vinha mantendo estreito contato com empresas ferroviárias de São Paulo, as maiores empregadoras de mecânicos qualificados para serviços de operação e de manutenção. Posteriormente, Gaspar Ricardo Junior, diretor da Estrada de Ferro Sorocabana e defensor entusiasta da racionalização, convidou Mange para colaborar mais ativamente em sua firma.

O engenheiro Roberto Mange, professor de desenho de máquinas na Escola Politécnica de São Paulo, crítico severo da forma como os aprendizes aprendiam seus ofícios, e Gaspar Ricardo Junior foram membros fundadores do Idort. Segundo Weinstein (2000), Mange viajou, em 1929, para a Alemanha, para inteirar-se dos últimos avanços no treinamento de aprendizes para o trabalho em ferrovias. Voltou em 1930 e fundou o Serviço de Ensino e Seleção Profissional (Sesp) da Sorocabana. Os métodos de aprendizagem, através de etapas progressivas, utilizados nos cursos promovidos pelo Sesp, aliados ao uso da psicotécnica, que utilizava "princípios da ciência psicológica e da psicometria", conforme descrito por Salvadori (2007, p. 2), para a seleção e orientação dos aprendizes, tornaram-se a vitrine dos projetos de Mange. Com os resultados obtidos pelas experiências realizadas com alunos do Sesp, e amplamente divulgados, inclusive pela *Revista do Idort*, em poucos anos

> Muitas outras ferrovias procuraram participar do programa de formação profissional de Roberto Mange, o que levou à formação em 1934, do Centro Ferroviário de Ensino e Seleção Profissional (CFESP). (Weinstein, 2000, p. 98)

Segundo Salvadori (2007, p. 3),

> os Centros eram também fábricas nas quais os alunos, enquanto aprendiam, produziam peças que eram efetivamente utilizadas na ferrovia e nas quais os símbolos do trabalho fabril eram bastante evidentes: as máquinas, os uniformes de trabalho, os logotipos das companhias, a distribuição dos espaços, entre outros. E, ainda, estudar tais centros ajuda a pensar sobre os significados sociais atribuídos à juventude ou, antes disso, o modo como essa categoria foi pensada e construída naquele período, particularmente com a influência dos saberes médico, biológico e psicológico.

No intuito de conseguir alunos adequados aos interesses dos industriais, ressalta-se a importância dos especialistas no direcionamento desses alunos — segundo suas qualidades individuais — aos cursos mais apropriados. Neste sentido é importante destacar as atividades desenvolvidas por Roberto Mange em conjunto com Lourenço Filho, companheiros que eram no Idort, atividades essas relacionadas com a psicotécnica e que contribuíram para deixar sua marca no movimento escolanovista brasileiro. A proposta de "educação científica", segundo Moraes (1990, p. 214),

> baseada nos princípios tayloristas e nos fundamentos da psicotécnica, implicou o aparecimento de novas diretrizes no campo da educação e acabou por fazer parte do projeto da Escola Nova, sendo o seu mais entusiasta propagandista e difusor o professor Lourenço Filho. Tal influência se torna mais decisiva com a reativação do Gabinete de Psicologia Experimental da Escola Normal da Praça, em 1925, e, no pós-30, com a criação de Gabinetes Psicotécnicos nas Escolas Profissionais oficiais e a organização do Centro Ferroviário de Ensino e Seleção Profissional (CFESP), projetado pelo Instituto de Organização Racional do Trabalho (IDORT) e mantido pelas companhias ferroviárias com a colaboração das Secretarias do Estado. Na seção de ensino do Centro Ferroviário, sob a supervisão de Roberto Mange, inúmeros professores normalistas habilitaram-se na aplicação dos métodos de ensino e procedimentos didáticos desenvolvidos pelo engenheiro e os difundiram, mais tarde, pelas escolas estaduais.

O professor Milton esclarece o processo seletivo para ingresso do aluno na Escola Profissional *Mixta* de Sorocaba. Nas palavras do Sr. Milton quando questionado sobre o uso da psicotecnia e a existência de vagas reservadas para os cursos:

> Tem tudo isso. Essa é fácil. É outra organização maravilhosa. Existia o exame de admissão [...] Inscreviam-se, para

o curso CFO, de oficina, uma média de 150 alunos para selecionar 40. Era uma boa média. (Garcia, 2013, p. 184-85)

> Existia o exame de admissão. O exame de admissão era para alunos maiores de 14 anos. O exame era de matemática, português, geografia e história, a parte teórica. Para o Curso de Formação de Transportes era só isso. Mas para os que iriam para o setor de oficina tinha a parte prática, exame prático. Havia uma bomba de "chutes", uma bomba aspirante..., pequena, miniatura. Essa é outra história engraçada, também. Vinha um inspetor de São Paulo só para aplicar esse teste, no candidato, depois de aprovado no exame teórico. Punha o aluno na mesa, o inspetor punha a bombinha na mesa e falava: "tem um aparelhinho aqui para você montar. Quanto mais rápido você montar a bombinha, melhor; se você não souber montá-la, tudo bem; se você começar monta-desmonta é ponto negativo; se você fizer a montagem de uma vez e permanecer à vontade sem desmontar, melhor ainda". Dava algumas instruções ao aluno e marcava no cronômetro. Tinha um tempo certo para a montagem, meia hora para cada um, não lembro bem. Vinha um inspetor só para isso. (Garcia, 2013, p. 184)

Continua o professor Milton descrevendo, com desenvoltura, como aconteceu a própria participação como avaliador no exame prático:

> ficava por ali e assistia tudo isso e não era bicho de sete cabeças, depois de dois ou três anos mudaram tudo. Disseram-me: "não há necessidade que venha alguém de São Paulo para Sorocaba para aplicar o teste da bombinha. O senhor mesmo pode fazer isso". Lá passei eu a aplicar o teste da bombinha que era para verificar a aptidão do aluno na parte mecânica. Tinha o teste. (Garcia, 2013, p. 184)

Com os resultados dos testes, os alunos eram encaminhados às áreas de interesse da ferrovia. O professor Milton explica como se dava o direcionamento dos estudantes. Depois que começavam as aulas

> a primeira série era estudo geral e na oficina também. Eles passavam um pouquinho em cada setor para ver a aptidão dele. No fim do primeiro ano é que definia o setor que ele iria. Os mais inteligentes, os mais aplicados iam para eletricidade, tornearia, etc. Os demais tinham que se contentar com as vagas existentes em ajustagem, ferraria, marcenaria, etc. No segundo ano em diante cada um ia na sua própria bancada, no seu próprio setor. (Garcia, 2013, p. 184)

Nesse sentido, conclui Salvadori (2007, p. 4):

> O que se observa é a valorização do diagnóstico do especialista – o médico, o psicólogo e o engenheiro – nos processos de recrutamento de futuros alunos em detrimento da vontade do sujeito, da sua escolha, o que significa pensar em estratégias de poder muito próprias da modernidade que, pautadas por um padrão iluminista de ciência e de racionalidade, justificam-se e ganham legitimidade. Assim, o princípio dessa nova formação era o apagamento da condição do trabalhador ferroviário em relação ao seu pertencimento a um grupo e um esforço por dar-lhe uma nova identidade que, construída a partir do ingresso nos CFESP, vincula-se mais a atributos e qualidades individuais – dimensão do tórax, habilidades motoras, acuidade visual, rapidez de gestos, aspectos do desenvolvimento mental e emotivo, desenvoltura no tratamento com as séries metódicas – do que por uma experiência social compartilhada. Esta "sujeição do sujeito" buscava operar desde os processos de escolha dos futuros alunos até os cursos de aperfeiçoamento mantidos pela instituição.

Jardel Pegoretti, o segundo entrevistado, explica o horário de funcionamento da escola, dizendo:

> Conforme a matéria nós entrávamos às 7 horas e o encerramento era às 11 horas. Entre 11 e 13 horas, que seria o nosso retorno ao lar, o almoço. Nós tínhamos que estar lá no lajeado, que era o Fernando Prestes, às 13 horas, que seria a aula prática do aprendiz da profissão. Era das 13 às 17 horas, com 20 ou 15 minutos de lanche no meio do período. Aos sábados nós entrávamos às 7 horas saíamos ao meio dia. Era um horário normal de trabalho, de indústria. (Garcia, 2013, p. 191)

Outro aspecto importante entre a instituição de ensino e a Estrada de Ferro Sorocabana diz respeito à forma de custeio efetuada pela ferrovia na parte da formação profissional especializada. O valor pago era destacado no boletim do aluno, mês a mês, proporcionalmente aos dias frequentados e ao desempenho efetuado para a produção de artefatos de interesse da ferrovia, cujo valor-base era específico para o ano ou série do curso e crescente para os anos seguintes. Segundo o professor Milton Marinho Martins, que trabalhou na escola a partir de 1944,

> via-se a média das matérias teóricas; os professores das oficinas davam notas – tinha um boletim próprio da oficina no qual eram dadas as notas das peças executadas – o professor examinava a peça e dava a nota – e daí a média da oficina com a média teórica dava a média geral, e, pela média geral eles tinham o vencimento; tinha uma tabela e quanto maior a média maior era o vencimento. Coisa muito bem feita. (Garcia, 2013, p. 182)

Entende-se, pelo exposto, que a produtividade, aliada à competição entre os alunos, era estimulada pela ferrovia por meio do pagamento financeiro. Pode-se inferir que tarefas mais complexas e a necessidade de se produzir maiores quantidades poderiam ser atribuídas àqueles alunos com maior média.

A criação do curso de Ferroviários aconteceu através do Decreto estadual número 6.537 de 4 de julho de 1934 e, no mesmo ano, conforme Weinstein (2000, p. 98), "o novo interventor de São Paulo, Salles Oliveira, colocou o CFESP sob os auspícios do Estado". Horácio da Silveira justificava, segundo a autora, que

> essa iniciativa conjunta do poder público e da iniciativa privada, recebendo financiamento de ambos os setores, constituía um modelo para a futura expansão da educação profissional, considerando-se que o governo estadual, por si só, não poderia proporcionar formação profissional para todos aqueles que dela necessitavam.

O curso, segundo Laurindo (1962), foi extinto pelo Decreto nº 18.087, de 20 de abril de 1948.

Com relação ao método de ensino praticado na Escola Profissional *Mixta* de Sorocaba, encontrado através do material analisado e pertencente ao acervo da instituição, bem como em cadernos de séries metódicas existentes no museu ferroviário, percebe-se, a partir de 1940, segundo Ferretti e Silva Jr. (2006, p. 67), "a abundância de material didático a partir deste período, ao lado de uma escassez no período anterior, com início em 1929". Os autores continuam, informando que

> os materiais são organizados de modo a proporcionar a execução de tarefas com o apoio das Folhas de Instrução, tendo por base a organização por grau de dificuldades, evitando o improviso e promovendo um grau de sistematização de tarefas. Para cada espécie de trabalho há uma série de tarefas e operações que levam o aluno à progressão de seus conhecimentos sobre a prática de corte. Para tanto, para cada tecnologia há um conjunto correlato de tarefas que devem ser executadas. (2006, p. 69)

Em relação à função do professor, Ferretti e Silva Jr. (2006, p. 71) escrevem:

ao professor cabe a orientação e acompanhamento da evolução dos trabalhos, devendo dominar, ele próprio, cada uma das técnicas. O material, portanto, tem a característica de proporcionar ao aluno a execução, de modo individualizado, do passo a passo de cada uma das etapas necessárias à aprendizagem do ofício, tendo o professor o papel de corrigir, controlar e evitar erros no processo de execução das atividades do aluno.

Prosseguem explicando:

> o uso das séries metódicas retira do mestre instrutor a centralidade do processo ensino-aprendizagem, se seguida à risca e supondo que a apropriação do professor mantenha um alto grau de identidade com o material didático, realizado nas oficinas de trabalho, enfatizando um processo menos industrial e mais escolar, sendo o professor um coordenador e controlador das atividades do aluno. (2006, p. 71)

Ressaltam (2006, p. 72), que "ainda que alguns dos textos didáticos não se baseiem nas séries metódicas o foco consiste no desenvolvimento de habilidades práticas". Os pesquisadores explicam também (2006, p. 78) que

> uma das características marcantes da formação do trabalhador taylorista consiste na separação entre teoria e prática, ainda que a base científica (geometria, cálculos, conceitos), os quais levam à classificação, comparação, dedução, estão presentes no material didático.

Neste sentido, é interessante observar que os boletins referentes aos cursos noturnos só apresentavam avaliação para a disciplina "Prática" ou para aquela que tivesse o nome do curso, por exemplo, "Plástica". A partir de 1939, os boletins só possuíam três colunas, uma para a "Teoria", outra para a "Prática" e a última para a "Média". A teoria nunca recebia avaliação e a nota pode ser encontrada ora na coluna "Prática", ora na coluna "Média". O professor Milton Marinho Martins, primeiro entrevistado, destaca que os alunos "tinham esses cadernos de orientação técnica que eles obedeciam – tudo distribuído pela Sorocabana – tudo bem feito" (Garcia, 2013, p. 182). Descreve, efusivamente, dizendo que as séries metódicas eram "maravilhosas! Maravilhosas! As séries metódicas, cada aluno com seus próprios desenhos para executar as suas peças" (Garcia, 2013, p. 182).

Para atender às disciplinas dos cursos, 138 profissionais passaram pela instituição escolar no período estudado, sendo 71% do sexo masculino; 18% eram efetivos; 72% contratados; 6% interinos (substitutos); e 4% comissionados. O documento Mapa de Movimentos separa os profissionais em professores gerais das aulas gerais; mestres gerais da seção técnica; auxiliares de mestres (ajudantes); profissionais diversos; professores do curso ferroviário e professores da Escola Noturna de Aprendizado e Aperfeiçoamento. Para este trabalho as disciplinas foram divididas em cinco núcleos: comum, apoio, marcenaria, mecânica e confecção.[19] Os professores do núcleo comum representavam apenas 19% do efetivo; 28% atuavam no núcleo de apoio aos cursos; 26% no núcleo mecânica; 21% no núcleo Confecção; 6% no núcleo marcenaria. Excetuando-se o núcleo de apoio, percebe-se o viés altamente industrializante dos cursos, visto que 81% dos profissionais – professores e auxiliares – estavam diretamente ligados às disciplinas técnicas/práticas e outras relacionadas a estas, em detrimento à formação integral do aluno.

---

19. Núcleo Comum: disciplinas Português, Educação Cívica, Matemática, Química, Higiene, Educação Física; Núcleo Apoio: Plástica, Desenho, Tecnologia, Aulas Gerais, Geral Oficina,Dispensáriq Puericultura, Aulas técnicas, Tecnologia, Economia Doméstica; Núcleo Marcenaria: Marcenaria, Lustrador, Modelador; Núcleo Mecânica: Mecânica Aplicada, Técnica Ferroviária, Organização Ferroviária, Mecânica, Tornearia, Ferraria, Fundição, Entalhação, Física Mecânica, Eletrotécnica, Forneiro, Torneiro; Núcleo Confecção: Rendas e Bordados, Flores e Chapéus, Corte e Costura, Tecelagem, Flores, Confecção, Bordados.

Durante o período pesquisado, 8.476 matrículas (65% masculinas) foram efetuadas na instituição de ensino e menos de 10% (817) destas concluíram os cursos, representando 90% de evasão, valor elevadíssimo mesmo para aquele período. Evidentemente que este cálculo não reflete fielmente a relação ingressante-egresso, visto que o mesmo aluno deve estar sendo contado várias vezes nas diversas séries do curso até concluir o mesmo. Assim, uma análise considerando apenas os alunos ingressantes nas primeiras séries de todos os cursos no mesmo período estudado (5.922 matrículas – 63% masculinas), revela que a taxa de evasão diminui apenas seis pontos percentuais, caindo para 84%, número ainda considerado alto. Refinando a análise, foram eliminados os alunos ingressantes do curso Vocacional (masculino e feminino – 1.333 matrículas); neste caso, o índice de evasão atinge 80%, entendendo-se ser este o valor mais próximo da realidade daquela época para os cursos profissionalizantes naquela instituição.

Nota-se, também, que, mesmo os cursos sendo gratuitos, a maior evasão estava concentrada entre as 1ªs e 2ªs séries – 69% considerando os cursos vocacionais e 59% excluindo os mesmos – podendo-se hipotetizar que com apenas os seis meses iniciais do curso os alunos estariam minimamente preparados para pleitear vagas no mercado de trabalho, optando por este a continuar na escola.

A análise dos diplomados no período estudado conclui que acima de 55% dos alunos tinham como destino final de emprego a Estrada de Ferro Sorocabana; revela ainda que acima de 75% dos 21 cursos oferecidos no período estudado, mesmo aqueles destinados às mulheres, forneciam mão de obra para a ferrovia.

Considerações finais

Os resultados apresentados neste capítulo estão inseridos na pesquisa desenvolvida no curso de doutorado da Universidade de Sorocaba e que, entre outras análises, estuda a relação entre a Escola Profissional *Mixta* de Sorocaba e a Estrada de Ferro Sorocabana, no período entre 1929 e 1942. Entre as fontes pesquisadas destacam-se, pelo lado dos alunos, os livros de registros de matrículas, os boletins, os livros dos diplomados; e, pela empresa, o Livro de Registro dos Funcionários e pensionistas, datado de 1965, e a entrevista de dois ex-funcionários da instituição.

A análise das 8.476 matrículas efetuadas durante o período analisado revela que 80% dos alunos não concluíam os cursos, motivados pela necessidade do trabalho e oferta de empregos existentes, principalmente disponibilizados pela ferrovia. Mesmo após o ano de 1934, com a introdução do curso "Vocacional", o número de concluintes pouco aumentou. Neste sentido pode-se deduzir que o curso não foi criado como forma de evitar a evasão, mas de adequação do interessado ao curso que exigisse as características demonstradas pelo aluno. E, mais, o curso desenvolvido em cooperação com a Estrada de Ferro Sorocabana, como era o curso "Aperfeiçoamento de Ferroviários", destinado aos funcionários da empresa, conseguiu diplomar apenas 15% dos alunos matriculados. Assim, apenas 817 alunos foram diplomados em seus respectivos cursos. Do total de matrículas, 65% eram do sexo masculino e 57,5% estudavam no período diurno; do total de diplomados, 61% eram deste mesmo sexo.

No quesito diplomados a pesquisa conclui que acima de 55% dos alunos tinham como destino final de emprego a Estrada de Ferro Sorocabana; revela ainda que acima de 75% dos cursos oferecidos, mesmo aqueles destinados às mulheres, forneciam mão de obra para a ferrovia; ou seja, a ferrovia foi, ao mesmo tempo, fomentador da existência da instituição e assimilador da mão de obra preparada pela escola, fosse ela diplomada ou não.

Com os resultados obtidos nos cursos da instituição escolar, estes métodos seriam estendidos não somente para outras ferrovias, como também para a formação de trabalhadores em outros tipos de atividade industrial.

Percebeu-se viés altamente industrializante dos cursos, visto que 81% dos profissionais – professores e auxiliares – estavam diretamente ligados às disciplinas técnicas/práticas e outras relacionadas a estas, em detrimento da formação integral do aluno. Verificou-se que a maioria do alunado provinha de estratos sociais mais baixos, porém, percebe-se a presença considerável de alunos pertencentes às classes mais altas como industrial, dentista, negociante/comerciante, proprietário/capitalista, professor, funcionário público. Assim, observou-se a quebra do paradigma do ensino profissionalizante assistencialista. Noutro sentido, porém, quando se compara as matrizes curriculares do Liceu Sorocabano, colégio de ensino secundário mantido em 1901 pela maçonaria, repleta de disciplinas de cunho geral, e da Escola Profissional *Mixta* de Sorocaba, 30 anos depois, com viés industrializante, percebe-se que este modelo de ensino, sistematizado de acordo com o trabalho desenvolvido dentro das fábricas, definido e difundido pragmaticamente fora dos muros escolares visando aos interesses laborais do mercado, está longe de criar uma consciência crítica que propicie o efetivo exercício da cidadania, além do que impossibilita uma ação e participação mais coletiva, pois impede que cada cidadão se aproprie do conhecimento produzido historicamente pela humanidade (Lombardi, 2003). As entrevistas dos Senhores Milton e Jardel ilustram a quebra do paradigma de ensino profissionalizante assistencialista e a sistematização do ensino de acordo com o trabalho desenvolvido nas fábricas e se reforçam no âmbito das representações sociais no contexto da sociedade.

Referências

BADDINI, Cássia Maria. **Sorocaba no Império** – comércio de animais e desenvolvimento urbano. São Paulo: Annablume; Fapesp, 2002. 308 p.

BONADIO, Geraldo. **Sorocaba** – a cidade industrial. Sorocaba: Linograf Gráfica, 2004. 300 p.

CARVALHO, Rogério Lopes Pinheiro de. **Fisionomia da cidade**: Sorocaba: cotidiano e transformações urbanas – 1890-1943. São Paulo: 2010, 386 p.

FERRETTI, Celso João; SILVA JR., João dos Reis. **Competências e Prática Social**: o trabalho como organizador e estruturador das reformas educacionais brasileiras no Ensino Médio e na Educação Profissional de Nível Técnico e sua concretização nas instituições escolares nos primeiros anos do século XXI. Fapesp – Relatório Técnico e Científico Final. Processo 03/01563-7. 2006. 179 p.

GALLI, Hamilton. **Origem e evolução do ensino profissional ferroviário no Brasil**. Álbum da Estrada de Ferro Sorocabana: 1871-1961. Sorocaba: Museu Ferroviário Sorocabano, 1962.

GARCIA, José Roberto. **A formação do trabalhador ferroviário**: o caso da Escola Profissional Mixta de Sorocaba (1929-1942). 2013. Tese (doutorado em Educação) – Universidade de Sorocaba, Sorocaba.

GASPAR, Antonio Francisco. **Histórico do início, fundação, construção e inauguração da Estrada de Ferro Sorocabana**: 1870-1875. Sorocaba: Paratodos Gráfica e Editora, 2003. 241p.

LAURINDO, Arnaldo. **50 anos de ensino profissional** – Estado de São Paulo: 1911-1961. São Paulo: Editora Gráfica Irmãos Andrioli, 1962. 2 v.

LOMBARDI, José Claudinei (org.). **Globalização, pós-modernidade e educação**: História, Filosofia e temas transversais. 2.ed. rev. e ampl. Campinas: Autores Associados; HISTEDBR, Caçador, 2003. 233p.

MORAES, Carmen Sylvia Vidigal. **A socialização da força de trabalho**: instrução popular e qualificação profissional no estado de São Paulo – 1873 a 1934. 1990. Tese (doutorado) – Departamento de Sociologia da Faculdade de Filosofia, Letras e Ciências Humanas da USP, São Paulo.

MORAES, Carmen Sylvia Vidigal; ALVES, Júlia Falivene (orgs.). **Contribuição à pesquisa do ensino técnico no estado de São Paulo**: inventário de fontes documentais. São Paulo: Centro Paula Souza, 2002.

SALVADORI, Maria Ângela Borges. **Educação, trabalho e juventude**: os Centros Ferroviários de Ensino e Seleção Profissional e o perfil do jovem ferroviário. 2007. Disponível em: <http://www.arquivoestado.sp.gov.br/site/assets/publicacao/anexo/historica11.pdf>. Acesso em: ago. 2016.

WEINSTEIN, Bárbara. **(Re)formação da classe trabalhadora no Brasil**. São Paulo: Cortez; CDAPH-IFAN – Universidade São Francisco, 2000. 460 p.

ZUCCHI, Bianca Barbagallo. **A criação da Escola de Ferroviários da Companhia Sorocabana**. Arquivo do Estado, n. 4, 2005. Disponível em: <http://www.arquivoestado.sp.gov.br/site/assets/publicacao/anexo/historica04.pdf>. Acesso em: ago. 2016.

Referências Documentais

Caderno de Orientação – séries metódicas – Centro Ferroviário de Ensino e Seleção Profissional – 1934. Disponível no Museu Ferroviário de Sorocaba-SP.

Livro de Registro de Matrículas – 1929-1942; Boletins dos Alunos – 1929-1942. Disponíveis no Centro de Memória da Escola Profissional *Mixta* de Sorocaba.

Livro de Registro dos Funcionários e Pensionistas da Estrada de Ferro Sorocabana – 1965. Disponível no Museu Ferroviário de Sorocaba-SP.

Relatório Anual da Estrada de Ferro Sorocabana – 1932. Disponível no Museu Ferroviário Sorocabano. Sorocaba-SP.

Entrevistas: professor Milton Marinho Martins (8 mar. 2012) e professor Jardel Pegoretti (16 maio 2012).

Capítulo 8
CRIAÇÃO DA FACULDADE DE TECNOLOGIA DE SOROCABA E AS DIFICULDADES ENCONTRADAS NA INSTALAÇÃO – RELATOS JORNALÍSTICOS[20]

Lauro Carvalho de Oliveira

Introdução

Para melhor compreender a instalação da Faculdade de Tecnologia de Sorocaba[21], fez-se a opção pela cronologia presente nas publicações jornalísticas de 1968 a 1975, que permitiu localizar as primeiras manifestações para a criação de um novo modelo de curso superior: as ideias, as ações dos atores envolvidos, a determinação das forças políticas estaduais e federais que influenciaram na decisão de, efetivamente, implantar e testar no País os cursos de curta duração, denominados de cursos de Tecnologia. Analisando as necessidades de criação de cursos de curta duração voltados para o trabalho, entende-se as propostas e viabilização de novos cursos de nível superior direcionados aos interesses produtivos locais para a transferência de tecnologia, interioriza-

---

20. Substrato da tese de doutorado do programa de pós-graduação em Educação da Universidade de Sorocaba, defendida em 2014, sob o título: *Faculdade de Tecnologia de Sorocaba: da gênese à consolidação*.
21. Faculdade de Tecnologia de Sorocaba. Instituição pública estadual criada em 20 de maio de 1970 (45 anos) para ministrar Cursos Superiores de Graduação em Tecnologia.

ção da indústria e, sobretudo, para as necessidades técnicas da indústria brasileira. A análise apresenta as dificuldades de aceitação da instalação da Faculdade de Tecnologia por parte dos dirigentes locais e as constantes publicações negativas elaboradas pela mídia impressa; faz um paralelo entre o desenvolvimento socioeconômico e industrial de Sorocaba e região e a instalação da Faculdade de Tecnologia, que aconteceram no mesmo período, mostrando a evolução da escola e de seus cursos para atender as necessidades técnicas do parque industrial instalado, o que demonstra a influência da Faculdade de Tecnologia no desenvolvimento industrial e socioeconômico da cidade e da região.

A Faculdade de Tecnologia de Sorocaba e a cidade

As dificuldades encontradas para instalação da Faculdade de Tecnologia de Sorocaba, integrante do Centro Estadual de Educação Tecnológica "Paula Souza", foram amplamente registradas pelos periódicos, principalmente os jornais da época, e mostram, em um primeiro momento a falta de identificação inicial da cidade com o curso de Tecnologia e em segundo momento como a instituição vai assumindo seu lugar no contexto da cidade e da região, superando as dificuldades e se fazendo presente no contexto do ensino superior da cidade de Sorocaba e das cidades da região.

Para determinar uma linha do tempo, a data escolhida foi janeiro de 1968, quando as solicitações pela instalação de uma faculdade de engenharia tornaram-se mais expressivas e constantes, devido à promessa do governador do estado de São Paulo, em instalar uma faculdade técnica na cidade de Sorocaba. A data estipulada para a finalização do período pesquisado foi dezembro de 1975, quando, superadas as dificuldades para consolidação da Faculdade de Tecnologia de Sorocaba, o desenvolvimento da instituição foi evidenciado e a sua constante preocupação em acompanhar o desenvolvimento da cidade de Sorocaba, da região e do País se tornou patente pelos resultados obtidos, pelo trabalho sério e cuidadoso que escreveu sua história de maneira prática: formação para o trabalho, adequação às necessidades produtivas, inserção dos egressos no mercado de trabalho, realizações efetivas na composição de inovações tecnológicas por meio da pesquisa e da extensão.

Para Sanfelice (2006, p. 20-27), os historiadores da educação apontam que suas preocupações, não são apenas registrar o passado e/ou presente por meio de narrativa baseada em fontes, mas também compreender e interpretar a própria educação em uma dada sociedade a partir de suas instituições educativas como espaço privilegiado para sua execução. Olhar a instituição pela visão de um historiador é buscar suas origens, seu entendimento, seu desenvolvimento no tempo, as alterações arquitetônicas pelas quais passou o prédio que a abriga; é ir à busca da identidade dos sujeitos (professores, gestores, alunos, técnicos e outros) que a constituíram; das práticas pedagógicas que ali se realizaram, do mobiliário, e de muitas outras coisas. Mas o essencial é responder à questão de fundo: o que essa instituição singular instituiu? O que ela instituiu para si, para seus sujeitos e para a sociedade na qual está inserida? Qual o sentido do que foi instituído?

Levando-se em consideração os elementos teórico-metodológicos aspectos trazidos por Sanfelice (2007, p. 75-82), o estudo trabalho categorias de análise específicas: *a temporalidade*, a história não só do passado, mas do passado e do presente na medida em que vai da gênese à consolidação; *o objeto da pesquisa* que considerou realidades objetivas e subjetivas, manifestadas nas notícias, nos documentos, na legislação, tanto quanto nas representações e expectativas sociais, quanto à formação acadêmica tradicional e a de caráter tecnológico; *o processo investigativo* que cumpriu uma trajetória diversificada pelas fontes ora evidentes, ora emaranhadas, algumas perdidas, outras escondidas no tempo e na memória, para poder montar como num quebra-cabeças a identidade da instituição, no caso, a Faculdade de Tecnologia de Sorocaba, distinta enquanto instituição educativa, identificada pela coletividade e "síntese de múltiplas determinações, de variadíssimas instâncias que agem e interagem entre si" (Sanfelice, 2007, p. 75-82).

Para Saviani (2007, p. 24), reconstruir historicamente as instituições escolares brasileiras implica admitir a existência dessas instituições que, por seu caráter durável, têm uma história que nós não apenas queremos como necessitamos conhecer. A partir desse conceito de instituição escolar de Saviani (2007, p. 24) puderam ser caracterizados os elementos básicos que a constituem para efeitos de sua reconstituição histórica.

Magalhães (1999, p. 133-169) propõe um esquema figurativo das instituições escolares envolvendo três aspectos: *a materialidade (o instituído), a representação (a institucionalização) e a apropriação (a instituição)*.

Seguindo Magalhães (2004, p. 133-169) a pesquisa analisa cada um dos três aspectos do esquema figurativo por ele criado. A materialidade da instituição instalada: as condições físicas que serviram de arcabouço desde o início do funcionamento, o seu aspecto arquitetônico, equipamentos, estrutura organizacional, o suporte físico para as práticas educativas. A representação, que traduz o sentido atribuído ao papel desempenhado pela instituição escolar – as memórias, o planejamento das ações, modelos pedagógicos, estatutos, o currículo e a atuação dos agentes encarregados do funcionamento da instituição. A apropriação que corresponde à materialidade-conteúdo em ato – compreendeu as práticas mediante as quais se realizaram as aprendizagens entendidas como incorporação do ideário pedagógico, definindo a identidade dos sujeitos, da instituição e seus respectivos destinos de vida.

A Faculdade de Tecnologia de Sorocaba enquanto instituição escolar tem uma atividade própria, singular, formando indivíduos que compõem a sociedade, os grupos políticos, os grupos industriais, os interesses socioeconômicos regionais, estaduais e federais. Historicamente lutou por sua materialidade, criou sua própria representação, e se apropriou de práticas pedagógicas que definiram a identidade de seus sujeitos, da instituição e de seus destinos, dentro de contexto e forma únicos.

Registrar a história da Faculdade de Tecnologia de Sorocaba, uma instituição pública de ensino tecnológico, demandou um entendimento preciso sobre o conceito que o país conferiu à educação tecnológica de nível superior e também sobre o indicador de educação para o trabalho, o que a tornou, muitas vezes pouco compreendida e menos ainda considerada pelos adeptos da educação acadêmica tradicional.

A memória histórica da instituição da sua origem até hoje tem acompanhado o desenvolvimento da cidade de Sorocaba, da região e do país, realizando um trabalho que começou a ser desenvolvido em um período em que a tecnologia levou o homem ao espaço e que em âmbito nacional repercutiu na proteção das indústrias aqui já instaladas e das indústrias eminentemente nacionais.

Com o desenvolvimento tecnológico a população mundial passou a ter novas referências e um novo estágio civilizatório se instalou. Como consequência dessa nova ordem, a situação que se colocava era a de que o desafio provocado pelo acelerado desenvolvimento tecnológico só poderia ser enfrentado por aqueles que se capacitassem técnica e cientificamente (Motoyama, 1995, p. 14).

Portanto, para suprir a necessidade do desenvolvimento tecnológico do país, que passava de mero aplicador das tecnologias mundiais utilizadas nos processos de fabricação, para o esforço de criação de tecnologia própria, foi necessário repensar a educação científico-tecnológica, com a criação de cursos de cunho tecnológico de curta duração, hoje denominados cursos de Tecnologia. Não por coincidência, mas pensado por pessoas capazes e ligadas a essas mudanças e, sobretudo, ligadas à tecnologia é que se projetou no ano de 1969, um complexo educacional no estado denominado de Centro Estadual de Educação Tecnológica de São Paulo, projeto esse idealizado em 1963 para expandir-se por todo o estado paulista.

A história de formação do tecnólogo veio da Europa ainda no século XIX, mais precisamente na Alemanha e Suíça, com atividades desenvolvidas na área de Engenharia no interior das chamadas Escolas Politécnicas. A ideia foi trazida para o país, em particular para São Paulo, por Antônio Francisco Paula Souza[22], paulista de Itu (1843-1917) (Motoyama, 1995), que objetivava instituir no país um modelo de ensino voltado à profissionalização, e que partindo da formação avançada capacitasse o aluno para assumir uma nova frente de trabalho no país que se modernizava economicamente.

A implantação e sedimentação de uma Escola de Tecnologia acorreu em decorrência da capacidade e inventividade de seus dirigentes que souberam contornar os problemas que todos os modelos novos trazem à discussão em uma sociedade, sobretudo quando existe a necessidade de quebra de paradigmas numa área tradicional como a educação superior no Brasil de cunho fortemente humanista, literário e acostumado às grandes elaborações acadêmicas. Em se tratando então da chamada educação para o trabalho, a problemática se tornou maior se for considerado que educação para o trabalho no Brasil, desde a sua origem, esteve vinculada ao assistencialismo aos menos favorecidos, à uma atitude de prevenção à malandragem e ociosidade ameaçadoras e, por isso, feita de modo superficial e aligeirado. O domínio de conhecimentos e técnicas para o exercício de uma profissão nunca fez parceria com conhecimento científico tradicional. Tampouco servia de motivação para estudos. Paralela à ideia de estudar para exercer papéis de predominância na vida

---

22. Antônio Francisco Paula Souza. Idealizador e defensor do ensino de Tecnologia. Sua formação em engenharia em Kalsrühe, Alemanha e Zürique, Suíça, deu o contato com o ensino de Tecnologia, que motivou a criação, em 1892, do Instituto Politécnico de São Paulo, para ministrar cursos de tecnologia. Como o processo industrial da época não requeria, por seu estado da arte, uma setorização profissional especializada, prevaleceu no Instituto a formação ampla e generalista do engenheiro.

social do país, a educação para o trabalho se apresentou pelos cursos tecnológicos como uma oportunidade direta de adentrar às frentes produtivas. O panorama econômico de modelo capitalista que o país vem constituindo nas últimas décadas direcionou a instituição de cursos tecnológicos de várias modalidades e especificidades e é possível se perceber os resultados provenientes da Faculdade de Tecnologia de Sorocaba e as demais unidades do Centro Paula Souza, e outras instituições que lhe seguem o modelo, quanto às atividades de trabalho universitário voltadas para o ensino, para a pesquisa, para a difusão e transferência de tecnologia em nosso país.

Na década de 1960, com a retomada do crescimento econômico do país e, sobretudo do estado de São Paulo, voltou à ideia da criação e implantação no estado de uma rede abrangente de cursos voltados para o ensino da Tecnologia.

Nos anos de 1969 a 1975, segundo Gaspari (2002, p. 23), propagou-se a ideia do "milagre econômico brasileiro", denominação dada à época do regime militar.[23] Gaspari (2002, p. 25) coloca que foi um período áureo do desenvolvimento brasileiro em que, paradoxalmente, houve aumento da concentração de renda e da pobreza (não houve distribuição de renda e, portanto, houve o aumento ainda maior das desigualdades sociais no país com o aumento da concentração de renda nas mãos dos mais ricos).

O descompasso entre oferta e a demanda de mão de obra qualificada para assimilar as novas necessidades das empresas que tinham que praticar reengenharia de produtos e de processos industriais levou à necessidade de se preparar mão de obra rapidamente e com qualificação para assumir as mudanças tec-

---

23. Período marcado por forte crescimento da economia alavancado pelo PAEG (Programa de Ação Econômica do Governo) implantado em 1964, teve por características: crescimento do PIB (Produto Interno Bruto); melhorias de infraestrutura; aumento do nível de emprego; desenvolvimento industrial, gerou inflação elevada; aumento da dívida externa utilização de empréstimos e pagamento de juros; dependência do FMI (Fundo Monetário Internacional).

nológicas impostas pelo novo modelo econômico e consequente crescimento da indústria de base do país.

A ideia do governo estadual era a de municipalizar uma parte do ensino superior. Dividir a responsabilidade entre estado e município se apresentava como alternativa ao atendimento formativo às necessidades de desenvolvimento regional.

Segundo Paulo Ernesto Tolle[24], nos escritos de Motoyama (1995, p. 102), o assunto foi tratado e sugerido ao governador do estado pela comissão nomeada pela Resolução nº 2001, de 15 de janeiro de 1968, criada para estudar a viabilidade da implantação gradativa de uma rede de cursos superiores de tecnologia no estado de São Paulo. Como a pressão para que o governo estadual criasse escolas de nível superior era muito forte, cerca de 400 projetos foram apresentados à Assembleia Legislativa de São Paulo, muitos deles aprovados. Como não havia disponibilidade de verbas a sugestão do Grupo de Trabalho, nomeado pelo governador do estado para organizar Cursos Superiores de Tecnologia, foi a de incentivar os municípios a organizarem as escolas, com cooperação técnica da Coordenadoria da Administração do Sistema de Ensino Superior – CASES. O Grupo de Trabalho elaborou um roteiro, que incluía desde modelos de projeto de lei municipal para organização dos cursos e de uma fundação educacional, seus estatutos, regimento interno, formas adequadas para encaminhar o projeto de criação da faculdade, até as premissas para estabelecimento de convênio entre a fundação e o governo estadual e o municipal, e regras para o relacionamento com o Conselho Estadual de Educação.

Havia a necessidade de atendimento de uma demanda regional reprimida de estudantes trabalhadores ou não, que mesmo tendo a capacidade intelectual de cursar uma faculdade, eram im-

---

24. Paulo Ernesto Tolle: Bacharel em Direito, Presidente do Conselho Estadual de Educação (1963-1969), Secretário da Educação do Estado de São Paulo, Presidente do Grupo de Trabalho para Estudo dos Cursos Superiores de Tecnologia.

pedidos de ter acesso e completar um curso de nível superior pela falta de oferta de cursos universitários. O número de instituições, universidades e faculdades isoladas estavam muito aquém da demanda quanto ao número de vagas. Considerando ainda o fato de serem as instituições particulares em sua maioria, ficavam sobremaneira aumentadas as dificuldades de acesso ao ensino superior. O advento de uma instituição pública e com novas ofertas de formação viria, pois, trazer a oportunidade que certamente daria condições estudos, melhores empregos, salários e ascensão social, conforme justificavam os argumentos à época.

Outro argumento relevante nessas associações estado/município, por meio de Fundações, era a facilidade da instituição para atender mais rapidamente às necessidades de orçamento, de admissão de professores, de arregimentar alunos. O fato de ter os interesses locais todos próximos e articulados tornaria mais flexível o processo administrativo, menos burocracia na solução dos problemas e mais agilidade. Em concordância com tais pressupostos, a política de implantação dos cursos superiores de tecnologia foi concretizada.

Em 20 de maio de 1970, pelo Decreto-Lei n° 243 no governo estadual de São Paulo de Roberto Costa de Abreu Sodré foi criada a Faculdade de Tecnologia de Sorocaba. O mesmo decreto discriminava suas principais atribuições: organizar e manter cursos de curta duração destinados a proporcionar formação profissional tecnológica de nível superior correspondente às necessidades e características do mercado de trabalho.

Em 22 de março de 1971 o Decreto Federal n° 68.374 autorizava o funcionamento da Faculdade de Tecnologia de Sorocaba com o Curso Técnico Superior de Oficinas.

A criação de um novo modelo de ensino tecnológico, para o estado de São Paulo, pode ter sido a maneira encontrada para conseguir a implantação de uma nova faculdade pública em Sorocaba e que estivesse ligada aos órgãos de ciência, tecnologia e desenvolvimento econômico, e não a órgãos de educação superior já existentes ou às universidades com ênfase nos estudos acadêmicos.

A empreitada à época fez emergir desafios e de várias ordens: a falta de conhecimento das possibilidades que poderiam oferecer o novo modelo de curso, geravam dúvidas; levando-se ainda em consideração as desigualdades de oportunidades, nível de escolarização, conhecimentos, origem socioeconômica, experiências profissionais da população, se questionava a que e a quem o curso serviria e em que aspectos ele atenderia aos anseios de um curso universitário fora dos modelos já consolidados como Engenharia, Arquitetura ou Administração de Empresas.

Outro desafio era externo à instituição: o modelo econômico em desenvolvimento trazia a demanda do mundo do trabalho. A busca por profissionais competentes cobrava que a formação avançasse sobre o domínio do técnico para também habilitar o profissional em sua capacidade de gerar soluções e criar estratégias para se antecipar aos problemas do mundo do trabalho e para resolvê-los, bem como a formação de indivíduos que pudessem atuar em ambientes de geração de conhecimento, transferência de tecnologia, utilização de técnicas de desenvolvimento de produto e processos em constante mudança. Que pudessem se desenvolver nesse ambiente com perspectivas de transformação socioeconômica.

Segundo Moura (2000, p. 28) e Freire (1986, p. 53), a educação profissional deveria contribuir com o aumento da inserção social, laboral e política de seus formandos, com a extensão de ofertas que contribuíssem à formação integral dos alunos que procuram a escola pública, para que esses sujeitos pudessem atuar de forma competente e ética, como agentes de mudança orientados à satisfação das necessidades coletivas, notadamente as das classes trabalhadoras. Ainda não havia como estabelecer a que público seria destinada a recém-criada Faculdade de Tecnologia de Sorocaba e a que segmento da área industrial atenderia e quais os arranjos produtivos deveriam seus formandos atender.

Essas dúvidas estavam relacionadas à falta de conhecimento sobre o que seriam os Cursos Superiores de Tecnologia, que, na época analisada, foram estabelecidos pelo Decreto-Lei Federal nº. 5.540 de 28 de novembro de 1968 que trata da Reforma Universitária.[25] Em seu artigo 23, a lei determinava a criação dessa modalidade de ensino, mas não estabelecia as diretrizes e possibilidades dos Cursos Superiores de Tecnologia, denominados cursos profissionais de curta duração a não ser a de atender ao mercado de trabalho.

> Art. 23. Os cursos profissionais poderão, segundo a área abrangida, apresentar modalidades diferentes quanto ao número e a duração, a fim de corresponder ás condições do mercado de trabalho.
> § 1º Serão organizados cursos profissionais de curta duração, destinados a proporcionar habilitações intermediárias de grau superior;
> § Os estatutos e regimentos disciplinarão o aproveitamento dos estudos dos ciclos básicos e profissionais, inclusive os de curta duração, entre si e em outros cursos.

Em 30 de janeiro de 1976, o Centro Estadual de Educação Tecnológica "Paula Souza" (CEETEPS), autarquia estadual criada para gerir o ensino superior de tecnologia no Estado de São Paulo, passou à condição de autarquia de regime especial, ficando o CEETEPS associado e vinculado à Universidade Estadual Paulista "Júlio de Mesquita" – UNESP, criada na mesma data por força de lei, vínculo que perdura.

A condição de autarquia de regime especial foi atribuída ao CEETEPS para que a Instituição pudesse administrar, articular, realizar e desenvolver os destinos da educação tecnológica do estado de São Paulo, em nível técnico e superior. A Instituição

---

25. Decreto-Lei Federal de 28 de novembro de 1968 – Trata da Reforma Universitária. Fixa normas de organização do Ensino Superior e sua articulação com a escola média e dá outras providências.

absorveu o ensino técnico de grau médio vinculado à Secretaria de Educação. Essa modalidade recebia severas críticas por parte de muitos dirigentes, o que com o tempo foi inviabilizando e sucateando a rede de escolas técnicas industriais e agrícolas do estado e que, mesmo assim, consumia parte significativa cota do orçamento estadual da Secretaria de Educação para garantir a manutenção dentro das especificidades exigidas: instalações, regime de escolaridade, insumos e equipamentos e corpo docente.

O vínculo com a Universidade Estadual "Júlio de Mesquita" trouxe ao Centro de Estadual de Educação Tecnológica "Paula Souza" uma melhor visibilidade e credibilidade por parte da população dos prováveis usuários, sendo motivo da escolha de muitos alunos que a partir daí procuraram o Centro para completar seus estudos superiores. Tem que se destacar que a decisão, embora favorável à divulgação e credibilidade da Instituição, não foi o primeiro objetivo da vinculação. As razões imediatas foram as administrativas, contratações, definição de carreira docente, carreira de funcionários, registros e reconhecimento de diplomas, entre outros. De qualquer modo, a associação e vinculação propiciaram a ampliação, a divulgação, a discussão e o entendimento sobre o que significa o ensino de Tecnologia, como ele se revela na consecução de seus objetivos, quais suas características, suas vantagens e desvantagens em relação ao ensino acadêmico tradicional.

Somente com a publicação do Decreto-Lei Federal nº 5.154 de 23 de julho de 2004 foi que se determinaram normas e diretrizes mais claras sobre a educação profissional de que trata a Lei de Diretrizes e Bases, Lei nº 9.394, de 20 de dezembro de 1996 em seu artigo 39.

A Faculdade de Tecnologia – FATEC chegou à Sorocaba por decisões de ordem política e econômica, buscando atender às prerrogativas que pautavam as iniciativas governamentais. Não se conhecia o curso, suas características e possibilidades. Não fazia parte dos projetos acadêmicos da cidade e, muito menos, das aspirações de diversos segmentos da sociedade que pleiteavam uma faculdade pública de engenharia.

A reivindicação pela instalação do curso de engenharia foi fortemente documentada pela imprensa local, no período de 1968 a 1971, quando o jornal *Cruzeiro do Sul*, com ênfase constante, fez da questão notícia dos editoriais e das manchetes de primeira página. A opção pela faculdade de engenharia se devia, como mencionado, pela ignorância em relação ao curso, mas, principalmente porque, no contexto do imaginário social e das representações, o ensino superior no Brasil sempre foi considerado como o caminho para a ascensão social, para a possibilidade de exercer atividades de prestígio, de aquisição de títulos e sucesso profissional. Os Cursos Superiores de Tecnologia não se enquadravam em nenhuma dessas características, logo era compreensível a dificuldade de entendê-lo como alternativa ao curso de engenharia pretendido por parte das autoridades, da população e até dos grupos de estudos criados para pensá-los. As definições e as expectativas para o curso a ser implantado vinham das experiências pessoais, vivenciadas pelos envolvidos nos grupos de trabalho criados, como definiu o professor Nelson Alves Vianna[26] em Motoyama (1995, p. 197).

Os grupos de trabalho foram estabelecidos para pensar e viabilizar o novo modelo de ensino pretendido pelos governos estadual e federal, baseado na experiência de outros países que adotavam o modelo de cursos de curta duração e tinham a função de "estudar e comparar, aferir e conferir, filtrar e adaptar" essas experiências externas. Eram compostos de educadores, pesquisadores, pessoas ligadas à administração de conselhos estaduais de educação e políticos que atuavam junto ao governo do estado. O primeiro grupo a ser criado foi no âmbito da Conselho Estadual de Educação – CEE por solicitação do governador

---

26. Nelson Alves Vianna: Diretor Superintendente do Centro Estadual de Educação Tecnológica – CEET-SP, em palestra proferida na Reunião do Departamento de Assuntos Universitários, agosto de 1974.

do estado de São Paulo, Roberto Abreu Sodré (Resolução CEE nº 2.001, de 15 de janeiro de 1968) por: Antônio de Carvalho Aguiar, da Câmara de Ensino Médio do Conselho Estadual de Educação – CEE; Dimer Arccorsi, Diretor do Ensino Agrícola da Secretaria de Educação; José Bonifácio de Andrada e Silva Jardim, professor da escola técnica "Getúlio Vargas"; Octávio Gaspar de Souza Ricardo, professor da Escola Politécnica e membro do CEE; Paulo Ernesto Tolle, presidente do CEE; Urbano Ernesto Stumpf, professor da Faculdade de Engenharia Municipal de Taubaté; Walter Borzani, diretor da Coordenação da Administração do Sistema de Ensino Superior; e Walter Costa, diretor do departamento de Ensino Profissional da Secretaria da Educação. Esse grupo apresentou um extenso relatório com proposta de vários cursos de tecnologia e projeto de uma Escola Superior de Tecnologia Mecânica. O Objetivo do grupo era incentivar os municípios a organizarem as escolas que iriam oferecer esses cursos com a ajuda técnica do governo do estado.

Após a conclusão desse primeiro estudo, o governador Sodré criou uma segunda comissão, o "Grupo de Trabalho para a Promoção do Ensino Tecnológico", por meio do decreto nº 49.327, de 21 de fevereiro de 1968, publicado no Diário Oficial do Estado em 7 de março de 1968. Integravam essa comissão os doutores: Eduardo Marcondes Machado, da Faculdade de Medicina da USP; Eloísio Rodrigues da Silva, professor e técnico da Secretaria do Planejamento; Eurípedes Malavolta, diretor da Escola Superior de Agricultura "Luiz de Queiroz"; José Bonifácio de Andrada e Silva Jardim, professor da Escola Técnica "Getúlio Vargas", José Thomas Senise, professor do Instituto Mauá de Tecnologia; Leônidas Hengenberg, chefe do Departamento de Humanidades do Instituto Tecnológico da Aeronáutica – ITA; Octávio Gaspar de Souza Ricardo, professor da Escola Politécnica e membro do CEE; Oswaldo Fadigas Fontes Torres, professor da Politécnica; e Walter Costa, diretor do Departamento do Ensino Profissional da Secretaria da Educação. A função do grupo era, observadas as condições previstas no relatório já aprovado pela comissão anterior, viabilizar a instalação e funcionamento, ainda em 1968, de quatro faculdades de tecnologia em diferentes regiões do estado.

Um terceiro grupo de trabalho foi criado, para o qual foram apresentados e submetidos os currículos dos cursos. Composto pelos professores e membros do Conselho Estadual de Educação (CEE); Antônio de Carvalho Aguiar, Erasmo Muzzi e doutor Octávio Gaspar de Souza Ricardo. Esta Comissão analisaria a demanda de recursos humanos, nas áreas determinadas pelos cursos a serem criados como eletrotécnica, eletrônica e mecânica. O trabalho deste grupo também teria tido por base o trabalho realizado pelo primeiro grupo de trabalho constituído (*Cruzeiro do Sul*, n. 18940, p. 6, 1970).

Dos integrantes dos grupos de trabalho, só alguns, em que pese o resultado dos estudos, tinham experiência em ensino de tecnologia e praticamente nenhum tinha vivenciado esse modelo de ensino proposto, basearam-se no conhecimento teórico do modelo e em expectativas pessoais sobre o assunto.

A história documentada mostra que, mesmo com a forte campanha para a instalação da Faculdade de Engenharia, o que prevaleceu foi a posição dos governos federal e estadual e dos grupos de estudo em instalar a Faculdade de Tecnologia.

> O profissional que no Brasil é hoje denominado engenheiro de operação, tecnólogo e técnico de nível superior surgiu na Europa, possivelmente na Alemanha ou na Suíça, dentro das escolas politécnicas, pois, nessa época, tal especialista era formado, tão somente, na área de engenharia, em modalidades nas quais ainda não existiam engenheiros plenos. O sucesso dessa iniciativa fez a quase totalidade dos países europeus passasse, também a adotá-la. [...] Em alguns países europeus, como Itália e na Inglaterra, por exemplo, os técnicos, também originariamente da área de engenharia eram formados em escolas especialmente criadas para esse fim, ou seja, os *Instituti* (na Itália) e os *Colleges of Advanced*

> *Technology* (na Inglaterra). Na Inglaterra, possivelmente, foi que os estados unidos da América tomaram conhecimento da existência e da importância desse novo profissional, passando a formá-lo, a partir de 1901, também em estabelecimentos especiais, separados, inclusive, das universidades.
>
> Tais unidades de ensino denominaram-se, inicialmente, *Junior Colleges* depois *Community Colleges ou Community Junior Colleges*, mantendo um grande número de cursos, 20, 30 ou mais, em cada uma dessas unidades de ensino, constituindo-se uma verdadeira universidade de cursos, com a participação da comunidade. Atualmente, cerca de 25% ou mais da população estudantil americana frequenta tais estabelecimentos. [...] No Brasil, esses cursos forma implantados em 1894, antes, portanto dos *Junior Colleges* americanos e segundo o antigo modelo europeu; eis que surgiram na escola Politécnica de São Paulo, fundada por Paula Souza, que estudara engenharia na Suíça e na Alemanha, de lá trazendo a ideia de formar esse tipo de profissional. Infelizmente, o progresso industrial brasileiro, naquela época, não comportava esse novo especialista, daí seu desaparecimento gradativo, substituído pelo engenheiro de formação plena. O último curso a desaparecer, segundo testemunho do professor José Augusto Martins, professor titular da Escola Politécnica e conselheiro desse Centro foi o de química, em 1928. (Vianna, 1974 apud Motoyama, 1995, p. 197)

A pesquisa analisa então como a criação e instalação de um novo modelo de ensino ministrado pela Faculdade de Tecnologia influenciou no desenvolvimento socioeconômico de Sorocaba, da região e do país.

Instalada em Sorocaba, pelo Decreto-Lei Estadual nº 243 de 20 de maio de 1970, tendo parecer favorável do Conselho Estadual de Educação – CEE nº115/70 de 16 de junho de 1970, aprovada pelo Decreto-Lei Federal nº 68.374 de 22 de março de 1971.

Pelo parecer do CEE nº 27 de 21 de janeiro de 1971 a Faculdade de Tecnologia de Sorocaba teve seu funcionamento aprovado com o Curso Técnico de Nível Superior em Mecânica –

Modalidade Oficinas e em 27 de junho de 1976, o Decreto-Lei Federal nº 77.903 publicado no Diário Oficial da União página 8826, seção 1, parte 1, reconhece o curso da Faculdade de Tecnologia de Sorocaba e altera sua denominação para Curso Superior de Tecnologia Mecânica – Modalidade Oficinas.

Foi a primeira unidade de tantas outras que se expandiram pelo estado paulista. Sua consolidação, vencidas as dificuldades de implantação e aceitação do novo modelo e o desenvolvimento técnico de seus alunos, contribuíram para processo de industrialização da região.

Foram participantes e protagonistas deste trabalho de implantação e consolidação da Faculdade de Tecnologia de Sorocaba pessoas que vivenciaram o ensino tecnológico em salas de aula convencionais e no interior das empresas em que trabalhavam. Pessoas que com suas ideias, aliadas às necessidades do tecnólogo, lutaram, proporcionaram e testemunharam as ações que conduziram à criação, à implantação e ao desenvolvimento da instituição, indicando tendências e perspectivas do ensino tecnológico em contraposição ao acadêmico.

Pensando com Sanfelice (2006, p. 20-27) que a concepção de fontes está muito ampliada é que se construiu os dados históricos da Faculdade de Tecnologia de Sorocaba – FATEC de modo articulá-la pelo conceito de totalidade ao momento político, às razões sociais e econômicas e até à decepção de uma coletividade ansiosa por seu curso de engenharia (que só se tornou realidade anos depois, pela iniciativa particular). A compreensão do contexto foi alicerçada pela consulta aos arquivos do *Jornal Cruzeiro do Sul* de Sorocaba, periódico local, de janeiro de 1968 até dezembro de 1975 e a história institucional foi escrita muito mais pelas reportagens pois a instituição muito pouco preservou seus documentos oficiais.

Cabe aqui destacar com Barreira (2003, p. 193) a importância do jornal como fonte de pesquisa histórica. Campos (2012, p. 45) em seu artigo "No rastro dos velhos jornais: considerações sobre a utilização da imprensa não pedagógica como fonte para a escrita da história da educação" busca contextualizar a importância adquirida pelos jornais no cotidiano das sociedades urbanas no Brasil dos séculos XIX e XX.[27]

Gonçalves Neto (2002), citado em Campos (2012, p. 56), afirma que

> os periódicos não especificamente pedagógicos se transformaram num dos mais significativos veículos de divulgação de ideias, valores e representações sociais nas primeiras décadas do século XX – e que justamente por isso deveriam ser analisados com vagar pelos historiadores da educação.
>
> Ao se constituírem como estratégicos, táticos, ou ambas as coisas, os jornais são vestígios basilares para a compreensão da construção do homem ocidental dos séculos XIX/XX e, consequentemente, para escrita da sua história – e história de sua educação. (Campos, 2012, p. 67)

A opção pelo *Jornal Cruzeiro do Sul* enquanto fonte de pesquisa se fez em razão de algumas particularidades. Entre elas o fato de ele ter oferecido o registro contínuo e constante das aspirações da cidade pela instalação de uma faculdade pública de Engenharia e, posteriormente, acompanhando o percurso de instalação da Faculdade de Tecnologia. Enquanto órgão informativo, o *Jornal Cruzeiro do Sul* manteve-se como principal instrumento de publicação de relatos, pareceres, demandas, posicionamento e contradições em torno do assunto. Atuava também como emissor do

---

[27]. Campos (2012, p 4748) citando Fernando Azevedo adjetivava de "formidável" os meios de comunicação de massa. A fim de se dirigir ao povo e ao governo em esfera pública de grande circulação, os signatários do "Manifesto", recorreram inicialmente aos jornais para divulgação de suas ideias e convicções e só depois esse texto adquiriu forma de livro. Se o objetivo do "Manifesto" era o de "arregimentar a opinião dita esclarecida em torno do reconhecimento social da escola, nada melhor do que a ocupação do espaço privilegiado representado pelos jornais".

assunto para a grande imprensa paulista, quando necessário. Culturalmente entendido como voz oficial das questões mais amplas da sociedade sorocabana, poucas vezes o *Jornal Cruzeiro do Sul* se preocupou em manter por tanto tempo uma matéria jornalística como a questão Faculdade de Engenharia/Faculdade de Tecnologia. Além disso, o uso do jornal se constituiu em possibilidade material de contextualizar o objeto da pesquisa na Sorocaba da época, "conferindo-lhe um sentido histórico" (Magalhães, 1999, p. 65), num esforço em prol da objetividade da investigação.

Assim, a pesquisa construiu suas fontes de informação por meio da notícia escrita e publicada, que vai além da manchete de jornal, "na perspectiva da temporalidade como natureza do histórico", pois,

> investigar e representar a História não é meramente descobrir coisas ocorridas no passado cuja memória se havia perdido, mas dar conta de como as sociedades se comportam e evoluem no seu tempo tempo. (Magalhães, 1999, p. 73)

A implantação de uma faculdade de Engenharia contrapunha a solicitação dos governos estadual e federal de criação e implantação de uma rede de cursos de Tecnologia, plano que na visão dos governos poderia resolver os problemas do ensino superior no Brasil. Os cursos foram definidos como cursos de curta duração e propunham uma nova metodologia de ensino de tecnologia que na Europa, onde surgiram, Estados Unidos, Reino Unido, Japão e outros países desenvolvidos tecnologicamente, resolveram com eles as necessidades de mão de obra especializada, alcançando o desenvolvimento científico e tecnológico para suas indústrias e o desenvolvimento socioeconômico.

Devem ser analisadas as várias barreiras criadas: a não aceitação, por parte das autoridades e da elite pensante, de um modelo de ensino de curta duração que preparava para o trabalho, em contraposição ao modelo que formava bacharéis; o apego às promessas do governo do estado na instalação de uma faculdade de Engenharia em nenhum momento atendida; à necessidade de se instituir no município uma faculdade mantida pelo estado; a falta de esclarecimento sobre esse novo modelo de ensino; a falta de conhecimento da proposta estadual para a criação da Faculdade de Tecnologia e ao desconhecimento dos seus cursos; a oposição da imprensa escrita à implantação da escola.

Importante ressaltar a atuação dos governos estadual e federal e suas teorias e convicções para a implantação do novo modelo, que passava pela mudança do modelo de educação superior já consolidado; as dificuldades encontradas e o esforço por parte das autoridades estaduais para a superação dos problemas para definição dos cursos e para o convencimento dos atores envolvidos, da necessidade e da validade dos mesmos. A necessidade de se organizarem várias comissões e de se publicar vários decretos para que a implantação acontecesse e fosse bem resolvida nos âmbitos municipal e estadual.

Apesar dos esforços para a consolidação do modelo de ensino pretendido na Faculdade de Tecnologia de Sorocaba, dentro do contexto de desenvolvimento industrial pretendido pela cidade, que diversificava seu parque industrial, mantinha-se a resistência a sua instalação, talvez pela inovação pretendida pela faculdade em seu modelo de ensino que procurava a parceria das empresas para o desenvolvimento de projetos, o que caracterizava a aplicação da tecnologia existente, transformação dessa tecnologia em produtos novos e necessários para os diversos segmentos de mercado. Alguns projetos desenvolvidos foram arrojados em suas pretensões: pensavam em alternativas energéticas, como o carro a álcool que criou inclusive um protótipo tendo por base os mesmos dispositivos que foram desenvolvidos mais tarde), a captação de energia solar, ou mesmo o aumento da produção agrícola do país, dinâmicas desenvolvidas no cotidiano dos cursos e também nas oportunidades de extensão cultural, nas comunicações científicas das semanas de estudos, palestras e encontros tecnológicos promovidos pela comunidade acadêmica que possibilitaram outros momentos de formação.

Considerações finais

Para não se afastar de seu objetivo definidor e contemplar o desenvolvimento da cidade, a Faculdade de Tecnologia de Sorocaba tem promovido inúmeras mudanças curriculares e a criação de novos cursos na busca de suprir as demandas das empresas locais e regionais por profissionais preparados para atender às necessidades.

Pode-se concluir que apesar das dificuldades iniciais existentes, do despreparo das autoridades e sociedade em compreender o novo modelo de ensino, de cursos de curta duração, hoje conhecidos como Cursos Superiores de Tecnologia, se tornaram peça importante no sistema de ensino superior do Estado de São Paulo e do país, com número expressivo de cursos de tecnologias implantados nos últimos dez anos.

Referências

BARREIRA, Luiz Carlos. Contribuições da História da escola pública sorocabana para a história da educação brasileira. In: VI SEMINÁRIO NACIONAL DO GRUPO DE ESTUDOS E PESQUISA "História. Sociedade e Educação no Brasil" – HISTEDBR, "Conferência pública brasileira na atualidade: lições de história". Aracaju, 13 de novembro de 2003.

BRASIL. **Decreto nº 5.540, de 28 de novembro de 1968.** Fixa normas de organização e funcionamento do ensino superior e sua articulação com a escola média, e dá outras providências. Disponível em: <http://www.planalto.gov.br>. Acesso em: 5 mar. 2014.

_____. **Decreto n° 9.394, de 20 de dezembro de 1996**. Estabelece as Diretrizes e Bases da Educação Nacional, e outras providências. Disponível em: <http://www.planalto.gov.br>. Acesso em: 5 mar. 2014.

_____. **Decreto n. 5.154, de 23 de julho de 2004**. Regulamenta o § 2º do artigo 36 e os artigos 39 a 41 da Lei n° 9.394, de 20 de dezembro de 1969, que estabelece as Diretrizes e Bases da Educação Nacional, e outras providências. Disponível em: <http://www.planalto.gov.br>. Acesso em: 5 mar. 2014.

CAMPOS, Raquel Discini. No rastro de velhos jornais: considerações sobre a utilização da imprensa não pedagógica como fonte para escrita da história da educação. Revista Brasileira da História da Educação, Campinas, n. 1, p. 45-70, jan./abr. 2012.

FREIRE, Paulo. Pedagogia do oprimido. São Paulo: Paz e Terra, 1986. P.53

GASPARI, Élio. **A ditadura escancarada**. São Paulo: Companhia das Letras, 2002. p. 25. ISBN 8535902996.

GONÇALVES NETO, Wenceslau. Imprensa, civilização e educação: Uberabinha no início do século XX. In: ARAUJO, José Carlos Souza; GATTI JR., Décio (orgs.). **Novos temas em história da educação brasileira**: instituições escolares e educação na imprensa. Campinas; São Paulo: Autores Associados, 2002, p. 197-225.

JORNAL CRUZEIRO DO SUL. **Sorocaba**, ano LXVII, n. 18.940, p. 6, quinta-feira, 13 ago. 1970.

MAGALHÃES, Justino Pereira. Contributo para a história das instituições educativas – entre a memória e o arquivo. In: FERNANDES, Rogério; MAGALHÃES, Justino **Para a história liceal em Portugal:** actas dos colóquios de I Centenário da Reforma de Jaime Moniz (1894-1895). Braga: Universidade do Minho, 1999.

_____. **Tecendo nexos**: história das instituições educativas. Bragança Paulista: EDUSF, 2004.

MOTOYAMA, Shozo (org.). **Educação técnica e tecnológica em questão**. 25 anos do CEETEPS. História vivida. São Paulo: Ed. UNESP/CEETEPS, 1995.

MOURA, D. H. La gestión socialmente productiva de instituiciones de educación para el trabajo. In: JORNADAS ANDALUZAS DE ORGANIZACIÓN DE INSTITUCIONES EDUCATIVAS. **Actas**. Granada, Universidade de Granada, 2000.

SANFELICE, José Luiz. **História, instituições escolares e gestores educacionais**. HISTEDBR [on-line], Campinas, n. especial, p. 20-27, ago. 2006.

SANFELICE, José Luiz; et al. (org.). **Instituições escolares no Brasil. Conceitos e reconstrução histórica**. Sorocaba/Campinas: Atores Associados. HISTEDBR/UNISO, p. 75-82, 2007.

SÃO PAULO (Estado). **Lei nº 243, de maio de 1970**. Autoriza a criação da Faculdade de Tecnologia de Sorocaba. Disponível em: <http://www.al.sp.gov>. Acesso em: 5 mar. 2014.

SAVIANI, Demerval; et al. (org.). **Instituições escolares no Brasil. Conceitos e reconstrução histórica**. Sorocaba/Campinas, Atores Associados: HITEDBR/UNISO, p. 24, 2007.

Capítulo 9
DO TESTAMENTO DO IMIGRANTE PORTUGUÊS JOAQUIM BERNARDO BORGES À EDIFICAÇÃO DE UMA ESCOLA PROFISSIONAL EM ITU-SP

Márcia Cristina Belucci

Introdução

Dois grupos de imigrantes portugueses rumaram para o Brasil no século XIX e início do XX. Aqueles para trabalhar no campo, substituindo a mão de obra escrava, demonstrando força braçal e resistência às agruras do clima e de preferência não alfabetizados, pois, assim, evitava-se o desejo de novidades e a mudança para as cidades. E o brasileiro de torna-viagem, que "procede das cidades, é empreendedor, sabe investir e seleccionar épocas e lugares de lazer, deseja conhecer outras gentes" (Santos, 2000, p. 23).

> Era brasileiro de torna-viagens aquele que tinha adquirido para si parte da riqueza imaginária que se atribuía ao Brasil, que havia colhido da "árvore das patacas". Tornava-se "brasileiro" aquele que partilhava da substância que define no imaginário as características do Brasil: a riqueza, o exotismo e, de certa forma, a brutalidade selvagem. Trata-se de um estatuto financeiro-geográfico. Daí a discriminação contra os que voltavam pobres, que não eram considerados "brasileiros". (Machado, 2005, p. 54)

Basicamente os *brasileiros* de torna-viagem eram aqueles portugueses que deixaram sua cidade natal ainda crianças com 14 anos de idade. Predominantemente homens, alfabetizados, alguns eram treinados para o ofício de caixeiro, em casas comerciais das grandes cidades, para sucesso rápido no lugar de acolhida. Havia também jovens descontentes com a autoridade paterna em busca de mais autonomia, os que visavam fugir do serviço militar, antigos seminaristas e os descontentes com partilhas desiguais. Muitos recebiam ajuda de parentes ou conhecidos que já residiam no Brasil ou ainda realizavam contatos prévios nos meios comerciais brasileiros. Era muito importante arranjar um padrinho ou chegar com uma carta de recomendação, a fim de garantir um primeiro emprego e alojamento. Na década de 1840 a emigração portuguesa concentrava-se numa pequena área junto ao Porto (Santos, 2000, p. 20, p. 23; Leite, 2000a, p. 27, p. 29, p. 30, p. 35).

Os portugueses que vinham ao Brasil, já preparados para a atividade de caixeiro, eram fruto de um investimento familiar considerável para a época,

> [...] pois exigia que o candidato tivesse alguma preparação escolar – isto é, deveria alfabetizar-se e aprender as quatro operações –, além de implicar o alto preço da passagem. A emigração, nessa fase inicial do século XIX, era feita por indivíduos que dispunham de posses para pagar tais investimentos. (Machado, 2005, p. 50-51)

Em meados do século XIX, os portugueses ainda demonstravam preferir migrar para o Brasil, considerando a suposta facilidade de integração, por meio da "língua comum e a ilusão de uma civilização idêntica. Esta orientação preferencial pelo Brasil é evidentemente inseparável da política seguida por este país em relação à emigração" (Pereira, 2002, p. 25).

Segundo Machado (2005, p. 54), em geral os portugueses passavam cerca de 20 anos na emigração para juntar um capital que os fizesse influentes no regresso. Alcançado o sucesso financeiro no Brasil, predominantemente em atividades comerciais, os *brasileiros* de torna-viagem retornavam a Portugal com o principal objetivo de gozar da estabilidade e do prestígio conquistados, estando ainda na faixa de 42 a 50 anos de idade (Alves, 2000, p. 45). Voltaram também para usufruir suas conquistas utilizando os rendimentos acumulados para alterar seu status. Para isso mostravam-se "generosos em actos de filantropia (religiosa e secular) e interessados na vida colectiva" (Catroga, 2000, p. 170).

Esses portugueses, nominados de *brasileiros*, ao regressarem a Portugal, estavam "ávidos de protagonismo e reconhecimento" (Lopes, 2002, p. 91). Eles se esforçavam para pertencer a variadas associações religiosas, o que consideravam adequado à sua posição financeira e social,

> Trata-se portanto de um universo de pertenças múltiplas, que representavam um investimento múltiplo e diversificado por parte dos indivíduos no sentido de assegurar a sua inserção social e o seu futuro póstumo. (Sá, 2000, p. 118)

Para isso era necessário se destacar como um grande doador e deixar bens suficientes para que sua memória sobressaísse no conjunto global de doadores.

Embora raramente ingressando como membro de uma Misericórdia, o português regressado do Brasil via na Irmandade um interlocutor entre as necessidades locais para canalizar suas oferendas e a possibilidade de dar visibilidade ao seu sucesso e à sua generosidade (Alves, 2000, p. 47).

Ao patrocinar obras de caridade, desde escolas a hospitais e estradas, os *brasileiros* de torna-viagem buscavam a consagração pública, elogios em jornais, e alcançar contatos influentes que lhes pudessem garantir medalhas, comendas ou títulos de nobreza. Alguns desses *brasileiros* se assumiram publicamente como comendadores. Os *brasileiros* tornaram-se figuras míticas em quase todo o noroeste português pelas benfeitorias que realizaram

(Leite, 2000b, p. 86; Monteiro, 2000, p. 54; Santos, 2000, p. 17-18; Felgueiras, 2000, p. 272).

Os imigrantes portugueses, ao deixarem o Brasil levando sua experiência profissional, pessoal e inúmeras novas possibilidades por meio do patrimônio conquistado, destinaram às Misericórdias portuguesas e brasileiras seus bens, objetivando o reconhecimento e perpetuação de seu nome.

A trajetória de Joaquim Bernardo Borges

O português Joaquim Bernardo Borges nasceu em Vila Marim, comarca de Mesão Frio, província de Trás-os-Montes. Tinha três irmãos, José, Antonia e Maria Camilia[28] (Arquivo Municipal do Porto, Livro de Testamentos 175, p. 28-39). Com apenas 15 anos deixou seus pais, Antonio Borges e Anna Augusta, e veio para o Brasil rumo a Santos (Nardy Filho, 2012, p. 90). O desembarque de Borges na costa santista ocorreu por volta de 1850 (Souza; Cytrynowicz, 2004, p. 60).

Encaminhou-se a Itu e, mediante carta de apresentação de um conterrâneo, foi contratado para trabalhar em uma loja de fazendas de propriedade do português João Baptista de Macedo e do brasileiro Emygdio Baptista Bueno. Permaneceu nesse trabalho até o encerramento das atividades da empresa. Posteriormente foi admitido como caixeiro na loja de fazendas e outros gêneros, do ituano Manoel Joaquim Antunes Russo (Nardy Filho, 2012, p. 90-92). Em pouco tempo já conseguira amealhar reservas suficientes para iniciar seu patrimônio no Brasil. Em 4 de outubro de 1858, Borges comprou um sítio em Itu (1º Cartório de Notas de Itu, Livro 43, p. 14v).

A dedicação de Borges e sua capacidade de negociar diferentes produtos despertou a confiança de seu empregador. Ma-

---

28. Não foi possível estabelecer a idade dos irmãos de Borges. José e Antonia faleceram antes de Joaquim Borges (Arquivo Municipal do Porto, Livro de Testamentos 175, p. 28-39).

noel Joaquim Antunes Russo determinou que Borges assumisse as transações nas lavouras de algodão em Porto Feliz, o maior centro produtor da província de São Paulo. Paralelamente às negociações que realizou para seu contratante, Borges utilizou suas economias para investir na mesma atividade, obtendo resultados vantajosos. Apesar de ampliar seus ativos, Borges somente deixou de ser empregado com a morte de Manoel Russo (Nardy Filho, 2012, p. 90-91). Manuel Russo morreu em 10 de junho de 1872 (Livro de Testamentos do 1º Cartório de Notas de Itu, p. 95). Após seis meses, Borges formalizou sua própria empresa.

Em 30 de janeiro de 1873, Joaquim Borges constituiu sociedade comercial para compra e venda de chá nacional, com João Baptista de Macedo, seu patrício e primeiro empregador em Itu. A Borges coube integralizar o capital da sociedade e a Macedo, a gerência. Na apuração do resultado, as retiradas totais seriam divididas em três partes, duas para Bernardo Borges e uma para João Macedo (1º Cartório de Notas de Itu, Livro 49, p. 198).

Borges praticamente monopolizou os negócios da cultura de chá, "auferindo consideráveis lucros, que formaram o início de sua grande fortuna" (Nardy Filho, 2012, p. 91). Nardy Filho (1955, p. 8) atribui a conduta de Borges como o motivo da decadência da cultura de chá em Itu,

> Contava a antiga gente ituana, que *o causador da depreciação* do chá de Itu foi *Joaquim Bernardo Borges*, que se dedicava à compra e exportação do chá e algodão; dizia aquela gente antiga que Joaquim Borges, com o *fim de obter maior lucro* misturava chá bom com *chá inferior* e o *rotulava* como de *superior qualidade* e que ao chá preto *misturava certa droga* e o fazia passar como chá verde. O Relatório da Câmara dá como causa dessa depreciação e baixa do preço o monopólio. Ora, era *Joaquim Borges* quem comprava todo o chá de Itu, sendo assim quem o *monopolizava*, havendo desse modo um tanto de verdade no que dizia aquela antiga gente. (Grifo da autora)

Em 1876, Joaquim Bernardo Borges relatou que enquanto andava pela Rua da Palma em Itu foi abordado pela polícia e recolhido para averiguação. Indignado, pede retratação ao presidente e chefe da polícia, pela humilhação à qual foi submetido, na cidade onde era muito conhecido e questionava que a situação tinha sido orquestrada com antecedência de oito dias.

> Ytú. Para os Exmos. Srs. Drs. Presidente e Chefe de Polícia lerem. Srs. Redactores – Acabo de *passar* por um d'aquelles *vexames* que deixam na *vida do homem* impressão indelével e que *magôam* para sempre quando quem o soffre sabe alliar ao caracter o pundonor próprio das pessoas de bem. Não é que eu tenha que correr diante de qualquer acto praticado por mim; mas é que *fui victima* de um verdadeiro desacato e d'esses que fazem *revoltar* os brios e a dignidade maltratada. *Tenho vivido há longos annos na cidade de Ytú*, onde sou conhecido e onde minhas qualidades podem ser julgadas imparcialmente por todos quantos sabem prezar as pessoas honestas e que fazem do trabalho o verdadeiro brazão de honra. Direi em poucas palavras o que me aconteceu. Na noute de *21 do corrente mez* subia eu tranquillamente a *rua da Palma*. Ao chegar à esquina em que dá os fundos a casa do sr. tenente-coronel L. A. de Anhaia, fui sorprehendido por dous *policiaes* que me ordenaram de fazer alto. Parei immediatamente e disse que era de paz, na fórma do estylo. Os dous sugeitos perguntaram-me se trazia armas. Respondi-lhes que *podiam revistar-me*. Procederam elles á mais rigorosa pesquiza e *só encontraram* em mim a *chave da minha casa* que trazia commigo. [...] disseram que *me entregasse preso á ordem do sr. delegado de polícia. Entreguei-me*, se bem que na maior admiração por tão insólito procedimento. Entretanto perguntei o que *motivava a minha prisão*. Responderam-me que não resistisse e que me portasse como homem de bem. Não disse mais nada. D'alli *fui levado para a cadêa*. Lá chegando, houve dúvidas para saber-se se eu *iria ao xadrez* ou se ficaria n'uma das taes salas, [...]. (*A Província de São Paulo*, 1876, n. 307, grifo da autora)

Posteriormente, o mesmo jornal publicou uma carta assinada por "um amigo do verdadeiro mérito" (*A Província de São Paulo*, 1876, n. 309) destacando que Borges exagerou em seu relato, pois foi bem tratado pelo delegado e afirmando que toda a situação somente aconteceu em função da recusa do imigrante português em se identificar.

O representante do delegado de polícia também escreveu ao periódico, na tentativa de "restabelecer a verdade" e desqualificar as indagações de Joaquim Borges (*A Província de São Paulo*, 1876, n. 311).

Joaquim Bernardo Borges registrou seu inconformismo por não ter recebido uma reparação pública,

> [...] Não posso crer que ss. excs. vendo todo o meu bom *direito* e como foi elle *offendido com a prisão que soffri*, possam deixar *sem um reparo*, sem um *desaggravo*, sem uma *satisfação a minha injustiça*. Acredito, continuo a acreditar, que há de ser attendido, pois vivemos n'um paiz civillisado e onde as garantias sociaes estão acoberto de leis sabias e equitativas. (*A Província de São Paulo*, 1876, n. 315, grifo da autora)

Essas cartas indignadas enviadas por Joaquim Bernardo Borges ao jornal apontam que, em 1876, além de seus negócios em Itu ele ainda mantinha e costumava ficar em sua residência na cidade.

> [...] Entretanto declaro que *continuarei a passar pela rua da Palma* todas as vezes que me aprouver em quanto o sr. delegado de polícia não declarar aquella parte do seu domínio policial em estado de sítio, o que é bem provável que possa acontecer por causa do tal vulto que tanto cuidado e attenções tem dispertado na pessoa do sr. delegado. Nessa occasião também é possível que se prohiba *em Ytú* que possa a gente andar de noite com o seu sobretudo e trajos iguaes tendo-se occupado durante o dia outras vestimentas, pois consta, não sei com que fundamento, que *uma das causas da minha prisão* foi o ter sido achado de sobretudo!! (*A Província de São Paulo*, 1876, n. 307, grifo da autora)

Além da constatação da sua permanência em Itu, mesmo que supostamente intercalando com São Paulo, a longa narrativa de Borges sugere alguns aspectos de sua personalidade e a possibilidade de a incrementar o perfil do jovem empreendedor português.

> [...] mas *fui prezo* e *conduzido* por uma escolta à *cadêa*, sendo assim *deprimido na minha reputação* e nos *meus instinctos de probidade reconhecidos*. [...] que fui victima de um *verdadeiro desacto ao meu direito*. [...] É preciso notar ainda que *o acto praticado commigo* toma todas as proporções de *um verdadeiro acinte*. Quando eu pedia que me levassem á cadêa e dizia-se-me que não podia lá ir; quando eu me resignava á sorte e entrava na cadêa, impunha-se-me a condição de ir á presença do delegado! Parece que em tudo isso *havia o desejo de se me fazer andar escoltado por ignomínia simplesmente*. [...] Outra cousa que é preciso que se esclareça: a qual queixa ou denuncia das familias do quarteirão existe deveras? Não fará parte dessas familias algum indivíduo que tem interesses particulares n'aquella rua, e a quem toda a testemunha deve ser incommodada portanto? Tenho direito de duvidar de taes queixas emquanto não for declinado o nome ou nomes dos seus auctores. [...] O que *mais me tem magoado* em tudo isto é que o facto acontecido comigo e que deixo relatado, tem dado thema nos últimos dias para todas as conversações do logar. E assim *andam o meu nome* e o do sr. delegado *na bocca e nos commentarios de todos*. (*A Província de São Paulo*, 1876, n. 307, grifo da autora)

Nardy Filho (1943, p. 1-3) relatou o episódio da detenção de Borges em Itu, atribuindo ao imigrante português a culpa pela ocorrência, considerando que, independentemente das condições climáticas e horário, costumava usar, sobretudo, manta e chapéu. A discussão acalorada teria sido encerrada pela intervenção de amigos comuns das partes.

Não se sabe, e não foi encontrado nenhum registro de que a situação e constrangimento a que Borges foi submetido tenha precipitado nele o desejo retornar a Portugal. A questão tornou-

-se relevante também considerando que no Brasil do século XIX ocorreram várias revoltas que marcaram o antilusitanismo, movimento caracterizado "pelo desejo de nacionalização do comércio a varejo, completamente dominado pelos portugueses, mesmo depois da independência" (Machado, 2005, p. 61).

Segundo Alencastro (1988 apud Machado, 2005, p. 59), a lusofobia brasileira era principalmente motivada pelo domínio português nas atividades comerciais e na preferência em empregar em seus negócios patrícios recém-chegados, privando os brasileiros habilitados para ocupação das vagas. Além disso, os portugueses que dominavam alguma atividade eram acusados "de enriquecimento ilícito e desonesto" (Machado, 2005, p. 60).

Tanto a ocorrência da detenção para averiguação sofrida por Joaquim Bernardo Borges em 1876 na cidade de Itu, quanto a desaprovação pelo monopólio que detinha na cultura do chá, mencionada por Nardy Filho (1955, p. 8) poderiam ter motivado a opção do comerciante português em retornar à sua terra natal.

Borges preparou-se para retornar a Portugal. Em 6 de setembro de 1877 lavrou no cartório de Itu, procuração para o português Miguel Luiz da Silva[29]. Esse documento foi utilizado para a venda de um sítio (1º Cartório de Notas de Itu, Livro 55, p. 21) e provavelmente para outros negócios. Era comum que *brasileiros* enriquecidos, ao regressarem a Portugal, mantivessem seus negócios no Brasil (Maia; Pereira, 2000, p. 311).

Joaquim Bernardo Borges embarcou para Portugal em 15 de setembro de 1877 (*Gazeta de Notícias*, 1877, n. 255). Seu nome estava na lista de embarque no paquete francês Níger com destino a Lisboa.

Em Portugal, Joaquim Bernardo Borges era identificado como capitalista. Residia na cidade do Porto, na Rua Joaquim Antonio d'Aguiar, 182. Mantinha a Quinta de São Thiago, com-

---

29. Miguel Luiz da Silva era secretário da Companhia Ytuana (*O Globo*, 1876, n. 176) e membro da "Comissão de socorros as vítimas de inundações em Portugal" constituída em diversas localidades, inclusive Itu (*Gazeta de Notícias*, 1877, n. 6).

posta de "oito prédios rurais com várias casas sobradadas e barracões", localizada nas freguesias de Santa Cristina e Vila Marim, da Comarca de Mesão Frio (Arquivo Municipal do Porto, Livro de Testamentos 175, p. 28-29).

De 1883 a 1885, Borges solicitou quatro registros de Licença de Obra para construção e ampliação de suas propriedades localizadas na Rua da Formiga e na Calçada do Rego Lameiro, ambas na cidade do Porto (Arquivo da Câmara Municipal do Porto, Licença da Obra nº 398/1883; 189/1884; 154/1885; 242/1885).

Borges foi muito atuante e não se intimidou em defender seus interesses. Em 1905, teve reconhecido seu direito de receber do município de São Paulo o pagamento de indenização pelo prejuízo que sofreu por uma obra que recuou seu terreno localizado na Rua Quinze de Novembro, 43 e 45. A Lei Municipal nº 820, de 22 de maio de 1905, autorizava o prefeito de São Paulo "a abrir um crédito na importância de oito contos e oitocentos e sessenta mil réis, para pagar a Joaquim Bernardo Borges a indennização pela perda de terreno".

Joaquim Bernardo Borges era um típico *brasileiro* de torna-viagem, considerando o perfil desse grupo de portugueses: saiu de Portugal rumo ao Brasil com quinze anos, chegou com destino certo e apadrinhado com recomendação de um compatriota, empregou-se no comércio e desenvolveu habilidades que propiciaram a formação de capital. Voltou para Portugal com aproximadamente 42 anos, ainda com suas capacidades para produzir na terra natal e usufruir a vida por meio de suas conquistas. Doou relevante montante à Irmandade de Misericórdia para a edificação de importante obra que imortalizasse seu nome. Foi chamado de comendador (Archer, 1956, p. 7) como era comum entre os imigrantes portugueses que acumularam fortuna no Brasil.

Joaquim Bernardo Borges faleceu em 2 de janeiro de 1921 (Arquivo Municipal do Porto, Livro de Testamentos 175, p. 28) com prováveis 86 anos de idade.

Figura 1: Linha do tempo – Borges

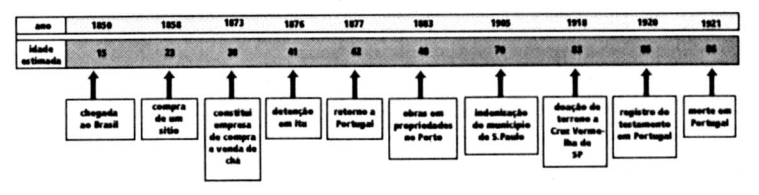

Fonte: Elaboração da autora, baseado no levantamento bibliográfico e documental realizado.

Os testamentos de Joaquim Bernardo Borges

Joaquim Bernardo Borges elaborou dois testamentos especificando a destinação de seu patrimônio. Um dispondo dos seus haveres em Portugal e outro dos bens que mantinha no Brasil. Esses documentos datam de 10 novembro de 1920.

Em 11 de dezembro de 1920 Joaquim Bernardo Borges apresentou o Testamento Cerrado dos bens em Portugal ao tabelião da Comarca do Porto para elaboração de Termo de Aprovação (Arquivo Municipal do Porto, Livro de Testamentos 175, p. 36-38). Nesse testamento, Borges, que não tinha herdeiros necessários, distribuiu seu patrimônio para sobrinhos, filhos de seus primos, além de diversos empregados. A testamenteira e maior beneficiária em Portugal foi sua sobrinha Camilla Borges Alvez Diniz, a quel, além de títulos e dinheiro, herdou a Quinta de São Thiago na comarca de Mesão Frio (Arquivo Municipal do Porto, Livro de Testamentos 175, p. 28-29).

Borges determinou ainda que, se em seu falecimento ainda não possuísse um mausoléu em um dos cemitérios do Porto, antes de completar um ano de sua morte seus testamenteiros deveriam construí-lo,

> [...] em granito de primeira qualidade em formato de capela com quatro gavetões com o qual se gastará até quantia

> de cinco mil escudos do meu espolio; neste mausoléu só repousarão os restos mortaes de minha irmã Maria, minha sobrinha Camilla, o seu marido José Maria da Silveira Borges Montenegro e os meus [...]. (Arquivo Municipal do Porto, Livro de Testamentos 175, p. 33)

A fim de conservar o referido mausoléu, Joaquim Borges destinou dois mil escudos à Ordem da Santíssima Trindade da cidade do Porto, com a "condição e obrigação" de limpá-lo e conservá-lo perpetuamente. Em caso de descumprimento, o legado deveria ser transferido à Câmara Municipal local (Arquivo Municipal do Porto, Livro de Testamentos 175, p. 33).

Essa atitude de Borges visando à construção e manutenção de um imponente mausoléu pode estar relacionada a um costume dos *brasileiros* de torna-viagem do Porto de demonstrar a própria capacidade financeira e a legitimação em um novo grupo social (Catroga, 2000 apud Machado, 2005, p. 55).

Joaquim Borges também disponibilizou recursos à Sociedade Brasileira de Beneficência, da cidade do Porto, condicionando a obrigação de utilizar apenas os rendimentos "em esmolas pelos indigentes a sua escolha" (Arquivo Municipal do Porto, Livro de Testamentos 175, p. 32).

Os legados de Joaquim Bernardo Borges à formação de jovens pobres

Joaquim Bernardo Borges direcionou a maior parte do patrimônio que deixou no Brasil para a edificação de escolas de formação profissional, escolhendo prioritariamente beneficiar a população carente. Sua escolha estava alinhada com a maioria dos *brasileiros* de torna-viagem, "sobretudo os que não possuíam descendentes directos, tornaram-se mecenas, benfeitores, pródigos para com seus conterrâneos ou para com o país: dotaram escolas, orfanatos, misericórdias" (Santos, 2000, p. 23).

Bernardo Borges condicionou a doação dos seus bens à criação de uma instituição de ensino gratuito, que levasse seu nome, o Instituto Borges de Artes e Ofícios, na cidade de Itu. A fundação e administração perpétua dessa escola profissional ficaria a cargo da Irmandade da Santa Casa de Misericórdia local (Nardy Filho, 2012, p. 86).

Borges determinou o nome e a finalidade da escola que doou, conduta alinhada aos costumes seculares dos benfeitores das Misericórdias, que intencionavam perpetuar seu nome.

> Esse legado, porém, é com a condição da Santa Casa fundar e manter perpetuamente em lyceu[30] de artes e officios para os *filhos do povo desta cidade, mas só com os rendimentos, sem jamais se poder retirar qualquer parcela do patrimônio*. (*Correio Paulistano*, 1921, n. 20970, grifo da autora)

O tempo limite para a edificação da escola profissional também foi estabelecido por Borges no seu testamento, no qual "lê--se a cláusula expressa, claras e insophismavel — de quando o lyceu deve estar funcionando dentro de 3 annos a contar do dia da morte do testador" (*A Federação*, 1922, n. 961).

Tendo o doador imposto condições e parâmetros para a irmandade ituana cumprir a demanda, não atendê-la acarretaria na perda dos benefícios testamentários. Todos os seus bens seriam transferidos para outras Misericórdias.

> O testamento deste bemfeitor da nossa Santa Casa é minucioso e declara que si não for cumprido à risca, o patrimônio deixado a Santa Casa desta cidade, passará para

---

30. Durante todo o processo do inventário de Borges e das tratativas realizadas pela Misericórdia de Itu para a compra do terreno e construção do prédio escolar, o Instituto Borges de Artes e Ofícios recebeu a alcunha de Liceu de Itu. Notícias identificavam a escola profissional como "Lyceu Ituano" e relatavam a ansiedade da população para a construção do edifício (*Correio Paulistano*, 1922, n. 21158; *O Paiz*, 1922, n. 13741).

as Santas Casas de Campinas, S. Paulo e Santos. (*Correio Paulistano*, 1921, n. 20970)

Diversos jornais brasileiros da época noticiaram à exaustão as bases do testamento de Borges, com bens, beneficiados e avaliações.

> Entre a relação dos bens deixados em benefício dessa instituição de caridade, figuram: três prédios nesta capital, sendo dois na rua 15 de Novembro, ns. 43 e 45, avaliados em 1.850:000$, e um na rua Direita n. 45, avaliado em 500:000$: 300 apólices de 1:000$ cada uma, sendo 200 federaes e 100 estaduaes; 1.300 acções da Companhia Mogyana, avaliadas em 270:000$, ao par; mais o remanescente de outros legados, calculados em 200 contos; 300 apólices federaes e estaduaes, de 1:000$, deixados em uso-fruto á D. Catharina Alves Diniz; 1.500 letras da Camara da Capital, estimadas em 150 contos, valor nominal, ao Hospital dos Lázaros, annexo à Santa Casa de Itu. Assim, os immoveis e títulos legados pelo generoso e nobre coração do Sr. Bernardo Borges, estão avaliados em 3.560:000$, sendo apenas estabelecida a condição da Santa Casa de Itu fundar um Lyceu de Artes e Offícios, annexo á esse estabelecimento. (*O Paiz*, 1921, n. 13235; *Jornal do Brasil*, 1921, n. 14)

De maneira geral, os bens listados nos jornais poderiam ser considerados os recebidos pela irmandade ituana, com pequenas divergências, como, por exemplo, a localização dos imóveis. Ora identificados como localizados na capital paulista, ora em Itu. Estavam localizados de fato na cidade de São Paulo.

As avaliações sobre o montante total referente aos bens destinados a Misericórdia de Itu também variaram nas notícias veiculadas entre 3.560 contos em 1921 a 4.455 contos em 1922 (*A Noite*, 1922, n. 3627).

A Santa Casa de Misericórdia de Itu obteve, junto à Secretaria da Fazenda Estadual, isenção do imposto de transmissão *causa mortis* sobre os bens que recebeu de Borges (*Correio Paulistano*, 1921, n. 20796).

Além de direcionar seus bens para uma escola profissional gratuita, Joaquim Borges determinou que outras obras assistenciais fossem edificadas por meio de seu patrimônio.

Em seu testamento Joaquim Bernardo Borges impôs que se a metade do remanescente dos seus bens deixados no Brasil atingisse mais de duzentos contos de réis, a Misericórdia de Itu ficaria obrigada a "fundar e manter uma maternidade, em seu hospital, para as mulheres pobres", com o nome de Maternidade Borges (Souza; Cytrynowicz, 2004, p. 62). A Maternidade Borges foi inaugurada em 12 de março de 1939 (*O Estado de São Paulo*, 1967, n. 18274). O direcionamento de Borges para a construção de uma maternidade para mulheres pobres estava alinhado ao costume português do século XIX, de acolher apenas parturientes carentes em instituições hospitalares. Joaquim Borges deixou, ainda, recursos para a manutenção do Hospital dos Lázaros na cidade de Itu (*Correio Paulistano*, 1921, n. 20970).

Além das doações à educação e saúde de Itu, Borges também beneficiou a Cruz Vermelha Brasileira no estado de São Paulo[31].

Para a Cruz Vermelha, Joaquim Borges havia doado ainda em vida um terreno (*O Estado de S. Paulo*, 1956, n. 24931) na capital paulista,

> [...] foi em janeiro de 1918 que a Cruz Vermelha ficou agradavelmente surprehendida com uma carta do Sr. Joaquim Bernardo Borges, domiciliado no Porto, em Portugal, portadora da doação de um terreno, na rua Libero Badaró, nesta capital, afim de nelle ser construído um prédio que formasse um patrimônio para o Hospital da Criança. A escriptura da doação do terreno foi passada pelo tabelião Gabriel da Veiga em 4 de julho. (*Correio Paulistano*, 1922, n. 21292)

Para que a Cruz Vermelha pudesse iniciar prontamente a construção do prédio, Borges também ofereceu um empréstimo

---

31. Misericórdia de Itu e Cruz Vermelha de São Paulo foram nomeadas inventariantes e testamenteiras (Souza; Cytrynowicz, 2004, p. 2).

de 600 contos de réis, em condições bem favoráveis (*Correio Paulistano*, 1922, n. 21292).

Para essa doação, Borges fixou como posteriormente fez em seu testamento, "pelas clausulas da doação o predio ou predios que se construíssem nesse chão formariam com ele "perpetuamente um patrimonio do hospital para crianças" (*O Estado de S. Paulo*, 1956, n. 24931).

Já no seu testamento, Joaquim Bernardo Borges

> legou à Cruz Vermelha a importância de 600 contos que tinha emprestado para a construcção do predio e mais a metade do remanescente de 89 contos. Deixou também consignado que o predio se chamasse "Palacete Cruz Vermelha". (*Correio Paulistano*, 1922, n. 21292)

Em 15 de outubro de 1922, a Cruz Vermelha de São Paulo inaugurou sua Escola de Enfermagem no Largo do Arouche e o busto em homenagem a Joaquim Bernardo Borges em sua sede na rua Libero Badaró. A escola foi equipada para a formação de enfermeiras profissionais e voluntárias. Borges foi chamado de "maior benfeitor da Cruz Vermelha" (*Correio Paulistano*, 1922, n. 20796).

Além de direcionar seu patrimônio para a criação e manutenção de escolas profissionais e hospitais, Borges "deixou ainda 40 apólices de 1:000$, cada uma, ao seu amigo de infância, Sr. José Falcato, que ainda reside na cidade de Itu" (*O Paiz*, 1921, n. 13235; *Jornal do Brasil*, 1921, n. 14). Para sua sobrinha Camilla Borges Alvez Diniz, residente no Porto, Borges legou o usufruto vitalício de "100 apolices do Estado, de 1:000$ cada uma e 200 apolices federaes, também de 1:000$ cada uma" (*A Cidade*, 1929, n. 807).

Um Liceu para Itu

Inúmeras hipóteses poderiam ser levantadas para justificar a escolha de Joaquim Bernardo Borges em direcionar a maior parte de seu patrimônio deixado no Brasil à edificação de um instituto de artes e ofícios voltado à formação da população pobre de Itu.

Uma delas, o padrão de comportamento dos que enriqueceram no final do século XIX, início do XX, e buscavam perpetuar seu nome e consequentemente usufruir da contrapartida da vida eterna, por intermédio das Misericórdias.

Se essa fosse a mais convincente resposta, poderia se argumentar que a escola poderia ser levantada em Mesão Frio ou no Porto, principalmente se levando em conta que a maior parte de sua vida, Borges passou em Portugal.

A Santa Casa de Misericórdia do Porto, cidade de retorno de Borges, recebeu inúmeros legados, destinados à construção de hospitais, escolas-oficinas, asilo de cegos. Segundo Albuquerque (2000, p. 333), "são conhecidas as múltiplas doações dos *brasileiros* a Ordens Terceiras, Misericórdias e Igrejas".

Como destacou Alves (2000, p. 46), os *brasileiros* de torna-viagem procuraram imprimir um sentido filantrópico para sua riqueza, doando grandes somas na construção de escolas primárias. E vários deles foram determinantes para a edificação do parque escolar público no Norte de Portugal.

Talvez a existência dessa rede de instituições caritativas sob a guarda da Misericórdia do Porto possa ter contribuído com a escolha de Borges pela doação para Itu, desprovida de escolas profissionais e carente de serviços médicos voltados especificamente para gestantes.

O fato de Borges não ter deixado seus bens para as Misericórdias portuense, mesão-friense ou quaisquer outras de Portugal, apesar dos quarenta anos do seu retorno, poderia suscitar a hipótese de que não estreitou relações com essas confrarias ou com seus membros.

Em Itu, Borges supostamente teria alimentado simpatia pelas obras da Misericórdia da cidade, participando da festa de inauguração do hospital santa casa da irmandade, em 16 de junho de 1867, descrita assim por Nardy Filho (2012, p. 92),

> [...] jamais se esquecera elle dessa bella festa que assistirá em Itu por occasião da inauguração da Santa Casa; *quem sabe si foi assistindo esse acto* que em seu coração generoso se *formou a vontade de contribuir* também para o engrandecimento dessa casa de caridade. (Grifo da autora)

Silva (2000, p. 142) destacou que muitos dos *brasileiros* foram excelentes elos entre Portugal e Brasil, considerando que "muitos deles no seu testamento não esquecem as Instituições de Caridade e Assistência das cidades brasileiras onde haviam angariado a sua fortuna ou parte dela".

Talvez Borges tenha direcionado a maior parte de seu patrimônio para Itu onde passou sua adolescência e desenvolveu sua capacidade empreendedora, e o motivo pode também ter sido puramente afetivo. Nardy Filho (2012, p. 91-92) escreveu sobre a relação de Borges com Itu,

> [...] embora distante, residindo de novo em sua pátria, bem próximo de sua alldeia natal, revendo sempre os lugares onde passára a sua infância, jamais se esqueceu elle da hospitalileira terra ytuana, onde grangeára sinceras amizades e adquirira o início de sua fortuna, e onde passára os *dias* mais trabalhosos, é certo, porém os *mais felizes da sua vida*, pois alli passára elle a *sua mocidade, convivendo com os jovens ytuanos,* tomando parte em seus folguedos; *jamais se esquecera, assim cremos,* das noitadas do velho Theatro S. Domingos onde elle, quer como amador, quer como assistente, tanto se divertira. (Grifo da autora)

O elo afetivo e a gratidão pela cidade de Itu foram obviamente, com frequência considerados os motivos de Borges para direcionar seu patrimônio à cidade.

> Há mais de 40 annos, partiu para Portugal, terra de seu nascimento, Joaquim Bernardo Borges, levando uma grande fortuna feita a força de muito e honesto trabalho, como negociante da praça de Itú. *Sem que jamais voltasse a S. Paulo.* O Sr. Bernardo Borges *mantinha ainda assim as vastas relações aqui conquistadas*, através do correio, até que veiu a fallecer, em avançada idade, na cidade do Porto, onde passára a residir. Aberto o seu testamento, verificou-se que o Sr. Bernardo Borges havia legado a *maior parte* de seus grandes haveres à *Santa Casa de Itu*, naturalmente em signal de *gratidão à cidade* em que vivera e prosperára, durante a sua vida de negociante laborioso e honrado. (*O Paiz*, 1921, n. 13235; *Jornal do Brasil*, 1921, n. 14, grifo da autora)

> [...] elle quiz beneficiar uma instituição brasileira em reconhecimento ao Brasil, pois aqui passou grande parte de sua existencia e adquiriu a fortuna da qual tão bom emprego fez. (*Correio Paulistano*, 1922, n. 21292)

> [...] houve por bem lembrar-se de Itú para proteger a pobreza desamparada. (*República*, 1921, n. 712)

Nardy Filho (1955, p. 8) estabeleceu ainda outra justificativa, afirmando que Borges, ao doar para Itu, estaria se redimindo por ter monopolizado a cultura de chá na cidade, conduta que apontou como a origem de sua fortuna,

> [...], todavia, se Joaquim Borges foi culpado, dessa culpa ele se redimiu magnificamente; no seu testamento constituiu a cidade de Itu a herdeira de sua grande fortuna, para que ali fossem fundados um liceu de artes e oficios e uma maternidade, fundações essas que ali se encontram funcionando em belos edifícios e prestando grandes benefícios à população ituana.

Indiscutivelmente, ainda não existe nenhum registro efetivo sobre os motivos que levaram Borges a escolher Itu e não sua terra natal. Contudo, ficando no campo da suposição utilizada em todos os trabalhos apresentados sobre Borges e recorrendo a Alves (2000, p. 54),

> o *brasileiro* típico de finais de oitocentos e das primeiras décadas do século XX que, longe de pertencer aos números do analfabetismo [...], vê na instrução um papel essencial para aproximar o país dos padrões da cultura e civilização que ele já pôde constatar em muitas outras nações que teve a oportunidade de visitar.

Em geral, os torna-viagens, por ostentação, devoção, saudades ou gratidão estabeleceram uma nova caridade, voltada "à prevenção do ócio, do vício, e para a colocação dos pobres no mercado de trabalho" (Gérando, 1820 apud Sá, 2013, p. 114).

Com seu ato caridoso, Bernardo Borges cumpriu perfeitamente o padrão de comportamento de um *brasileiro* de torna-viagem, transformando-se em benemérito, no seu caso, colocando seu nome perpetuamente a serviço da educação ituana.

O investimento de Joaquim Bernardo Borges em uma escola profissional simultaneamente propiciou o desenvolvimento pessoal e local. O objetivo da formação para o trabalho, para a dignificação da pessoa e para transformação do indivíduo colaborando e influenciando a economia local foi alcançado na medida em que ofereceu uma oportunidade gratuita e por muito tempo a única disponível na cidade de Itu.

Se Joaquim Bernardo Borges não tivesse deixado recursos para a construção dessa escola profissional, gratuita e particular, não haveria outra possibilidade de formação para a população ituana ao longo de todo o período. Destaca, ainda, que o Instituto Borges de Artes e Ofícios não existiria sem a sua decisão e clareza para estabelecer os critérios que viabilizariam sua construção e manutenção.

Considerando as observações de Godelier (2001, p. 23) talvez fosse possível definir a relação entre o cidadão Joaquim Bernardo Borges, a cidade de Itu, as Irmandades de Misericórdia e a formação profissional dos pobres,

> Dar parece instituir simultaneamente uma *relação dupla* entre aquele que dá e aquele que recebe. Uma relação de *solidariedade*, pois quem dá partilha o que tem, quiçá o que é, com aquele a quem dá, e uma relação de *superioridade*, pois aquele que recebe o dom e o aceita fica em dívida para aquele que deu. Através dessa dívida, ele fica obrigado e, portanto, encontra-se até certo ponto sob sua dependência, ao menos até o momento em que conseguir "restituir" o que lhe foi dado. (Godelier, 2001, p. 23)

O importante papel desempenhado por Joaquim Bernardo Borges em favor do coletivo merece destaque, considerando a relevância que sua escola profissional representa na formação da população local e da região.

A escola profissional de Joaquim Bernardo Borges

Tomando ciência do testamento do português Joaquim Bernardo Borges, a Irmandade da Santa Casa de Misericórdia de Itu precisava elaborar um planejamento visando cumprir todas as exigências testamentárias, com destaque para o tempo imposto para a inauguração do Instituto Borges de Artes e Ofícios (Ibao). Os representantes da Misericórdia decidiram que a Chácara Bordini[32] era a melhor opção para a construção da escola profissional. A escritura foi lavrada e o valor da aquisição foi de 30 contos de réis (*A Federação*, 1922, n. 943).

---

32. O terreno escolhido era de propriedade do sr. Angelo Bordini, situado no largo da Caixa d'Agua, como era popularmente conhecida a Praça José Bonifácio (Nardy Filho, 2006, p. 184).

A planta elaborada para nova escola não era adequada para o terreno já comprado, considerando que o arquiteto[33] contratado não recebeu informações específicas do local adquirido para a execução da obra (*República*, 1922, n. 779). Por isso, o representante da Irmandade pleiteou à Câmara Municipal permuta entre o terreno da Chácara Bordini pelo Largo da Caixa d'Agua, "onde o edifício faria outra vista e teria outra beleza" (*A Federação*, 1922, n. 970). Sem a anuência da Câmara, e sem outra alternativa dentro do perímetro urbano, a escola seria construída na referida Chácara. O impasse consumia o já exíguo tempo para a conclusão das obras, ainda não iniciadas.

> [...] o doador não designou nem rua, nem praça; quis que em Itu, se fundasse o Instituto. O que porem exigiu, e com certo rigor, foi o praso e esse já está consumido pela metade... em discussões fúteis, byzantinas, cujo unico effeito será a perda de opulento legado. (*República*, 1922, n. 779)

Em outubro de 1922, finalmente começaram as obras do Instituto Borges, porém, permanecia a preocupação pelo cumprimento do prazo testamentário para a conclusão e inauguração da escola profissional, que deveria ocorrer até 2 de janeiro de 1924 (*A Federação*, 1922, n. 982). As obras começaram a avançar, em dezembro de 1922, com chegada de materiais para a construção, a contratação de vinte funcionários e a previsão da conclusão dos alicerces do prédio (*A Federação*, 1922, n. 990). Porém, a apreensão com o andamento das obras era permanente,

> [...] mas infelizmente o avanço das obras teve a *duração de um fogo de palhas*, que logo se apagou. Pois o *serviço* ali está quase de todo *parado*, e disseram que por *falta de materiaes*.

---

33. Os croquis do terreno "serão apresentados ao ilustre engenheiro dr. Ramos de Azevedo, o qual gentilmente se offereceu para fazer gratuitamente a planta desse edificio, para que elle escolha o que julgar melhor" (*Correio Paulistano*, 1921, n. 20970).

> Mas que faltem materiaes em obras feitas de esmola e com pouco dinheiro, não é de estranhar: porém causa *grande estanhesa* que, sendo o legado de quase 5 mil contos, *não haja dinheiro* para se comprarem os materiaes necessários para essa construcção. [...] se a Mesa Administrativa da Santa Casa não sahir dos seus commodos para *obrigar o andamento dessas obras*, não teremos lyceu em Ytú, e o legado do benemerito portugues irremediavelmente passará a outras mãos. É essa á voz publica, e o que todos estão vendo, e só os cegos voluntarios poderão não ver. (*A Federação*, 1922, n. 991, grifo da autora)

Com o prédio central e um pavilhão concluído, o Instituto Borges de Artes e Ofícios foi inaugurado em 28 de outubro de 1924, com todos os ritos e honras de praxe. Com o benzimento do prédio por autoridade religiosa e discurso do provedor da Misericórdia de Itu. Solenemente foi apresentado o busto[34] em homenagem ao "benemerito fundador" Joaquim Bernardo Borges (Nardy Filho, 2006, p. 184-185).

Apesar da liberação das dependências para as aulas teóricas e das oficinas de marcenaria, a escola profissional não funcionava de maneira a atender às expectativas da população ituana, carente e ansiosa em beneficiar-se dos ensinamentos e da formação que um Instituto de Artes e Ofícios poderia oferecer.

Assim como a demora para o início das obras do Instituto Borges de Artes e Ofícios mobilizou a imprensa local e preocupou a população ituana, a subutilização das dependências inauguradas também levantou diversos questionamentos sobre a maneira como a Misericórdia de Itu estava gerenciando as obras, e, principalmente, organizando a escola profissional e seus cursos que pouco despertavam interesse nos jovens da cidade.

---

34. As escolas provenientes de doação de *brasileiros* de torna-viagem tinham em comum o tipo de construção que, em sua maioria, eram imponentes e apalaçadas, com identificação de seu benfeitor, utilizando a instalação de busto e lápide para reverenciar seu nome e memória (Felgueiras, 2000, p. 273).

> Toda gente sabe o que foi o negocio do Lyceu; todo mundo discutiu os jornaes da terra escreveram; houve demora e até inventaram que Campinas já nos estava olhando de esguelha e que terminaria o prazo; *todos endeusavam o Lyceu*. Ter um estabelecimento desses em Itu era o *sonho dourado*; mil castellos foram feitos; apromptou-se o predio inaugurou-se, *meia dúzia* de homens *estão alli* e ... *mais nada*. *Onde está o Lyceu?* Onde està a sua *organisacão*, a sua *direcção*, os seus *alumnos* e o seu *movimento*; *nada*, tudo nada. [...] o serviço de *organisação do Lyceu parou no começo*; ficou apenas no principio e está *incompleto*. (*A Cidade*, 1925, n. 381, grifo da autora)

Ao completar um ano da inauguração, no Ibao

> [...] funcciona ao lado do predio principal [...] uma carpintaria ou marcenaria. E *funcciona sem regulamento*, [...]. Parece-nos que o testamento de Bernardo Borges pede um instituto ou lyceu, com fins educativos, para formar profissionaes, mestres de mechanica, de marcenaria, de ferraria e de tudo que é derivativo de um estabelecimento de tal gênero. Passam-se os mezes, os annos, e tudo *dorme o somno lethargico do esquecimento*, do *abandono*, do *cruel* e avassalador *indifferentismo*. (*A Cidade*, 1925, n. 435, grifo da autora)

Os questionamentos sobre o precário funcionamento do Ibao se estenderam e suscitaram o surgimento de alternativas, desde a indicação de professores que pudessem reorganizar o Instituto de Artes e Oficios (*A Cidade*, 1925, n. 435), até a utilização do prédio da escola profissional para conseguir do Estado a instalação de um Ginásio em Itu.

A Misericórdia de Itu era favorável à cessão das salas do Instituto Borges de Artes e Oficios para a instalação de um Ginásio na cidade, vislumbrando a possibilidade de finalmente ocupar o prédio e transferir ao governo do estado as responsabilidades financeiras da escola já inaugurada (*A Cidade*, Itu, 1926, n. 460). Todavia, tal possibilidade não cumpria as determinações de Borges, de oferecer formação profissional à população pobre ituana, que a Misericórdia tinha a incumbência de fazer.

A concordância da Santa Casa de Misericórdia de Itu não foi suficiente para dispor o prédio do Ibao a um ginásio. Com isso, a Irmandade tinha que tomar medidas efetivas para que o Instituto Borges de Artes e Ofícios começasse a funcionar como deveria.

Cinco anos após a inauguração do prédio do Instituto Borges de Artes e Ofícios, a Irmandade da Santa Casa de Misericórdia de Itu decidiu pelo prosseguimento das obras do Ibao, com o objetivo de concluí-las até março de 1930 para inaugurar os "novos pavilhões, destinados as officinas de mechanica e serralheria e á outras dependencias necessarias para o completo funccionamento" do estabelecimento (*A Cidade*, 1929, n. 639).

Depois de inaugurar o Ibao, com parte das obras concluídas, de funcionar sem procedimentos e estrutura dos cursos bem definidos e atrativos para o público-alvo, finalmente a gestora do patrimônio de Borges, a Irmandade da Santa Casa de Misericórdia de Itu, rendeu-se à necessidade de estruturar o Instituto de Artes e Ofícios, e entregar aos verdadeiros legatários de Borges, a população pobre de Itu, condições de aprendizado e formação profissional.

Para esse fim, a mesa administrativa da Irmandade ituana aprovou, em maio de 1932,

> [...] o plano *definitivo de reorganisação* do "Instituto Borges", desta cidade, [...] vae o referido Instituto, *finalmente*, entrar na *verdadeira* phase do seu *desenvolvimento*, prehenchendo os *grandes e utilíssimos bens* para que foi creado. Terá elle a mesma *organisação* das *escolas profissionaes* mixtas *officiaes*. (*A Comarca de Itu*, 1932, n. 3, grifo da autora)

Em 18 de junho de 1932 foi realizada uma reinauguração do Instituto Borges de Artes e Ofícios, quase oito anos depois da inauguração oficial (*A Comarca de Itu*, 1932, n. 8; *Progresso*, 1933, n. 3). Talvez um pretenso divisor entre o amadorismo e desconhecimento na área da educação para o início do reconhecimento da Irmandade da necessidade de buscar profissionais da educação para conduzir a gestão do Ibao.

Considerações finais

O português Joaquim Bernardo Borges escolheu Itu-SP para a instalação de uma escola profissional gratuita para jovens pobres. A partir de sua decisão e passando por problemas de toda a ordem como tempo, indefinições, burocracia, despreparo de quem deveria executar sua determinação, não se poderia perder de vista a quem e para que foi destinado seu patrimônio. Os verdadeiros legatários de Borges deveriam ser os pobres para que saíssem dessa condição por meio da educação e formação profissional.

Apesar dos percalços, deslizes, atrasos e contornos realizados pela Irmandade da Santa Casa de Misericórdia ituana, passados noventa anos da inauguração do Instituto Borges de Artes e Ofícios constata-se que mesmo com diversos erros cometidos e objetivos postergados, o legado de Borges foi cumprido considerando o importante papel que ocupa na educação profissional da região de Itu.

O legado de Borges alcançou seu objetivo na medida em que a escola profissional continua ativa, oferecendo alternativa de formação profissional gratuita, como era a vontade do imigrante português.

Referências

ALBUQUERQUE, Ana Silvia. Os Brasileiros e a Santa Casa da Misericórdia do Porto. In: Portugal – Comissão Nacional para as Comemorações dos Descobrimentos Portugueses. **Os Brasileiros de Torna-Viagem**. Comissão Nacional para as Comemorações dos Descobrimentos Portugueses. Lisboa: 2000, p. 333-334.

ALVES, Luís Alberto Marques. O Brasileiro: ausência e presença no Portugal Oitocentista. In: Portugal – Comissão Nacional para as Comemorações dos Descobrimentos Portugueses. **Os Brasileiros de Torna-Viagem**. Comissão Nacional para as Comemorações dos Descobrimentos Portugueses. Lisboa: 2000, p. 41-59.

ARCHER, Maria. A Cruz Vermelha em S. Paulo e no mundo. O Hospital de Crianças em Indianópolis. **O Estado de São Paulo**, São Paulo, ano LXXVII, n. 24.931, p. 7, 11 ago. 1956.

CATROGA, Fernando. A monumentalidade funerária como símbolo de distinção social. In: Portugal – Comissão Nacional para as Comemorações dos Descobrimentos Portugueses. **Os Brasileiros de Torna-Viagem**. Comissão Nacional para as Comemorações dos Descobrimentos Portugueses. Lisboa: 2000, p. 167-179.

FELGUEIRAS, Margarida Louro. Os Brasileiros e a instrução popular. In: Portugal – Comissão Nacional para as Comemorações dos Descobrimentos Portugueses. **Os Brasileiros de Torna-Viagem**. Comissão Nacional para as Comemorações dos Descobrimentos Portugueses. Lisboa: 2000, p. 271-279.

GODELIER, Maurice. **O enigma do dom**. Rio de Janeiro: Civilização Brasileira, 2001.

LEITE, Joaquim da Costa. A viagem. In: Portugal – Comissão Nacional para as Comemorações dos Descobrimentos Portugueses. **Os Brasileiros de Torna-Viagem**. Comissão Nacional para as Comemorações dos Descobrimentos Portugueses. Lisboa: 2000a, p. 27-39.

_____. Actividades Económicas. In: Portugal – Comissão Nacional para as Comemorações dos Descobrimentos Portugueses. **Os Brasileiros de Torna-Viagem**. Comissão Nacional para as Comemorações dos Descobrimentos Portugueses. Lisboa: 2000b, p. 81-89.

LOPES, Antónia Maria. As misericórdias de d. José ao final do século XX. In: PAIVA, José Pedro (org.). **Portugaliae Monumenta Misericordiarum**. v. 1. Lisboa: União das Misericórdias Portuguesas, 2002. p. 79-117. Disponível em: <http://repositorio.ucp.pt/handle/10400.14/8630>. Acesso em: 3 abr. 2014.

MACHADO, Igor José de Reno. O "brasileiro de torna-viagens" e o lugar do Brasil em Portugal. **Estudos Históricos**, Rio de Janeiro, n. 35, p. 47-67, jan./jun. 2005. Disponível em: <http://bibliotecadigital.fgv.br/ojs/index.php/reh/article/view/2236/1375>. Acesso em: 9 abr. 2014.

MAIA, Fernanda Paula Sousa; PEREIRA, Maria da Conceição Meireles. Os Brasileiros empresários e investidores. In: Portugal – Comissão Nacional para as Comemorações dos Descobrimentos Portugueses. **Os Brasileiros de Torna-Viagem**. Comissão Nacional para as Comemorações dos Descobrimentos Portugueses. Lisboa: 2000, p. 311-317.

MONTEIRO, Miguel. Marcas Arquitectónicas do Brasileiro na Paisagem do Minho. In: Portugal, Comissão Nacional para as Comemorações dos Descobrimentos Portugueses. **Os Brasileiros de Torna-Viagem**. Comissão Nacional para as Comemorações dos Descobrimentos Portugueses. Lisboa: 2000, p. 60-79.

NARDY FILHO, Francisco. Uma crônica antiga. **A Cidade**, Itu, ano XXII, n. 1.138, p. 1-3, 22 ago. 1943.

_____. A antiga lavoura de chá de Itu. **O Estado de São Paulo**, São Paulo, ano LXXVI, p. 8, 2 abr. 1955.

_____. **A cidade de Itu**: crônicas históricas. 3. ed. Itu: Ottoni, 2006.

_____. **A Irmandade da Santa Casa de Misericórdia de Itu – Primeiro Centenário da sua Fundação – 1840 – 1940**. Edição Fac-Similar. Itu. SP: Editora Ottoni, 2012.

PEREIRA, Miriam Halpern. **A política portuguesa de emigração (1850-1930)**. Bauru: Edusc; Portugal: Instituto Camões, 2002.

SÁ, Isabel dos Guimarães. As misericórdias no Império português (1500-1800). In: **500 Anos das Misericórdias portuguesas**: solidariedade de geração em geração. Lisboa: Comissão para as Comemorações dos 500 Anos das Misericórdias, 2000, p. 101-133. Disponível em: <http://repositorium.sdum.uminho.pt/handle/1822/4343>. Acesso em: 3 abr. 2014.

_____. **As misericórdias portuguesas, séculos XVI a XVIII**. Rio de Janeiro: Editora FGV, 2013.

SANTOS, Eugénio dos. Os Brasileiros de Torna-Viagem no Noroeste de Portugal. In: Portugal – Comissão Nacional para as Comemorações dos Descobrimentos Portugueses. **Os Brasileiros de Torna-Viagem**. Comissão Nacional para as Comemorações dos Descobrimentos Portugueses. Lisboa: 2000, p. 15-25.

SILVA, Francisco Ribeiro da. Brasil, Brasileiros e irmandades/Ordens Terceiras Portuenses. In: Portugal – Comissão Nacional para as Comemorações dos Descobrimentos Portugueses. **Os Brasileiros de Torna-Viagem**. Comissão Nacional para as Comemorações dos Descobrimentos Portugueses. Lisboa: 2000, p. 135-147.

SOUZA, Jonas de; CYTRYNOWICZ, Roney. **História da irmandade da Santa Casa de Misericórdia de Itu, 1940-1990**. São Paulo: Narrativa Um, 2004.

Fontes Primárias

SÃO PAULO. Secretaria Geral a Prefeitura do Município de São Paulo. **Lei Municipal n. 820, 22 de maio de 1905**. Auctoriza o Prefeito a Abrir um crédito de 8:860$000 para pagamento da indemnização devida a Joaquim Bernardo Borges. Disponível em: <http://leismunicipa.is/osqrm>. Acesso em: 20 fev. 2014.

1º Cartório de Notas de Itu, Livro 43, 49, 55, Livro de Testamentos.

Arquivo da Câmara Municipal do Porto, Licença da Obra nº 398/1883; 189/1884; 154/1885; 242/1885.

Arquivo Municipal do Porto, Livro de Testamentos n. 175, f. 28-39, Cota/Localização: A-PUB/5209. Disponível em: <http://gisaweb.cm-porto.pt/units-of-description/documents/18233/>. Acesso em: 20 fev.2015.

A Cidade, Itu, maio/nov. 1925; mar. 1926; out. 1929; jan. 1936.

A Comarca de Itu, Itu, maio/jun. 1932.

A Federação, Itu, jan./maio/jul./out./dez. 1922.

A Noite, Rio de Janeiro, jan.1922.

A Província de São Paulo, São Paulo, jan./fev. 1876.

Correio Paulistano, São Paulo, maio/set./nov. 1921; jun./out. 1922.

Gazeta de Notícias, Rio de Janeiro, jan./set. 1877.

Jornal do Brasil, Rio de janeiro, jan. 1921.

O Estado de São Paulo, ago. 1956; jun. 1967.

O Globo, Rio de Janeiro, jun. 1876.

O Paiz, Rio de Janeiro, jan. 1921; jun. 1922.

O Progresso, Itu, jan. 1933.

República, Itu, nov. 1921; jul. 1922.

Capítulo 10
O CURSO DOS FERROVIÁRIOS DA COMPANHIA DE ESTRADAS DE FERRO SOROCABANA

Marivaldo de Oliveira

> É preciso preservar a memória física e espacial, como também descobrir e valorizar a memória do homem. A memória de um pode ser a memória de muitos, possibilitando a evidencia dos fatos coletivos.
> Paul Thompson

Introdução

O ensino profissionalizante no Brasil nas primeiras décadas do século XX foi pensado nos moldes de racionalização, conceito discutido e implementado por diversos intelectuais e empresários. Na década de 1920 um dos principais objetivos do ensino profissional, era o de transformar o local de trabalho e o trabalhador tornando-os mais produtivos segundo uma organização racional do espaço e da execução das tarefas pertinentes às modalidades dos cursos.

Roberto Mange teve um papel significativo no debate sobre a racionalização e na implementação. Em 1923, iniciou campanha para modificar o treinamento técnico-profissional no Brasil. Até aquele momento, o ensino profissionalizante tinha um caráter assistencialista e era dirigido principalmente aos órfãos, desvalidos e aos jovens e crianças à beira da marginalidade. Esse ensino estava ligado a instituições religiosas que ofereciam cursos para carpinteiros, sapateiros, pedreiros e outros trabalhos manuais de pouco prestígio. Os cursos não tinham articulação alguma com os níveis de escolarização presentes no país, eram aligeirados e não raramente recebiam crianças sem qualquer escolaridade.

Pelo processo de racionalização mudava-se não apenas a perspectiva de formação para diversas modalidades de trabalho, mas substancialmente os recursos para adquirir o aprendizado. A ideia de racionalização trazia em seu princípio formador a divisão entre o aprendizado empírico, comum nas formas de ensinar/aprender um ofício e o aprendizado racional, baseado numa organização administrativa e pedagógica que buscava a padronização e a hierarquização.

A primeira experiência do educador no Brasil no Liceu de Artes e Ofícios, que havia, desde o início do século XX, voltado suas atenções ao ensino industrial, ampliando as atividades para além do ensino das artes, que até então havia preponderado em sua atuação institucional. A finalidade maior de Mange era a de criar um novo tipo de trabalhador, que se ajustasse às novas demandas da indústria e fizesse parte de uma nova cultura do trabalho. O operário deveria aceitar suas tarefas e realizá-las de forma correta, dentro da hierarquia da linha de produção. Para tanto, eram necessárias mudanças na educação desse operário e mesmo a introdução de um ensino moralizante ministrado junto ao ensino técnico. Mange aplicava alguns princípios racionalizantes, como por exemplo o de transferir o local de aprendizado para uma instituição escolar onde as aulas eram ministradas por especialistas.

Para a nova sociedade brasileira, que se reconfigurava naquele momento, com expectativas de desenvolvimento trazidas pelo modelo republicano não bastava que o trabalhador executasse melhor a sua tarefa e de forma mais produtiva; era preciso um novo homem formado a partir da nova modalidade de ensino. Para atingir tais objetivos, modificações nos cursos profissionalizantes foram sendo acrescentadas aos modelos existentes, buscando um aprimoramento da proposta formativa à luz dos dispositivos legais que ano após ano foram estabelecendo diretrizes e procedimentos adequados.

Nesse sentido, as escolas profissionais tiveram o papel de treinar o operário como técnico e como pessoa, cuidando de seus valores morais por meio de um conhecimento mais abrangente do mundo. Como entender a Escola da Estrada de Ferro Sorocabana na formação profissional de jovens para o trabalho no contexto de Sorocaba e região?

O contexto

A necessidade de qualificação profissional para os trabalhos na ferrovia foi um dos motivos da criação da Escola da Estrada de Ferro. Havia também outras realidades: busca dos jovens por uma qualificação técnico-profissional; interesse do empresariado por um novo tipo de homem no trabalho e no mundo do trabalhador; proposta política do governo Vargas que desejasse tornar o jovem pobre um instrumento de manutenção e defesa da ordem social vigente.

Para melhor responder à pergunta anterior se faz necessário resgatar a história do Curso de Ferroviários da Estrada de Ferro Sorocabana e ter uma melhor compreensão da formação dos jovens para o trabalho, no desenvolvimento de sua dupla função: formar o sujeito-trabalhador e atender aos propósitos econômicos de uma determinada época. Num entendimento mais específico, significa inserir a formação nos propósitos da Estrada de Ferro Sorocabana e, também de uma elite comercial, industrial e intelectualizada da cidade de Sorocaba que buscava uma "nova" imagem, afinada com os projetos de modernização do país. Faz-se necessário, também, dimensionar a história da cidade de Sorocaba no contexto do comércio de algodão, seu vínculo com a fundação da Estrada de Ferro Sorocabana, a criação do Curso dos Ferroviários e a formação por ele desenvolvida.

O comércio de algodão em Sorocaba

Stein (1979, p. 20) atribui o crescimento da exportação de algodão ao desenvolvimento da indústria têxtil na Inglaterra, a partir de 1770. Para Stein, além da riqueza mineral exportada, "o açúcar e o algodão constituíam o grosso dos carregamentos dos navios que zarpavam da colônia".

O cultivo do algodão brasileiro ainda em tempos imperiais atendia a uma dupla necessidade: atendia tanto à fabricação de tecidos utilizados como embalagem de produtos variados, como à confecção das roupas usadas pela grande população escrava. No século XVIII, com a crescente demanda industrial europeia a cultura algodoeira ganhou maior expressão. A partir do século XIX, o governo incentivou a construção de fábricas têxteis que empreendessem a manutenção dos benefícios fiscais provenientes da exploração do chamado "ouro branco". No final dos anos 80, do século XIX, o progresso da indústria nacional já era consolidado. No quarto de século compreendido entre 1850 e 75, pequenas fábricas salpicavam a paisagem brasileira (Stein 1979, p. 34). A abundância, o baixo preço da matéria-prima, a perfeição gradativa e o baixo preço dos produtos acabados e a demanda contribuíam para o crescimento da indústria nacional.

A Bahia à época mantinha prestígio econômico em virtude de possuir excelente sistema portuário e fluvial que facilitava o transporte de maquinaria necessária à indústria, além de dispor de enorme população escrava e de trabalhadores livres garantindo a composição da mão de obra. Foi assim que se tornou o primeiro núcleo da indústria têxtil algodoeira de 1844 até o fim da década de 1880. A partir de 1880, expansão do cultivo de algodão e a fundação de novas fábricas encontraram tanto em São Paulo como no Rio terreno fértil de produção e a cultura algodoeira mudou seu centro produtivo.

Em 1885, das 48 fábricas de algodão, 33 estavam localizadas nas províncias do Centro-Sul (Rio de Janeiro, São Paulo e Minas

Gerais). As exportações foram aceleradas pelo colapso da produção de algodão nos Estados Unidos por conta da Guerra Civil (1865). A cultura do algodão em terras norte-americanas parou, dando oportunidade para novos fornecedores do produto. Foi assim que o Brasil se apresentou como exportador para outras terras.

O aumento expressivo da produção exigiu iniciativas para garantir o cumprimento da demanda. A exportação se intensificava e era preciso agilizar a produção e translado para os novos compradores. Por isso, deu-se a construção de uma rede ferroviária ligando o Rio de Janeiro a São Paulo e Minas Gerais. Segundo Stein (1979, p. 38), "inúmeras fábricas surgiram em torno de Sorocaba, Salto e Tatuí – cidades abastecidas de algodão e força hidráulica e, a partir dos anos oitenta, servidas por linhas férreas".

Em 1892 a indústria têxtil algodoeira do Brasil já era bem consolidada. A formação de capital de investimento, resultado do *boom* cafeeiro[35], proporcionou o aumento e a subvenção da vinda de mais de um milhão de imigrantes, de um total de 1.894.004 que ingressaram no Brasil nos primeiros 25 anos do século XX (Stein, 1979, p. 108).

De acordo com Stein (1979, p. 108):

> Além dos efeitos da prosperidade agrícola e das levas imigratórias, dois outros fatores contribuíram para converter esses anos em uma idade dourada para a indústria: as tarifas alfandegárias e o surgimento de uma nova fonte de energia, a eletricidade. [...] Foi também nos primeiros anos deste século que se fez sentir o impacto do quarto fator sobre o crescimento da indústria têxtil. O estabelecimento de usinas hidrelétricas por empresas estrangeiras nos grandes

---

35. Em 1850, o Brasil já era o maior produtor mundial da rubinácea, participando com 40% da produção total, percentagem que atingirá 81% no início do século XX. Baseando-se na mão de obra servil, o café será o sustentáculo de uma aristocracia rural tão opulenta quanto a dos senhores de engenho, composta de ricos fazendeiros do Vale do Paraíba e da região de Campinas, muitos dos quais se tornaram titulares do Império – os chamados *barões do café* (Reale, 1936, p. 18-19).

centros urbanos do Rio de Janeiro e São Paulo, sobretudo após 1905, ofereceu às fábricas de tecidos uma alternativa energética muito mais barata e segura que o uso direto da água e as dispendiosas máquinas a vapor utilizando carvão.

Para o autor, o estabelecimento de usinas hidrelétricas por empresas estrangeiras nos grandes centros do Rio de Janeiro e de São Paulo após 1905 deu às fábricas de tecidos uma alternativa energética muito mais barata e segura do que o uso direto da água e as dispendiosas máquinas a vapor movidas à carvão. Entre 1905 e 1921 a taxa de crescimento da indústria têxtil algodoeira de São Paulo ultrapassou a dos estados vizinhos (Stein, 1979, p. 110).

Em Sorocaba, a economia algodoeira foi diretamente ligada à figura de Maylasky, que iniciou seu comércio comprando algodão que, depois de beneficiado, era remetido para os grandes centros industriais e também exportado. Aos poucos seu nome passou a ser conhecido em São Paulo, Santos e Rio de Janeiro. Maylasky investiu nos pequenos agricultores, instruindo-os e até mesmo financiando-os. Fundou uma fábrica de tecidos em Sorocaba, dando início ao *trust* do algodão.

No período da guerra civil norte-americana, a cotonicultura em Sorocaba conheceu um tempo de elevado crescimento, chegando à safra a 4 mil arrobas. Crescimento golpeado com o fim da Guerra Civil americana, a retomada da produção algodoeira e consequente redução das importações. Esse fato fez com que os pequenos produtores de algodão de Sorocaba retomassem a produção dos gêneros da terra e o abastecimento interno dos tropeiros. Em 1874 a produção de algodão diminuiu tanto que as encomendas da importadora Luiz Matheus Maylasky & Cia foram insuficientes para importação (Stein, 1979, p. 59).

O poder local, o governo municipal e a classe mais abastada queriam a cidade distante da visão de uma cidade vista como dependente da feira de muares[36]. Baddini (2002) considera que as feiras de muares e o comércio contíguo e complementar que surgia junto a ela, anualmente, originavam importante concentração de capital (apud Neto, 2005, p. 16).

Em meados do século XIX, os comerciantes ligados a feiras começaram a diversificar seus investimentos, face às possibilidades econômicas presentes de maneira especial no estado de São Paulo. Os tempos eram promissores e a cidade começava a se beneficiar das iniciativas de modernização estrutural.

Os novos caminhos de ferro abertos na região com a inauguração da Sorocabana em 1875 foram sedimentados com o desenvolvimento da produção têxtil industrial na cidade. Para Almeida (1969, p. 237), na Chácara Amarela, "começou a instalação de seus fusos e teares". Devido aos problemas de maquinário, falta de mão de obra especializada para manutenção e manuseio, e o próprio Manoel Lopes de Oliveira "que não tinha experiência no ramo, impediu o prosseguimento das atividades. O empreendimento fracassou...", mas em 1882, segundo Araújo Neto (2005, p. 16), começaram a surgir grandes fábricas, como a Nossa Senhora da Ponte. Estas tinham seus ramais ferroviários, suas máquinas e suas produções escoando em grande quantidade pela ferrovia presente tanto na exportação como na importação de bens de capital. Em 1889, os diretores da Cia Sorocabana e outros investidores em Sorocaba estudaram a viabilidade da instalação de outra grande fábrica têxtil na cidade. Para o autor (2005, p.

---

36. Conforme Almeida (1969, p. 64-67), Sorocaba foi o ponto de maior comercialização de muares do final do século XVIII ao final do século XIX no Brasil. Para ela, convergiam imensas comitivas de tropeiros provenientes das mais diferentes partes do país. Esta feira, que era realizada anualmente durante a segunda quinzena do mês de maio, tornou a cidade uma parada obrigatória para os tropeiros, os quais vinham de todos os estados brasileiros para vender, comprar ou trocar seus animais. A feira de muares atraiu novos moradores e permitiu o desenvolvimento do comércio e da indústria locais, popularizando produtos como: facas, facões, redes, doces, peças de ouro para montaria feitas por ourives.

21), o "encilhamento[37]" contribuiu para a tomada de decisão em 1890/1891, pois a fábrica já estava funcionando servida por um ramal da ferrovia, tendo recebido o nome de Santa Rosália.

A Estrada de Ferro Sorocabana

A construção da Estrada de Ferro Sorocabana foi resultado da articulação dos interesses políticos da cidade de Sorocaba. Como anteriormente afirmado, segmentos lutaram para superar a concepção de uma cidade ligada ao comércio de muares, substituindo-o por novos símbolos que representaram as ideias de novas tecnologias, de civilização e de progresso no período. Partindo de propósitos econômicos liberais e tentando acompanhar o ideário republicano, indicavam o sentido da ideia de progresso associada ao crescimento da indústria têxtil.

A inauguração da Sorocabana foi vital para o desenvolvimento têxtil industrial na cidade. A mão de obra também não foi problema. A cidade recebia grupos de imigrantes que se ocupavam profissionalmente de atividades agrícolas, industriais e comerciais. Contava ainda com dois símbolos da modernidade: as estradas de ferro com suas locomotivas e os edifícios industriais, repletos de máquinas que produziam, além dos tecidos, os

---

37. Encilhamento – ato de arrear (equipar) o cavalo, preparando-o para a corrida. O termo foi utilizado para dar nome ao movimento especulativo devido à sua analogia com a crença de tentar se aproveitar, a qualquer custo, de oportunidades "únicas" de enriquecimento quando as mesmas se apresentam. No início do período republicano a economia brasileira ainda se via amarrada, entre outras coisas, por uma legislação econômica restritiva que, entre outras coisas, devido a dois dispositivos legais: a "Lei das Terras", de 1850, dificultava o acesso à posse de terras e imóveis por parte de ex-escravos e imigrantes numa situação em que a agricultura era predominante no país e a "Lei dos Entraves", de 1860 que amarrava há décadas o desenvolvimento do mercado de capitais brasileiro, tendo este se tornado, à época, uma espécie de "feudo cartorial" sob o controle de poucas famílias. Neste ambiente político-econômico e social e sob o pretexto de favorecer o processo de industrialização do país, ocorreu o Encilhamento (Carvalho, 2004, p. 146).

sons e fumaças que encantavam os progressistas da cidade. Para Carvalho (2010, p. 49), as mais recentes pesquisas indicam que esse discurso modernizante encampado por setores influentes e representativos da cidade era contrário à economia tropeira, entendida por eles como um empecilho aos melhoramentos que a cidade precisava. Segundo Arnaldo Pinto Júnior em *A Manchester paulista: imagens históricas de modernidade no município de Sorocaba no início do século XX*, os moradores de Sorocaba podiam observar uma nova paisagem urbana, representada por grandes construções fabris, edifícios de tijolos à vista, telhados ingleses e altas chaminés, a *Manchester paulista*, alusão ao centro fabril inglês, para quem se fornecia. Também chamava a atenção dos moradores as sirenes dessas indústrias, potentes ruídos que marcavam o tempo regido agora pelo cotidiano das indústrias do setor têxtil que dominavam a paisagem com suas chaminés e construções características. O horário de referência era o das sirenes e apitos determinando entrada, almoço, saída dos operários, trocas de turno, contando ainda com o fluxo de movimentação nas regiões mais próximas aos portões das fábricas.

A linha do trem fez um percurso pelo estado paulista até chegar às terras sorocabanas. Com a chegada dos trilhos da Estrada de Ferro São Paulo a Santos e à cidade de Jundiaí em 1867, surgiu em Itu a iniciativa da construção de um ramal que ligasse Itu-Jundiaí. Os ituanos, para angariar fundos suficientes, recorreram à povoações vizinhas que (Gaspar, 1930, p. 31) "tinham de usufruir diretamente das vantagens da via férrea [...]". A 20 de janeiro de 1870, o Presidente da Província, Exmo Sr. Dr. Antonio Cândido da Rocha, deu início à empreitada, com a instalação da sociedade que se organizava para levantar capital. Também foi formada uma Comissão para elaborar e apresentar projetos de estatutos.

Maylasky assumiu a liderança de um movimento de empresários e agricultores da região visando à construção de outra estrada, que ligasse Sorocaba à capital da Província, sem os percalços da baldeação. Segundo Irmão (1969, p. 64), a chamada Comissão

Provisória convocou uma reunião na Câmara Municipal, precisamente no dia 20 de março de 1870 para elaborar os estatutos da estrada de ferro. Feita a reunião, foi constituída a comissão encarregada de levar adiante o projeto da ferrovia que começou a angariar em Sorocaba e em municípios circunvizinhos subscritores de recursos necessários, conseguindo em curto espaço de tempo a quantia de 4.000.000$000 (quatro mil contos de réis).

Assim, à iniciativa de Maylasky juntaram-se a adesão unânime da comissão de Sorocaba, a aprovação dos estatutos da Companhia Sorocabana[38], a Lei provincial nº 33 de 29 de março de 1871, que "concedia o privilégio exclusivo pelo espaço de 90 anos, para construção, custeio e gozo de uma via férrea" (Gaspar, 1930, p. 19) mais a garantia de juros a 7% (sete por cento) sobre o capital máximo de 4.000$000 (quatro mil contos de réis). Ao projeto inicial anexou-se o da construção de uma linha alternativa a São Paulo Railway, partindo do interior para o porto de Santos, com grandes vantagens comerciais para ambas.

Irmão (1969, p. 64) descreve a campanha em prol da ferrovia incentivada pelo sucesso da cultura do algodão. Com o crescimento do cultivo, bem como das atividades de beneficiamento, comércio e fabricação de tecidos e na importação para a Inglaterra, tornou-se possível a criação de uma via de escoamento das produções agrícolas da região sorocabana, que, do algodão se dedicava também à cultura do fumo e de alguns cereais (Moreira, 2008, p. 49).

Em 13 de junho iniciaram-se os trabalhos de construção da estrada. A solenidade do início das obras contou com a presença do presidente da província, o Dr. José Fernandes da Costa Pereira Junior. Lavrada no local a ata, atestando:

> Auto da inauguração dos trabalhos da estrada de ferro do Ipanema a S. Paulo.
> Aos treze dias do mês de junho do ano de nascimento de Nosso Senhor Jesus Cristo de mil oitocentos e setenta e

---

38. Aprovado pelo Governo Provincial, decreto nº 4729 de 24 de maio de 1871.

dois, quinquagésimo primeiro da independência do Império do Brasil, nesta cidade de Nossa Senhora da Ponte de Sorocaba, província de S. Paulo, no lugar escolhido para estação da estrada de ferro de Ipanema a S. Paulo, ao meio dia, presentes o Exmo. Sr. Dr. José Fernandes da Costa Pereira Junior, Presidente da Província; a Câmara Municipal, representada pelo seu Presidente o Sr. Teotônio José de Araujo e mais vereadores; os srs. Luiz Matheus Maylasky, Presidente da Diretoria da Companhia Sorocabana, e mais membros da mesma, e um grande e numeroso concurso de pessoas de tôdas as classes, preenchida a formalidade religiosa da bênção pelo Reverendíssimo Sr. Vigário da Paróquia Padre Antonio Joaquim de Andrade, S.Exa. inaugurou os trabalhos de construção, conduzindo o primeiro carro de terra extraída do lugar onde deve ser edificada a estação principal da mencionada linha férrea. E para constar se lavrou o presente auto, que vai assinado pelas pessoas presentes e acima referidas. E eu Ubaldino do Amaral Fontoura, Secretário da Companhia Sorocabana, o escrevi. (aa) José Fernandes da Costa Pereira Junior, Teotonio José de Araújo, L.M. Maylasky, Presidente da Diretoria, Vigário A.J. Andrade, F.f. Leão, Diretor, Vicente Eufrásio da S.Abreu. (seguem mais trinta assinaturas). (Irmão, 1969, p. 99)

Na virada do século XIX a ferrovia contava com 905 quilômetros de vias, transportando, em 1900, 590.017 toneladas de mercadorias e 223.807 passageiros.

Após a fusão com a Ituana em 1893 a Sorocabana passou a denominar-se Companhia União Sorocabana e Ituana e concluiu em 1897 o traçado inicial ligando Jundiaí a Sorocaba via Itu, através da expansão das linhas em 43 quilômetros até Mayrink, completando, finalmente, a fusão iniciada quatro anos antes.

Ainda que o movimento de transporte de café aumentasse, as finanças da ferrovia se tornavam insustentáveis. Em 1904 o governo federal arrematou-a num leilão por 60 mil contos de réis. O governo do estado de São Paulo a comprou em 18 de abril de 1905 por 3,25 milhões de libras esterlinas (65 mil contos de réis). Em 1907 até 1919, o empresário norte-americano Percival Farguhar a arrendou, sob o nome de The Sorocabana Railway Co. Após sérias dificuldades financeiras a ferrovia entrou em concordata e foi encampada pelo estado de São Paulo. Em outubro de 1927 começaram as obras de construção da ferrovia que desceria a Serra do Mar, as quais exigiam a construção de complexos serviços de cortes, aterros, túneis, viadutos e pontes. No dia 2 de dezembro de 1937, percorreu de São Paulo e Santos, via Mairinque, em viagem experimental, a primeira composição de passageiros, iniciando assim o tráfego regular.

A Sorocabana e seus trabalhadores

Segundo Araújo Neto (2005), a mão de obra da Companhia Sorocabana era, desde o começo, formada por trabalhadores locais e por estrangeiros cuja presença se tornou significativa entre de 1926 – 1930. Era de aproximadamente 17,5% o percentual de imigrantes do total de trabalhadores contratados, a maioria portugueses, seguidos de austríacos e espanhóis, com registro de alemães, italianos, turcos (provavelmente árabes), sírios e romenos em menor número. A necessidade de trabalhadores com especialização de mão de obra e o escasso número de técnicos fez com que fosse necessário buscar mão de obra estrangeira especializada.

Contratar os estrangeiros em grupos permanecia na constituição das turmas de trabalhos. Quase sempre, o imigrante ocupava a função de *trabalhador*, isto é, atividade braçal na conservação da linha permanente e, em alguns casos, como operários nas oficinas. Os dados referem-se a um período em que boa parte das obras de expansão da ferrovia estavam concluídas, restando, entretanto, uma de suas maiores realizações: o início da construção da linha Mairinque – Santos.

Segundo Araújo Neto (2005), os ferroviários demonstraram orgulho profissional elevado. Sabiam de sua importância regional, estadual e nacional pois a economia brasileira era dependente da exportação de produtos como o café e da importação de grande quantidade de produtos industrializados e que o transporte para os portos ou para o interior, só se fazia com certa eficiência pelas ferrovias.

Ao menos desde 1897, os ferroviários da Sorocabana começaram a criar entidades representativas destinadas ao seu auxílio. Inicialmente, eram entidades de ajuda ou socorro mútuo, classificadas como mutualistas. Tinham a função de servir como seguro saúde, já que mantinham médicos; como auxílio educacional, já que mantinham professores alfabetizadores e escolas; como auxílio funeral para seus sócios e, principalmente, como previdência coletiva. Isso se dava porque não havia qualquer sistema social de saúde ou de previdência social destinado aos trabalhadores até o início dos anos 1920. A educação pública era limitadíssima, mal atingindo uma parcela da população.

Embora a remuneração dos ferroviários pudesse ser considerada expressiva de forma geral, as condições de trabalho e a exploração sofrida por esses trabalhadores também foi grande. Viveram às voltas com extensas jornadas de trabalho que, entre os maquinistas, entre 1914/1919, chegavam a 16 horas diárias, defasagem salarial e insegurança no trabalho com frequentes acidentes.

A escola da Estrada de Ferro Sorocabana

O início oficial do ensino indústria no Brasil foi em 1909, com a criação das dezenove Escolas de Aprendizes e Artífices, pelo Ministério da Agricultura, Indústria e Comércio, Decreto nº 7566/1909 do presidente Nilo Peçanha:

> Em cada uma das capitais dos Estados da República o Governo Federal manterá por intermédio do Ministério da Agricultura, Indústria e Comércio, uma Escola de Aprendizes Artífices destinadas ao ensino profissional primário gratuito. (Decreto nº 7.566 de 2 de setembro de 1909)

Para Cunha (2000), as escolas de aprendizes artífices que originaram a rede federal de ensino técnico tinham prédios, currículos e didática próprios, alunos, condições de ingresso e eram destinadas aos egressos que as distinguiam das demais instituições de ensino elementar. O objetivo não era tanto a qualificação profissional ou o desenvolvimento da indústria, e sim a tentativa de redução dos problemas sociais que a urbanização incipiente do país já trazia. A justificativa do decreto presidencial afirmava que:

> [...] o aumento constante da população das cidades exige que se facilite às classes proletárias os meios de vencer as dificuldades sempre crescentes [...] não só para habilitar os filhos dos desfavorecidos da fortuna com o indispensável preparo técnico e profissional, como fazê-los adquirir hábitos de trabalho profícuo que os afastará da ociosidade ignorante, escola do vício e do crime. (Fonseca, 1986, v. 1, p. 177)

Confirmava-se que no início da história do ensino profissional no Brasil que houve um caráter assistencialista baseado ora na ética cristã, ora na filosofia positivista – os ricos deveriam favorecer e/ou proteger os pobres. A escola estava, pois, constituída pela unidade contraditória de duas redes de escolarização: a formação dos trabalhadores manuais e a formação dos trabalhadores intelectuais. Essa diferenciação se concretizou pela oferta de escolas de formação profissional e escolas de formação acadêmica para o atendimento de populações com diferentes origens e destinação social. Durante muito tempo o atual ensino médio ficou restrito àqueles que prosseguiriam seus estudos no nível superior, enquanto a educação profissional era destinada aos órfãos e desvalidos. Segundo Cunha (2000), essas escolas tiveram seu máximo de alunos à década de 1920, entrando em decadência em seguida, já que a maioria das instituições ensinava trabalhos manufatureiros e não industriais, como viria a ser a necessidade a partir de então. Na década de 1930 foi criada a

Inspetoria do Ensino Profissional Técnico, com o dever de supervisionar as Escolas de Aprendizes e Artífices.

Antes de 1914, a maioria dos produtos industrializados empregados no Brasil era importada. Durante a Primeira Guerra Mundial as dificuldades de importação cresceram, forçando o país a instalar novas indústrias.

> À falta de material estrangeiro, abria-se à indústria nacional o monopólio dos mercados interno. Além disso, surgia a possibilidade da entrada de nossos produtos em outros países. E houve uma ânsia de produção. Por toda parte surgiam novas fábricas, novas indústrias. (Fonseca, 1961, p. 176)

Mais operários significava maior necessidade de ensino profissional, não só em quantidade como também em qualidade. Nessa época aumentaram as escolas profissionais, mas ainda assim eram dirigidas aos desfavorecidos. Segundo Fonseca (1961, p. 177), devido ao rápido crescimento industrial, o Congresso Nacional, pela Lei nº 3454 de 6 de janeiro de 1918 começou a rever a questão do ensino profissional no país.

Após as décadas de 20 e 30 do século XX, as máquinas modernas passaram a exigir mão de obra qualificada, trazendo, então, a busca de operários no exterior. Esta solução de caráter imediatista trouxe dois inconvenientes. Primeiro, os operários contratados não transferiam seus conhecimentos aos trabalhadores locais, tomando para si o poder de operação das máquinas, o que acarretava em aumento do valor da sua força de trabalho. Segundo, traziam consigo práticas e conceitos entendidos como contrários à ordem estabelecida, como, a ideia da organização sindical, a greve como poder de barganha pela melhoria de salários e das condições de trabalho. Surgiu também a necessidade de valorizar a busca da qualificação profissional como algo que dignificava o trabalhador, algo que ele desejasse para seus filhos, não como um destino fatal, mas como algo dotado de valor próprio. Para tanto, "o ensino profissional teria de deixar de ser destinado aos miseráveis, órfãos, abandonados e delinquentes" (Cunha, 2000, p. 6).

À mudança de ideologia aliaram-se as exigências oriundas do processo produtivo da indústria e dos transportes ferroviários de trabalhadores que atendessem aos requisitos do taylorismo-fordismo. A qualificação dos trabalhadores não poderia resultar de processos aleatórios, o que imputou os mecanismos de seleção, testes de aptidão e psicotécnicos, não só na prática, como também no discurso do ensino profissional no Brasil.

A concepção do taylorismo expressava-se no próprio Regimento Interno da Escola impresso na Caderneta Escolar no qual estava a distribuição de deveres e direitos dos alunos, os quais não tinham nenhum poder de contestar, avaliar ou julgar qualquer das formas e dos conteúdos colocados em evidência no conjunto do processo educativo na escola. Por exemplo:

> Ao aluno cabe zelar pelo bom nome do estabelecimento, honrando-o por sua conduta irrepreensível e pelo cumprimento dos deveres escolares tais como... "[...] na alínea 1: acatar a autoridade dos professores, Instrutores e dos funcionários do Curso, bem como os Srs. Chefes, Encarregados e Oficiais das Turmas ou secções da O.G. Chefes da Estação, seus ajudantes e demais funcionários, onde façam estágios, tratando-os com urbanidade e respeito." [...] aliena 3: usar uniforme quando adotado. (Capítulo X – Regime Disciplinar dos Alunos, Artigo 57)

O fordismo, configurando a concepção pedagógica da escola, privilegiava atividades em ordem de dificuldades, na aprendizagem de determinadas habilidades técnicas e conhecimentos tecnológicos. À medida que o aluno aprendia novas orientações técnico-operacionais e as realizava, seguia para um escalonamento de ações anteriores até atingir as novas habilidades requeridas, rigorosamente avaliadas pelos instrutores e monitores responsáveis.

Desde 1924 já existia a preocupação de preparar melhor o pessoal para os trabalhos nas oficinas. A necessidade de mão de obra aperfeiçoada, de formação profissional para uma boa qualidade de serviços e rendimentos, levou à criação do Curso de Ferroviários. A Sorocabana foi pioneira nesse processo, enviando anualmente os melhores alunos para a Escola Profissional Mecânica anexa ao Liceu de Artes e Ofícios de São Paulo, onde apuravam suas potencialidades.

Para Moreira (2008, p. 68), coube a Gaspar Ricardo Junior, diretor da Estrada de Ferro Sorocabana, dar sequência aos planos de remodelação e tomar novas iniciativas que permitissem a viabilização do projeto de organização científica do trabalho e a racionalização integral da produção.

Em 1930, por ação direta de Gaspar Ricardo Júnior e Roberto Mange[39], foi criado o Serviço de Ensino e Seleção Profissional da Estrada de Ferro Sorocabana. Foram fundadores do Instituto de Organização Racional do Trabalho (Idort)[40]. Mange era crítico severo da forma tradicional e prática como os trabalhadores aprendiam seus ofícios sem nenhum tipo de educação específica ou gradual. Aprendia-se pela observação e imitação, sem apren-

---

39. Engenheiro suíço veio para ao Brasil para lecionar Mecânica Aplicada às Máquinas da Escola Politécnica de São Paulo. Destacou-se por seu trabalho em instrução profissional racional e seleção de pessoal com base na Psicotécnica. Criou a Comissão de Psicotécnica da Associação Brasileira de Engenharia Ferroviária e o seu Boletim de Psicotécnica. Sua contribuição estende-se à produção de estudos, ensino e formação de profissionais em Psicologia do Trabalho. Considerado um dos pioneiros na difusão das ideias de Taylor no Brasil. Disponível em: <http://www.cliopsyche.uerj.br/arquivo/roberto.html>. Acesso em: 13 fev. 2013.

40. Idort – Instituto de Organização Racional do Trabalho, fundado em 23 de junho de 1931 com o intuito de disseminar uma organização científica do trabalho. "Apresentava o taylorismo como solução, propugnando o combate à desorganização administrativa das empresas, à utilização inadequada de matérias-primas, de força de trabalho e de energia motriz, assim como a defesa da implantação de um controle eficiente dos custos" (Cunha, 2000, p. 25).

dizado de novas técnicas e seu aperfeiçoamento. Não havia nenhum tipo de seleção segundo aptidões pessoais.

Mange, junto com Gaspar Ricardo elaborou um projeto de uma Escola para Aprendizes e um curso de aperfeiçoamento para ferroviários na Sorocabana. O Curso de Ferroviários da Companhia de Estradas de Ferro Sorocabana criado em 1931 foi o primeiro Curso de Ferroviários a abranger a formação de aprendizes ajustadores, torneiros frezadores, caldeireiros ferreiros e eletricistas. Tinha a duração de quatro anos com aprendizado de disciplinas específicas destinadas à instrução profissional, aulas de português, exercícios físicos e noções de higiene.

O curso para aprendizes admitia jovens de 14 a 17 anos por contrato de três anos, assinado pelos pais. Os ingressantes assumiam o compromisso de permanecer na ferrovia por pelo menos cinco anos após a conclusão dos estudos. O ensino teórico e prático se desenvolvia a partir de exercícios racionais e progressivos. As matérias que compunham o currículo eram: História, Geografia, Moral, Higiene, Física e Mecânica, Geometria, Aritmética, Desenho e Tecnologia. Os alunos matriculados recebiam uma remuneração fixa, conforme a idade e a qualidade de seu desempenho, auxílio-residência e gratificações. A escola dispunha de quadras de esporte e colônia de férias, mostrando o apreço à saúde física dos aprendizes. Os exames práticos ministrados em vagões eram de demonstração criados especialmente com essa finalidade e ocorriam mensalmente. Os trabalhos eram orientados pelas "séries metódicas", conjuntos de desenhos de peças, organizados por graduação de dificuldades, que deveriam conduzir a ação do aluno.

Inicialmente o ensino teórico era ministrado no prédio da Escola Profissional de Sorocaba. Para as aulas práticas em segundo período, os alunos se dirigiam às oficinas da E. F. Sorocabana. Posteriormente, um local específico em anexo às oficinas foi disponibilizado e o curso todo passou a ser ministrado em espaço próprio da ferrovia. As séries metódicas incluíam um estágio na área de especialização no quarto e último ano de curso. Era enfatizada a estreita ligação que devia haver entre os cursos teóricos e os trabalhos práticos, sempre na perspectiva de um conhecimento técnico que embasasse a compreensão do processo de qualidade e do resultado da produção. O programa e os cursos estavam de acordo com as necessidades da ferrovia. Os cursos e currículos poderiam ser alterados para melhor adaptação às demandas da Companhia.

Um dos objetivos do Curso dos Ferroviários era formar os trabalhadores mais produtivos pela organização racional do espaço e das tarefas. Para Mange, era necessária a formação de um novo tipo de trabalhador, de acordo com as urgências da indústria e inserido numa nova cultura do trabalho, que realizaria suas tarefas com maior eficiência, de modo correto, com docilidade à hierarquia da linha de produção. Para tanto, eram necessárias mudanças na educação e a introdução de um ensino moralizante ministrada junto ao ensino técnico (Zucchi, 2005).

O curso para aprendizes, no início, contemplava apenas aos filhos de ferroviários, porém, mais tarde, teve alterado o seu regimento para estender esse direito a seus irmãos, netos e sobrinhos, até que, posteriormente, passou a facultar a todos o seu acesso, parentes de ferroviários ou não, e a inscrição para disputa de vagas.

As exigências para o ingresso eram idênticas aos da Companhia Paulista: o candidato tinha que ser aprovado no exame de admissão que se tratava de provas simples de linguagem escrita, de operações e problemas de aritmética e geometria. Passava também por exame médico e provas de aptidões. Uma vez classificado, se apresentava na Escola Industrial "Fernando Prestes" de Sorocaba, ou na chefia do Departamento de Mecânica da E. F. Sorocabana, munido de atestado de vacina e requerimento dirigido ao Diretor do estabelecimento.

Para desenvolver os trabalhos de formação e seleção psicotécnica para o pessoal da estrada, foi criado o Serviço de Ensino e Seleção Profissional – Sesp – para melhor preparar o pessoal para as diversas funções, capacitá-lo para o manejo das máquinas modernas e obter resultados mais satisfatórios e eficientes. Era a possibilidade de formar e capacitar os quadros profissionais sem recorrer ao imigrante. De acordo com Boschetti (2006 apud Cunha, 2000, p. 135),

> O SESP oferecia um *curso de ferroviários*, com quatro anos de duração para as seguintes especialidades: ajustador, torneiro-fresados, caldeireiro, ferreiro, eletricista, operador, mecânico. Um *curso de aperfeiçoamento* para o pessoal das oficinas, compreendendo disciplinas como português, matemática, desenho técnico, higiene, prevenção de acidentes e outras. Um *curso de tração* para foguistas e maquinistas. Um *curso de telégrafo*, visando a especialização do pessoal dos departamentos de movimento e telegrafo, ensinando desenho e matemática. Nos seus 10 anos de existência, o SESP ministrou ensino profissional a 2.400 trabalhadores em seus diversos cursos.

Os trabalhos práticos orientados pelas "séries metódicas", conjuntos de desenhos de peças, organizados por graduação de dificuldades, conduziam a ação do aluno. Segundo Oliveira (1995, p. 19),

> [...] resultados consagram, nos meios empresariais e educacionais, o valor dos novos Métodos de formação de mão-de-obra, inspirados em dois conceitos fundamentais, isto é a pesquisa psicotécnica; e a formação do aprendiz como um todo indivisível, abrangendo não apenas a qualificação técnica, mas, também, os atributos da personalidade, isto é, a educação integral.

Em sua organização o curso compreendia, além do currículo, regulamentos, programas, horários e uma metodologia que utilizava o que havia de mais moderno para a época, em ensino profissional: seriação metódica e aplicação de testes psicotécnicos para seleção. Dados comparativos verificados constantemente garantiam o valor do método aplicado. Os quadros a seguir ilustram a preocupação em assinalar a produção dos alunos, a relação custo-benefício das atividades realizadas e o índice de aproveitamento dos alunos em relação ao curso.

Quadro geral das matriculas e promoções dos alumnos do F.F. e do C.A., 1935

Producção industrial da Officina de Aprendizagem, em 1935: O 1º Anno confeccionou 1860 peças de utlização na O.G. e fazendo parte da série methódica de trabalhos de officina.
Requisitadas pela O.G., foram ainda executadas pelos alumnos do 2º e 3º anno, 945 peças para reparação de locomostivas, trabalhadas em torno, plaina, fresa e bancada.
Os alunnos ajustadores do 3º anno trabalharam parte do tempo na reparação geral da locomotiva nº 21, em seguida passaram para a O.G. em estágios de producção industrial.
A loc. 21, cujos trabalhos de reparação foram aproveitados para fins de aprendizagem na O.A., foi entregue à Officina Geral, em Maio do corrente anno.
O valor da mão de obra fornecida pelos alumnos, nessa reparação, corresponde á importância de Rs. 4:000$000, conforme orçamento elaborado.

Quadro geral das estatísticas e promoções dos alumnos do C.F. e do C.A., 1935

Cursos	Matrícula inicial	Alumnos eliminados	Existencia em Novembro	Nº de alunos		Porcentagem de aprovação %	Porcentagem de frequência média %
				Aprovados	Reprovados		

1.º CF.	33	6	27	22	5	81	93,5
2.º CF.	24	-	24	20	4	83	94,5
3.º CF.	14	2	12	12	-	100	92,0
4.º CF.	16	-	16	16	-	100	96,0
CA.	52	34	18	18	-	100	71,0
Totall	139	42	97	88	9	93	-

Os cursos para todas as seções das oficinas da ferrovia tinham a duração de quatro anos. Porém, os cursos de marcenaria, caldeiraria, ferraria, fundição e solda duravam três anos O ensino baseado nas séries metódicas incluía um estágio na área de especialização no quarto e último ano de curso.

Para Zucchi (2005) havia diferenças significativas entre o currículo proposto pela Companhia Paulista e o implementado pela Companhia Sorocabana, apesar de o segundo recorrer muitas vezes ao primeiro, chegando mesmo a copiar algumas propostas. O primeiro diferencial eram as aulas de Português, ministradas em todos os anos. Essa disciplina incluía assuntos de História, Geografia e Educação Cívica. Havia também aulas específicas de Higiene e Acidentes; Orçamentos; Organização Ferroviária e exercícios físicos.

O êxito do Curso de Ferroviários contribuiu para a criação de um órgão – CFESP (Centro Ferroviário de Ensino e Seleção Profissional), em 1934, para o preparo e seleção do pessoal ferroviário que ligou as ferrovias paulistas.

Para avaliar a aprendizagem dos alunos, foi instituída a chamada peça de prova, "que constava de um dos desenhos utilizados na formação profissional dos alunos da primeira série do curso de ferroviários" (Cunha, 2000, p. 136). O relato de antigos ferroviários descreve: os alunos faziam as peças na oficina. Elas eram medidas pelos mestres e recebiam uma nota que ia para secretaria do curso.

Na secretaria essa nota era somada com as demais matérias e extraída uma média. De acordo com a média se recebia um salário, descontando as faltas que o estudante tivesse durante o mês. Também eram ministrados cursos em vagões de demonstração criados especialmente com essa finalidade. As provas eram mensais.

A ênfase maior era dada aos trabalhos práticos, sendo primordial a relação entre o ensino técnico e as atividades práticas. O curso não visava apenas ao ato disciplinar, mas capacitava o trabalhador ao domínio de um ofício. Significava formação profissional. Este processo de preparação da força de trabalho era constitutivo no modelo taylorista-fordista de organização de produção.

Ford desenvolveu um sistema que pagava melhor os empregados e vendia produtos mais baratos. No Fordismo, o lucro não vem da venda de produtos caros e luxuosos e sim da venda de produtos baratos, simples para todos. Esse conceito, o da produção em escala industrial, passou a ser a base da administração de empresas e da indústria mundial a partir de então.

Outra concepção importante era a linha de produção. Embora o conceito já existisse foi Henry Ford quem aperfeiçoou e aplicou com sucesso esse conceito pela primeira vez. Segundo a teoria do fordismo, fazendo trabalhos pequenos e bem específicos os funcionários produziriam mais, já que ficariam extremamente treinados em sua função e não precisariam se preocupar com mais nada.

O Taylorismo, por sua vez, era um tipo de administração industrial que buscava dinamizar o trabalho nas fábricas com a finalidade de aumentar a produtividade criada por Frederick Winslow Taylor, engenheiro americano, a partir da observação do trabalho de funcionários de uma indústria, verificando atentamente a agilidade e rapidez com a qual os trabalhadores realizavam suas respectivas tarefas. Taylor propôs medidas com o intuito de elevar a eficácia: agregar valores ao salário pela elevação da produtividade; incluir cada trabalhador a realizar uma atividade específica pois a repetição da tarefa elevava a agilidade, aumentava a rapidez e, consequentemente, diminuía o tempo de produção. As ideias tayloristas propunham ainda alterações na organização estrutural dentro das indústrias têxteis, para dinamizar ao máximo o processo capitalista de produção, que visava diminuir custos, aumentar lucros e acumular capital.

Para Zanetti (2007, p. 25-26), o ensino profissionalizante nas ferrovias implicava na qualificação ao trabalhador, ao passo que na proposta de Taylor a formação do trabalhador era desnecessária. Em nenhum momento ou em nenhuma passagem de seus escritos Taylor manifestou a intenção de intervir na esfera produtiva por meio de instituições formadoras de mão de obra ou ainda considerou contribuir para o desenvolvimento técnico do trabalhador. Muito pelo contrário, uma de suas intenções era expropriar os saberes operários. Na divisão de tarefas proposta por Taylor, sempre ficou patente um claro hiato entre o trabalho intelectual e o material, entre quem planejava e quem executava uma determinada atividade produtiva (Zanetti, 2007, p. 27).

Para Zanetti (2007, p. 34), os métodos que Mange adotava tanto no Liceu de Artes e Ofícios de São Paulo como na Estrada de Ferro Sorocabana tinham sua origem não no Taylorismo, mas sim na prática pedagógica do Centro Alemão para o Ensino Técnico, em cuja série metódica, acima mencionada, foram feitos ajustes.

Concluindo com a ligação desses aspectos é possível verificar como a ideia de eficiência norteou o Curso de Ferroviários da Estrada de Ferro Sorocabana. A pesquisa deixa claro em seus argumentos que a relação entre organização-funcionamento dos cursos e a constante verificação do aluno em seu cotidiano não abdicava de pontuar todas as facetas do desempenho do aluno: da frequência à curva de progresso e aperfeiçoamento. Particularidades que contribuíam para formar uma identidade profissional qualificada, de estabilidade e progressão funcional, de bons salários e ganhos sociais extensivos à família e que mudaram, em parte, o conceito depreciativo do ensino profissional, ao entender o trabalho como aquisição ativa da cultura, fundamento da sociedade humana e caminho para a solidariedade, a disciplina e a cooperação (Boschetti, 2006).

Referências

ALMEIDA, Aluísio de. **Sorocaba**: 3 séculos de história. Sorocaba: Instituto Histórico e Genealógico de Sorocaba, 1969.

ARAÚJO NETO, Adalberto Coutinho de. **Sorocaba operária**: ensaio sobre o início do movimento operário em Sorocaba, 1897-1920. Sorocaba: Creart, 2005.

_____. **A Sorocabana e seus trabalhadores**. Disponível em: <http://www.crearte.com.br/adalberto_textos_t02.htm>. Acesso em: 18 jan. 2013.

BOSCHETTI, Vânia Regina. O curso ferroviário da Estrada de Ferro Sorocabana. **HISTEDBR** [on-line], Campinas, n. 23, p. 46-58, set. 2006.

BOSCHETTI, Vânia Regina; CARMO, Jefferson Carriello. **Teares e trilhos**: a educação de ofícios em Sorocaba. Disponível em: <http://alb.com.br/arquivo-morto/edicoes_anteriores/anais15/alfabetica/CarmoJeffersonCarriellodo.htm>. Acesso em: 26 out.2012

CARVALHO, Ney. **O encilhamento**: anatomia de uma bolha brasileira. São Paulo: Bovespa, 2004.

CARVALHO, Rogério Lopes Pinheiro de. **Fisionomia da Cidade de Sorocaba** – cotidiano e transformações urbanas – 1890-1943. 1. ed. São Paulo: Biblioteca24horas; Seven System Internacional Ltda., dez. 2010.

CUNHA, Luiz Antonio. **O ensino de Ofícios nos primórdios da industrialização**. São Paulo: Editora UNESP, Brasília, DF: Flacso, 2000.

FONSECA, Celso Suckow. **História do ensino industrial no Brasil**. Rio de Janeiro: Senai/DN/DPEA, 1986. v 1. 284p.

_____. **História do ensino industrial no Brasil**. Rio de Janeiro: Tipografia da ETN, 1961.

GASPAR, Antonio Francisco. **Histórico do início, fundação, construção e inauguração da Estrada de Ferro Sorocabana 1870 -1875**. São Paulo: Estabelecimento Graphico Eugênio Cupolo, 1930.

IRMÃO, José Aleixo. **A perseverança III e Sorocaba**. Sorocaba: Oficinas do Cruzeiro do Sul, 1969.

JÚNIOR, Arnaldo Pinto. **A Manchester paulista**: imagens históricas de modernidade no município de Sorocaba no início do século XX. 2013. Dissertação (mestrado) – Universidade de Campinas, Campinas.

MOREIRA, Maria de Fátima Salum. **Ferroviários, trabalho e poder**. São Paulo, Editora UNESP, 2008

NAGLE, Jorge. **Educação e sociedade na Primeira República**. Rio de Janeiro: EPU, 1974/1976.

OLIVEIRA, Afonso Celso de. **Tudo começou na Escola Profissional**. Sorocaba: Academia Sorocabana de Letras; Prefeitura Municipal de Sorocaba; Secretaria da Educação e Cultura; Faced; Conselho Municipal de Cultura, 1995.

PEGORETTI, Jardel. **Fundação da Companhia de Estrada de Ferro**: Luiz Matheus Maylasky – a cidade de Sorocaba. 2. ed. Sorocaba: Gráfica e Editora Paratodos Ltda., 2006.

REALE, Ebe. **Café**. Rio de Janeiro: Sindicato Nacional de Livros, 1936.

SALVADORI, Maria Angela Borges. Educação, trabalho e juventude: os centros ferroviários de ensino e seleção profissional e o perfil do jovem ferroviário. **Histórica** – Revista do Arquivo Público do Estado de São Paulo, n. 11, jun. 2006. Disponível em: <http://www.historica.arquivoestado.sp.gov.br/materias/.../texto02.pdf>; www.revistaferroviaria.com.br/.

STEIN, Stanley J. **Origens e evolução da indústria têxtil no Brasil, 1850-1950**. Tradução de Jaime Larry Benchimol. Rio de Janeiro: Campus, 1979.

STRAFORINI, Rafael. **No caminho das tropas**. Sorocaba: TCM-Comunicação, 2001.

THOMPSON, Paul. **A voz do passado**: história oral. Tradução de Lólio Lourenço de Oliveira. 3. ed. Rio de Janeiro: Paz e Terra, 2002.

ZAMBELLO, Mario Henrique. **O aviltamento do trabalho e o declínio do patrimônio ferroviário paulista**. 2003. Disponível em: <http://periodicos.sbu.unicamp.br/ojs/index.php/urbana/article/download/8635122/2937>.

ZANETTI, Augusto; VARGAS, João Tristan. **Taylorismo e fordismo na indústria paulista:** o empresariado e os projetos de organização racional do trabalho, 1920-1940. Editora Humanitas, 2007.

ZUCCHI, Bianca Barbagallo. A criação da Escola de Ferroviários da Companhia Sorocabana. **História, Revista On Line do Arquivo Público de São Paulo**, n. 4, p. 97015-440, 2005.

Capítulo 11
ASPECTOS HISTÓRICOS DA PESSOA COM DEFICIÊNCIA: ALGUMAS SOLICITAÇÕES SOCIAIS PARA A CONTEMPORANEIDADE

Silmara A. Lopes

Este capítulo encontra-se dividido em duas seções: na primeira elabora-se um breve levantamento do retrato que se construiu das pessoas com deficiência dos primórdios aos dias atuais e na segunda busca-se analisar como vem sendo oferecido um dos direitos fundamentais: a educação escolar para essas pessoas.

Procura-se entender como a deficiência foi encarada na sociedade primitiva, escravista, feudal e capitalista e que concepções, métodos e recursos foram utilizados para a eliminação, segregação e/ou exclusão desses indivíduos. Essas relações podem ter produzido determinadas concepções a respeito dos limites e das possibilidades para a existência dessas pessoas, que perpassaram os tempos e podem estar, de forma anacrônica ou ajustada, presentes na atual ordem econômica, política, social e cultural, moldando o imaginário dos homens contemporâneos. As relações com o corpo são construídas historicamente e marcam as relações estabelecidas pelos sujeitos na sociedade em que vivem.

Desde os primórdios eram percebidos os problemas físicos, mentais ou sensoriais, de natureza transitória ou permanente e os esforços do homem durante sua existência na Terra quanto às superações de suas dificuldades. Entretanto, os obstáculos trazidos pelas deficiências foram encarados durante séculos como problema individual e não do Estado ou da sociedade.

A deficiência e os povos primitivos

Os homens primitivos viviam e realizavam suas atividades produtivas em grupos, os quais eram formados por famílias ou tribos. Na maior parte deste período da História, a humanidade foi formada por pequenos agrupamentos de nômades que sobreviviam perambulando pela terra, enfrentando as dificuldades em busca da caça, da pesca e de tudo aquilo o que a natureza podia lhes oferecer. Mais tarde, com o desenvolvimento da agricultura e do pastoreio, os homens passam a fixar-se em determinadas regiões, iniciando a fase de sedentarização (Engels, 1984, p. 24-25).

Na fase de nomadismo, os rios, os lagos, os mares, os campos de caça e de coletas de frutos podiam ser usufruídos por todos os agrupamentos que por eles transitassem. Na fase sedentária, os animais domesticados, as terras cultivadas e os alimentos extraídos das atividades agrícolas eram propriedades coletivas da comunidade que as desenvolviam, o que significa afirmar que "a primeira forma da propriedade é a propriedade tribal" (Marx; Engels, 2007, p. 44).

De acordo com Silva (1986), as condições de existência das pessoas com deficiência nas sociedades primitivas, apesar das poucas informações a esse respeito, apontam para o estabelecimento de duas tendências: uma que perpassou todo este período histórico, marcada pelo abandono, segregação e extermínio das pessoas com deficiência e outra que vigorou em algumas comunidades sedentarizadas, marcada por atitudes de aceitação, de apoio e de assimilação.

Durante a fase de nomadismo, na qual cada membro do agrupamento humano necessitava estar apto para enfrentar os perigos no mundo selvagem, não havia condições objetivas que permitissem a sobrevivência desses indivíduos. Então, não havia outra alternativa a não ser se livrar daqueles que estavam sem condições de acompanhá-los em seu ritmo de vida.

No processo de sedentarização dos homens, além da descoberta da agricultura e da domesticação de alguns animais, também houve um maior desenvolvimento na produção de instrumentos artesanais, os quais puderam potencializar as ações humanas, melhorando as condições de vida desses povos e possibilitando com isso a sobrevivência das pessoas com deficiência.

Assim, em tal sociedade as atitudes de aceitação, de apoio e de assimilação das pessoas com deficiência eram possíveis, já que poderiam desenvolver atividades que estavam em conformidade com a sua forma de ser, contribuindo para a manutenção do grupo. Porém, é provável que alguns povos ainda continuaram adotando a prática do abandono, da segregação e do extermínio, procedimento que pode ser explicado como resultado da herança de antigos costumes.

Nos povos primitivos as relações de amizade e ajuda predominavam para atender à sobrevivência do grupo como um todo. Nesse tipo de sociedade, de um modo geral, ainda não se presume a questão da dominação de alguns homens sobre outros, como se observa nitidamente em outros modos de produção.

A deficiência e o modo de produção escravista

O mundo antigo pode ser caracterizado por sociedades estratificadas entre uma classe que possuía os meios de produção e outra que não os possuía.

Na Grécia antiga, devido ao atendimento das necessidades básicas garantidas pelo trabalho dos escravos, os homens livres podiam se dedicar ao ócio. É a partir daí que os homens começam a pensar de forma sistematizada, a construir ideias, paradigmas que atravessarão os séculos. Um desses paradigmas surgiu, especialmente, em Esparta, onde as crianças que nasciam com deficiência eram lançadas em um precipício. A prática de eliminação sumária justificava-se como ação para o bem da criança e da república, em que a maioria dos cidadãos livres deveria se tornar guerreiro e a perfeição do corpo era muito valorizada (Bianchetti; Freire, 2011).

O paradigma ateniense com a vida movimentada da cidade-estado grega, a filosofia, a retórica, a argumentação e a contemplação vai criar uma nova concepção de corpo e de sociedade (Idem, 2011).

A divisão da sociedade ateniense entre escravos e livres possibilitou a idealização da divisão entre o corpo (os escravos), degradado, embaraço da mente, a quem cabia a execução das tarefas degradantes, e a mente (os livres), a quem cabia a parte digna, superior, incumbida de comandar, governar, dominar.

Como ocorria em Esparta, o Direito Romano não reconhecia a vitalidade de bebês com características defeituosas, todavia o costume não se voltava, inevitavelmente, para a execução sumária, embora isso também ocorresse. As crianças com deficiência eram abandonadas e, muitas vezes, escravos e pessoas pobres que viviam de esmolas ficavam à espreita para se apossarem dessas crianças e, posteriormente, utilizarem-nas para pedir esmolas, trabalhar em circos ou mesmo para a prostituição. Nesse modo de produção, estabeleceu-se a supremacia do trabalho intelectual sobre o manual, evidenciando-se a exploração de alguns homens sobre outros.

A deficiência e o modo de produção feudal

O contexto histórico-cultural da Idade Média foi responsável pela concepção de corpo da época. Além do comportamento da população medieval ter sido extremamente controlado, também seu pensamento foi manipulado pelo poder dominante da época: o clero e a nobreza. Usando o nome de Deus, os poderosos obtinham muitos benefícios e a população acreditava que se contrariasse as ordens da Igreja não teria a salvação da alma, portanto, não reagia a essa forma de dominação.

O paradigma ateniense repercutiu na Idade Média, porém, foi o âmbito da teologia que modificou sua terminologia. No período feudal, a dicotomia deixa de ser corpo/mente passando a ser corpo/alma e os indivíduos considerados anormais ganham direito à vida, mas são estigmatizados, visto que o modelo moral do cristianismo tinha tendência em encontrar ligações entre as diferenças/deficiências e o pecado.

Nessa divisão, a alma era considerada a parte digna de atenções e cuidados, já o corpo ora era considerado o templo de Deus, ora era visto como oficina do diabo, o que gerava contradições difíceis de serem superadas.

Segundo Bianchetti e Freire (2011), à medida que a Idade Média avança, a relação das diferenças físicas com o pecado começou a intensificar-se. Porém, é necessário que se perceba que esta visão negativa da deficiência/diferença surgiu antes, como no Antigo Testamento da Bíblia que encarava os infortúnios, de um modo geral, como possíveis manifestações dos castigos divinos.

Contudo, em nível isolado existiriam pessoas com deficiência que tiveram uma vida menos difícil, o que pode ter relação com os privilégios da classe social ou das relações sociais que estabeleciam. No relatório mundial sobre a deficiência encontramos informações de que *status* social e riqueza são fatores que podem contribuir para superar as limitações e as restrições para participar e realizar atividades nos vários âmbitos da sociedade. Por outro lado, a deficiência também pode aumentar o risco de pobreza e esta pode aumentar o risco de deficiência, portanto, a relação entre deficiência e pobreza é bidirecional (Organização Mundial da Saúde, 2012, p. 8 e 14).

No Novo Testamento, encontram-se referências aos cegos, surdos e paralíticos como pessoas que provavelmente tenham cometido algum pecado e por esse motivo sofriam tais *penalidades físicas*.

> Vendo-lhes a fé, Jesus disse ao paralítico: Filho, os teus pecados estão perdoados [...] E Jesus, percebendo logo por

seu espírito que eles assim o arrazoavam, disse-lhes: Por que arrazoais sobre estas coisas em vosso coração? Qual é mais fácil? Dizer ao paralítico: Estão perdoados os teus pecados, ou dizer: Levanta-te, toma o teu leito e anda? (Bíblia, 1993, p. 31)

Pode-se dizer que a Igreja conduziu a sociedade medieval nessa direção, tanto que os castigos impostos ao corpo, tais como as flagelações, a fogueira e as torturas da Santa Inquisição representavam a purificação dos pecadores. Por outro lado, colaborou para uma mudança na maneira pela qual as pessoas com deficiência eram vistas e tratadas pela sociedade, ao imprimir a ideia de que essas pessoas eram alertas de Deus e que ofereciam aos homens a oportunidade de praticar o bem. Assim, o flagelo de uns servia para a salvação de outros.

A deficiência e o modo de produção capitalista

A passagem do feudalismo para o capitalismo vai trazer mudanças profundas que repercutirão em várias direções. Busca-se compreender essa transição e de que maneira isso foi organizando a sociedade e atingindo a situação das pessoas com deficiência. Marx e Engels (2008) contribuem ao explicar sobre as transformações diante de novas condições de existência:

> Será necessária inteligência tão profunda para entender que, com a mudança das condições de vida das pessoas, das suas relações sociais, de sua existência social, também se modificam suas representações, concepções e conceitos, em suma, também sua consciência? (Marx; Engels, 2008, p. 40)

O período conhecido como Renascimento não resolveu de maneira satisfatória a situação na qual se encontravam as pessoas com deficiência, mas vai transformando a vida social e o comportamento do homem comum. Um mundo com maior presença da razão começa a ganhar força e a moldar as raízes do homem. Com a paulatina libertação quanto aos dogmas e crendices típicos da Idade Média, entre os séculos XIV a XVI no mundo cristão europeu ocorreu uma gradual, mas evidente mudança sociocultural, com maior reconhecimento do valor humano.

Esse novo momento histórico que acompanhou a burguesia estabelecendo as condições necessárias para, enquanto classe, exercer a hegemonia, diferencia-se da situação anterior em que os homens viviam da produção para a subsistência. Nesse período, o antropocentrismo passa a ser evidenciado e fortalecido.

Pelos desafios colocados à ciência, novas descobertas foram impulsionadas. Newton (1642-1727), ao apresentar uma visão mecanicista do universo, contribuiu para que o corpo passasse a ser definido e encarado como uma máquina, o que desencadeou um resultado desastroso para as pessoas com deficiência: se o corpo era uma máquina, a diferença/deficiência era o mau funcionamento de uma parte dessa máquina. Enquanto na Idade Média a deficiência estava associada ao pecado, ao castigo, passou, então, a ser relacionada à disfunção. Locke (1632-1704), ao definir o recém-nascido e o idiota como *tabula rasa* e o comportamento como produto do ambiente, possibilitou o entendimento da deficiência como a carência de experiências que poderiam ser supridas pela educação, abrindo caminho para que estudos e experiências, nessa área, fossem realizados ulteriormente.

Nessa incursão pela História, observa-se que a burguesia, após sair vitoriosa da Revolução Francesa e agindo enquanto classe dominante, passa a demonstrar seu caráter reacionário, sonegando aos outros os mesmos direitos pelos quais lutara para garantir. Para Marx e Engels,

> [...] cada nova classe que passa a ocupar o posto daquela que dominou antes dela se vê obrigada, para poder encaminhar os fins que persegue, a apresentar seu próprio interes-

se como o interesse geral de todos os membros da sociedade. (Marx; Engels, 2007, p. 72)

A partir da Revolução Industrial, que teve início principalmente na Inglaterra do século XVIII, caracterizada pela passagem da manufatura à indústria mecânica, o ritmo de produção passou a ser ditado pela máquina e pelo controle do trabalhador. Com isso, as anomalias genéticas, as guerras e as epidemias deixaram de ser as únicas causas das deficiências, pois o trabalho, muitas vezes, em condições precárias começou a ocasionar acidentes mutiladores e doenças profissionais. Emergiram mudanças para esses indivíduos com uma atenção mais especializada e não somente institucional como em hospitais e abrigos.

A participação médica na reabilitação dos deficientes foi marcante, trazendo maior inquietação em relação à educação dessas pessoas. Através da experiência feita pelo médico francês Jean Marc Gaspard Itard (1774-1838), no início do século XIX, com um menino encontrado perdido em uma floresta, o qual apresentava hábitos de animal selvagem e características de deficiência mental, foi demonstrado que o atraso que essa criança apresentava tinha origem não em fatores biológicos, genéticos, mas no fato de não ter sido integrada na sociedade humana, evidenciando-se que pessoas com deficiência eram capazes de aprender.

No século XX não se pode afirmar de forma contundente que a maneira de conceber e tratar as pessoas com deficiência tenha obtido uma transformação profunda. No modo de produção capitalista em que o Deus pode ser reconhecido pela alcunha de dinheiro, um dos pecados dessa nova religião é não ser produtivo, trazendo consequências para a vida dessas pessoas que *a priori* costumam ser consideradas incapazes, dificultando a utilização de suas potencialidades. Os dados do Censo Demográfico de 2010 são reveladores, pois apesar da exigência legal de cotas para trabalhadores com deficiência, mais de 50% dessas pessoas estavam fora do mercado de trabalho (IBGE, 2010).

Não obstante, foi nesse século que se intensificou, de modo geral, o desenvolvimento de programas, centros de treinamentos e assistências aos veteranos de guerra. O movimento pós-segunda guerra, no interior de organizações como a ONU e outras, colocou em evidência a pessoa com deficiência, sendo nesse período o surgimento das primeiras Associações dos Pais e Amigos dos Excepcionais em nosso país. Desse modo, a situação das pessoas com deficiência passou a ser objeto de debate público e a constar na agenda das ações políticas, especialmente a partir de 1980.

Para a compreensão de algumas mudanças no Brasil, principalmente nos anos 1990 do século XX, é importante que se tenha uma noção do papel do Estado que passou a ser ideologicamente construído pelas políticas neoliberais e os conceitos como Estado mínimo, ONGs, organismos internacionais.

É relevante, também, entender a concepção de corpo no modo de produção capitalista, particularmente em seu estágio avançado. A sociedade contemporânea condiciona o corpo a uma supervalorização e o coloca no centro das propostas consumistas e alienantes do mundo capitalista, transformando-o no mais novo produto de consumo. Apesar dos avanços técnico-científicos e do discurso pela inclusão social, a sociedade individualista e consumista, de modo geral, continua rejeitando as pessoas com deficiência, tendo como evasiva, muitas vezes sutil, a dificuldade de se enquadrarem no perfil de normalidade socialmente construído.

Segundo Torres (1995, p. 114), o neoliberalismo está ligado com procedimentos de ajuste estrutural, o qual pode ser definido "como um conjunto de programas e políticas recomendadas pelo Banco Mundial, o Fundo Monetário Internacional e outras organizações financeiras". Um aspecto fundamental do neoliberalismo é a diminuição drástica do setor estatal. Para os governos neoliberais, "o melhor estado é o estado mínimo" (Torres, 1995, p. 114-115).

As ONGs surgiram no Brasil no período do regime militar, cresceram na década de 1980 e tornaram-se mais visíveis ao grande público na década de 1990. Essa expansão do trabalho das instituições filantrópicas, as ONGs, consolidaram-se no bojo dos processos sociais e econômicos que nos últimos 30 anos têm transformado a maioria das sociedades ocidentais sob a égide do capitalismo em sua versão neoliberal.

Nesse contexto, o cenário brasileiro passou a sofrer as intervenções, no que tange à reestruturação econômica e social, de organismos internacionais (FMI, Banco Mundial, etc.). Arantes (2000), ao tratar sobre o papel das ONGs e das empresas na sociedade civil brasileira, especialmente na década de 1990, afirma que elas têm seguido a receita de políticas compensatórias recomendadas pelos patrocinadores da reestruturação econômica e social em curso, tendo o Banco Mundial à frente.

O autor prossegue, esclarecendo que a concretização dessas políticas é delegada a parceiros da sociedade civil, entidades sem fins lucrativos, ONGs, que contam inclusive com o repasse de verbas públicas para sua atuação (Arantes, 2000).

Nessa perspectiva, a sociedade civil e as empresas, em especial, são chamadas para ampliar sua responsabilidade sobre a sociedade em que vivem no que diz respeito ao bem-estar social, através de ações de benfeitorias voltadas para a comunidade. As empresas canalizam o trabalho voluntário ao induzir seus empregados a realizá-lo junto às comunidades, transformando-o em vantagem competitiva com a agregação de seus produtos à imagem de empresa cidadã (Idem, 2000).

Assim, destacam-se os programas destinados à suposta inclusão social das pessoas com deficiência que vêm se proliferando, especialmente a partir da década de 1990, como o Criança Esperança (Rede Globo), Teleton (SBT), campanhas midiáticas (tendo como mote a participação desses indivíduos na sociedade), bem como a manutenção e o crescimento da participação de diversas instituições e organizações, não governamentais, voltadas para o atendimento dos diferentes tipos de deficiências (físicas, intelectuais, sensoriais), impulsionadas pelas políticas do modelo de Estado neoliberal, de participação mínima nas políticas sociais, deixando amplo espaço para a *filantropização* e a *privatização* de políticas públicas que antes cabiam ao Estado. De acordo com Oliveira (2000), essa privatização do que deveria ser público, muitas vezes, ocorre às expensas do imposto de renda, do qual são abatidos os gastos filantrópicos.

Pode-se dizer que as ações voltadas para as pessoas com deficiência nas três últimas décadas vêm servindo mais para a manutenção dos ideais e controle da sociedade pelos blocos históricos hegemônicos da contemporaneidade que vão conduzindo a vida material, social, política e cultural em prol de seus interesses, camuflando a realidade com novos discursos e ideologias e mascarando as mazelas sociais que se encontram intensificadas neste século XXI.

Nesse breve percurso histórico, observa-se que em diferentes épocas e culturas, o tratamento dispensado às pessoas com deficiência, especialmente àquelas das classes sociais dominadas, exploradas, tem variado. Entretanto, percebe-se que sempre existiu uma constante histórica: a estigmatização que legitima o preconceito e a continuidade do prejuízo histórico que carregam no que tange ao usufruto dos bens sociais, culturais, econômicos e políticos. Da fase de eliminação sumária até o ainda almejado tratamento humanitário e mais equânime passaram-se séculos de História.

O século XXI trouxe em sua bagagem fatores como avanços tecnológicos, em diversas áreas, e direitos conquistados que preenchem diversas lacunas importantes para o bem-estar do homem, mas ao mesmo tempo as desigualdades sociais, o progresso desmesurado, as cobranças cada vez mais inexoráveis em torno da produtividade, competitividade e consumo ameaçam a todo tempo tudo o que foi conquistado.

Após mais de uma década do século XXI, ainda diante de preconceitos, discriminações e ostracismos, presume-se maiores pressões por parte das pessoas com deficiência e das organizações que lutam em seu benefício com o intuito de garantir seus direitos, bem como de encaminhamentos dos temas ligados à cidadania e aos direitos humanos, que vêm sendo compelidos pelas minorias sociais e classes dominadas para novos olhares e atitudes quanto ao seu papel na sociedade.

Educação especial e educação inclusiva: intercursos e solicitações para a contemporaneidade

Ao tratar sobre os aspectos históricos das pessoas com deficiência, é relevante analisar com vem sendo oportunizada a educação escolar para essas pessoas. Portanto, busca-se investigar os intercursos e as solicitações da educação especial e da educação inclusiva para a contemporaneidade diante das influências e repercussões da Declaração Mundial sobre Educação para Todos (1990) e da Declaração de Salamanca (1994) na educação básica brasileira e paulista, já que esses documentos fomentam, pelo menos em nível ideológico, estratégias para a *diminuição* das exclusões sociais e tiveram forte influência, em nosso país, para a construção de leis e documentos em nível federal e estadual.

Para os fins desta análise, a terminologia educação especial (que historicamente é relacionada às pessoas com deficiência) observa os conceitos adotados no caput do Artigo 58 e seu § 2º, da Lei nº. 9.394/96 que a define como "[...] modalidade de educação escolar oferecida preferencialmente na rede regular de ensino [...]" e acrescenta que o atendimento educacional será realizado "[...] em classes, escolas ou serviços especializados, sempre que, em função das condições específicas dos alunos, não for possível a sua integração nas classes comuns de ensino regular". Abrindo, portanto, exceções para que a educação especial continue sendo realizada fora das classes regulares, influenciando as legislações e documentos educacionais posteriores a ela (que seguirão nessa linha contraditória entre a inclusão de todos nas salas regulares e ao mesmo tempo deixando espaço para que a educação em meios segregativos tenha continuidade) e dando margem para que seja considerada e vivenciada como apartada da educação, de modo geral.

A terminologia "educação inclusiva" observa o conceito ampliado adotado na Declaração de Salamanca, a qual não deve ser interpretada somente à luz da educação especial, já que visa incluir nas escolas

> [...] crianças deficientes e superdotadas, crianças de rua e que trabalham, crianças de origem remota ou de população nômade, crianças pertencentes a minorias linguísticas, étnicas ou culturais, e crianças de outros grupos desavantajados ou marginalizados. (Unesco, 1994)

Daí o argumento para que os sistemas transformem as escolas regulares em escolas inclusivas.

Esse esclarecimento faz-se necessário porque a educação inclusiva no Brasil, em muitos documentos legais, aparece especificamente relacionada à educação especial, confundindo e causando dificuldades para aqueles que deverão colocar em prática as políticas públicas.

Esclarece-se, ainda, que educação especial e educação inclusiva não são termos sinônimos e que as Declarações de Jomtien e de Salamanca são consideradas neste estudo como documentos que se complementam.

Relembra-se que o neoliberalismo, apesar dos discursos que incentivam a inclusão social das pessoas, tem como objetivo a diminuição da participação do Estado nas políticas sociais, e que as reformas educacionais recomendadas pelos organismos internacionais, na década de 1990, buscavam reduzir gastos através de estratégias que conduzissem a uma utilização mais eficiente dos recursos já disponíveis, particularmente os recursos humanos.

Sob essa perspectiva, parte-se do pressuposto de que os movimentos pela inclusão social e escolar estabelecem uma relação com o pensamento neoliberal, sendo plausível que o discurso pela inclusão seja uma das peças-chave do neoliberalismo para atingir um de seus objetivos na sociedade atual no que tange ao acesso de todos à escola sem grandes investimentos financeiros e sem grandes preocupações com a qualidade do ensino oferecido.

Considerando os compromissos propostos aos países pelas duas Declarações em análise, os quais apontam para a necessidade da universalização e democratização da educação, as políticas educacionais brasileiras e paulistas vão sendo (re)organizadas para atender aos acordos feitos com os organismos financiadores (BM, Bird, FMI, etc.).

Algumas premissas presentes na Declaração de Jomtien (1990) e Declaração de Salamanca (1994)

A Declaração Mundial sobre Educação para Todos (1990), registra que o mundo vem enfrentando graves problemas, tais como:

> [...] o aumento da dívida de muitos países, a ameaça de estagnação e decadência econômicas, o rápido aumento da população, as diferenças econômicas crescentes entre as nações e dentro delas, as lutas civis [...].

Aponta "[...] que a falta de educação básica para significativas parcelas da população impede que a sociedade enfrente esses problemas com vigor e determinação" (Unesco, 1990).

Registra que um comprometimento efetivo para superar as desigualdades educacionais deve ser assumido pelos países e que os grupos de excluídos não devem enfrentar qualquer espécie de discriminação no acesso às oportunidades educacionais (Unesco, 1990).

Na Declaração de Salamanca, há o esclarecimento de que o princípio que orienta sua estrutura é o de que as escolas deveriam acomodar todas as crianças independentemente de suas condições, sejam elas quais forem, e o apontamento para a indispensável aproximação entre o ensino regular e o ensino especializado. Traz como princípio fundamental, para que a educação para todos possa se tornar realidade, que é preciso construir escolas inclusivas através de uma pedagogia centrada na criança. Portanto, uma pedagogia que é antípoda à ideia de que um mesmo tipo de ensino/aula possa ser adequado a todos os alunos.

Aponta para o que não é desconhecido na área educacional: que o desenvolvimento de escolas inclusivas requer investimentos em recursos adequados (formação de professores, ajuda técnica, professores especializados, etc.) que deverão ser previstos e providenciados pelas políticas governamentais (Unesco, 1994).

A Declaração de Salamanca é de extrema relevância para o movimento inclusionista por asseverar que todos os esforços deverão ser feitos, no sentido de educar prioritariamente as crianças com necessidades educacionais especiais nas escolas comuns. Sinalizando exceções de estudos em ambientes segregativos, somente para os casos gravíssimos e ainda, assim, indicando que deveriam frequentar por um período as escolas comuns, evitando-se a segregação e possibilitando o convívio social tão necessário para o processo de humanização (Unesco, 1994).

Apesar dos interesses de cunho econômico e político presentes na Declaração de Jomtien (1990) e na Declaração de Salamanca (1994), como a convocação para a universalização da educação enquanto possibilidade de desenvolvimento econômico dos países, especialmente dos subdesenvolvidos, não se pode negar que seus fundamentos filosóficos e pedagógicos (educação como direito de todos, adequação das escolas aos alunos e não o contrário, dentre outros) tenham contribuído, no Brasil e no estado de São Paulo, para aumentar o acesso à educação.

Para Rios (1998), "[...] a atitude crítica é uma atitude radical, não no sentido de ser extremista, mas de ir às raízes buscar os fundamentos do que se investiga" (Rios, 1998, p. 112). Nesse sentido, procurando desvendar além daquilo que é aparente, observa-se que o discurso ideológico neoliberal (contraditório quando enfrenta a realidade em que deveria ser efetivado) favorável à inclusão social das pessoas com deficiência, na realidade, não se preocupa efetivamente com a melhoria das condições de vida dessas pessoas. Então boa parte do que se pode verificar são ações realizadas pela sociedade civil, a continuidade da privatização do público (como é o caso do repasse das verbas públicas às instituições privadas, sem fins lucrativos, para que continuem atuando como escolas especiais substitutivas ao ensino regular) e a inclusão nas salas regulares sem preocupação com a qualidade da educação que estão recebendo.

Considera-se que o paradigma da inclusão escolar no que tange aos seus princípios filosóficos e pedagógicos (educação na escola regular como direito de todos, valorização da diversidade humana, etc.) apresenta relevância pedagógica no contexto deste século XXI. Porém, refuta-se os princípios econômicos e políticos que atuam como pano de fundo desse paradigma (educação na escola regular com melhor custo-benefício às classes dominantes, educação inclusiva para atender ao capital em mais uma de suas crises sistêmicas).

Declaração de Jomtien (1990) e Declaração de Salamanca (1994): influências e repercussões nas legislações educacionais brasileiras

Na década de 1990 as reformas educacionais visavam diminuir os gastos públicos com educação por meio de estratégias com ênfase nos aspectos concernentes ao bom uso dos recursos humanos e materiais para o desenvolvimento (Melo, 1998).

Em 2006, o gasto anual com um aluno em uma instituição não estatal (escolas especiais e outras instituições subsidiadas financeiramente para seu funcionamento) custava ao Estado quase o dobro do valor para manter um aluno no ensino público (aluno incluído em sala regular) (Arruda; Kassar; Santos, 2006).

Nessa direção, relembra-se que a lei maior da Educação brasileira, LDB 9.394/96, no Parágrafo Único do Artigo 60 já afirmava, em consonância com o receituário dos organismos internacionais, que o Poder Público adotaria como alternativa preferencial "[...] a ampliação do atendimento aos educandos com necessidades especiais na própria rede pública regular de ensino". No entanto, o apoio financeiro às instituições privadas especializadas, sem fins lucrativos, foi mantido assegurando-se a velha, conhecida e contraditória relação entre o público e o privado na história da educação especial brasileira e paulista.

A partir da década de 1990, o movimento pela inclusão escolar começa a se desenvolver no Brasil com a divulgação das Declarações de Jontiem e de Salamanca e pelos ordenamentos da LDB/96. Porém, ainda, de forma bastante tímida o que pode ser explicado pelo fato de que os espaços segregados (classes especiais e escolas especiais) eram usados como válvulas de escape ou espaços de compensação da escola regular, que continuava, assim, excluindo parcela significativa de seu alunado, sobretudo das camadas sociais mais pobres. Pelos dados estatísticos observa-se que, no ano de 2001, aproximadamente 90% das matrículas foram registradas nas escolas especializadas e nas classes especiais (sistemas segregativos e ou integrativos) e cerca de 10% das matrículas nas classes comuns (inclusão) (Brasil, 2001).

A década de 90 e o início dos anos 2000 foram fortemente marcados pela redefinição do papel do Estado na economia e na sociedade. Na educação, as reformas neoliberais foram realizadas a partir da universalização da educação básica como meio de *controlar* a pobreza e impulsionar a formação de capital humano, segundo a lógica de gastos sociais mínimos pelo Estado, abrindo enorme espaço para o controle do capital privado no setor.

O Brasil, ao se tornar signatário das duas Declarações em análise, vem demonstrando simpatia pela construção de um sistema educacional inclusivo, ao menos em nível de registros legais. Instaurando-se um processo de amplas mudanças nas legislações federais, repercutindo nas leis estaduais, como é o caso do estado de São Paulo. Entretanto, apesar de reconhecer legalmente a necessidade da construção de sistemas educacionais inclusivos, nosso país e o estado paulista têm se deparado no cotidiano escolar com barreiras de diversas naturezas para materializar a pedagogia da inclusão. Assim, não é difícil perceber algumas contradições, desvios interpretativos, retrocessos, continuidades entre os discursos e as práticas no que tange à construção e implementação de legislações com diretrizes inclusionistas.

Essas barreiras quando não enfrentadas podem levar à continuidade da exclusão social e educacional e tornam quase impossível o bom aproveitamento da e na escola: barreira arquitetônica (não permite ou dificulta a acessibilidade da pessoa com dificuldade de locomoção), atitudinal (atitude preconceituosa, omissa, indiferente), comunicacional (a linguagem verbal ou visual utilizada não alcança as necessidades das pessoas), curricular, metodológica e avaliativa (falta de adequação curricular razoável, métodos de ensino e avaliações que não levam em consideração as necessidades educativas específicas/especiais dos discentes), programática (leis, regulamentos e políticas que perpetuam a exclusão, haja vista que registram direitos que nem sempre encontram condições de se materializar na realidade), dentre outras.

Aspectos quantitativos e qualitativos da educação para todos (educação inclusiva) no Brasil

De acordo com o Censo de 2012, a inclusão em salas comuns vinha ganhando muita força, registrando que, em 2007, o número de matrículas nas salas comuns da rede pública de ensino (alunos incluídos) foi de 285.923 e, em 2012, foi de 583.619 (Brasil, 2012). Pelos dados estatísticos percebe-se que os alunos com deficiência, distúrbios, dificuldades de aprendizagem, estão tendo maiores oportunidades de estar na sala de aula regular (o que representa um avanço no quesito acesso) e que o Estado brasileiro e paulista pelo reaproveitamento dos espaços escolares e dos profissionais da educação já existentes nas escolas comuns vem conseguindo atender ao receituário dos organismos internacionais quando afirmaram que o acesso à escola precisava ser expandido, mas com ótima relação custo-benefício.

Relação que também é assinalada no texto da Declaração de Salamanca: a educação inclusiva traz melhorias em relação ao custo-eficácia de todo o sistema educacional (Unesco, 1994).

Pelas análises já expostas, percebe-se que a inclusão na escola regular vem sendo fomentada pelas legislações, mas as condições para sua materialização não estão satisfeitas, sendo o acesso à educação apenas uma meia vitória que se não acompanhada de qualidade educativa serve mais aos interesses das classes dominantes.

Souza (2013, p. 39) afirma que a ideia de acesso à educação e às políticas de inclusão escolar estão fortemente associadas com aspectos econômicos na medida em que o não acesso pode "[...] representar um alto custo para a economia dos países, tanto pelo gasto com assistência social como pela falta de mão de obra produtiva".

O acesso à escola, considerado neste texto como o aspecto mais quantitativo sem desconsiderar que os aspectos qualitativo e quantitativo se relacionam, pelas pessoas com deficiência, transtornos, distúrbios e por aqueles que no passado nunca adentraram as escolas comuns, vem crescendo a cada ano. O que numa perspectiva dialética pode representar um tipo de qualidade, mas não a qualidade do trabalho educativo necessário para a formação adequada e para a humanização.

Contudo, o número de matrículas em escolas e classes especiais ainda é bastante expressivo, bem como os incentivos financeiros que as instituições e escolas especiais privadas, sem fins lucrativos, continuam recebendo dos cofres públicos, após mais de duas décadas das Declarações de Jomtien e de Salamanca e apesar das legislações brasileiras e paulistas, cujos discursos convocam para a inclusão nas escolas comuns. Em 1998, no Brasil, foram registradas 58.370 matrículas nas escolas e classes especiais e em 2010 o total de matrículas nesses sistemas segregativos foi de 53.109 (Brasil, 1998 e 2010), apontando que tais sistemas vêm se mantendo apesar das leis e dos discursos pela inclusão na sala regular.

O aumento significativo de vagas para alunos com deficiência, transtornos, distúrbios nas salas regulares é um tipo de avanço que, no entanto, não foi acompanhado de políticas educacionais direcionadas para a qualidade da educação (processo de ensino e aprendizagem adequado) para essas crianças e jovens inseridos nas escolas regulares.

Desafios e perspectivas para a educação especial e educação inclusiva

Após esse breve balanço, é possível dizer que a educação especial e a educação inclusiva carregam problemas em sua bagagem, os quais precisam ser enfrentados com urgência por políticas públicas e educacionais com destaque para o aspecto qualitativo da educação que vem sendo oferecida à geração dos incluídos.

A capacitação de docentes para trabalhar com a diversidade humana nas salas de aulas é apontada na Declaração de Salamanca como um elemento-chave na promoção e desenvolvimento das escolas inclusivas. Entretanto, no Brasil e no estado paulista, a formação dos docentes para atuarem com a heterogeneidade de alunos trazida pela implementação da universalização do acesso à educação (Educação para Todos) tem sido precária e não acompanhou esse crescimento quantitativo e cada vez mais heterogêneo nas salas regulares, ou seja, o perfil dos alunos mudou significativamente nesses últimos vinte anos, até porque as relações sociais, o mundo do trabalho e dos homens também mudaram muito diante da nova roupagem do sistema capitalista (neoliberalismo), do processo de globalização, da evolução científico-tecnológica, dentre outros.

A maquinaria escolar e os docentes, salvo exceções, pouco mudaram em relação à sua concepção de alunos: histórica e socialmente construídos como normais e homogêneos. Mais grave ainda é que muitos alunos podem se tornar deficientes intelectuais apenas quando entram na escola, a partir de avaliações equivocadas e unilaterais (avalia-se as dificuldades dos alunos, não avaliando as condições do ensino oferecido e não observando as potencialidades daqueles) que os determinam como diferentes, anormais escolares.

As Declarações de Jomtien e de Salamanca ainda continuam bastante atuais pelas concepções filosóficas e pedagógicas que carregam em seu bojo, como a construção de escolas e ensinos mais inclusivos contrapondo-se à velha e conhecida educação excludente e perversa já na porta de entrada, bem como pela pedagogia centrada na criança em seu sentido favorável ao bom desenvolvimento dos alunos (como aquela que considera as individualidades e necessidades específicas de cada aluno, assumindo-o na escola comum, oportunizando ensino de qualidade e considerando que todos são capazes de aprender desde que sejam oferecidas oportunidades educacionais adequadas às suas necessidades) que poderá viabilizar a inclusão depois da porta de entrada.

A Itália é um exemplo de país que tem procurado engajar-se para que o ideal de uma educação mais inclusiva e menos segregativa se torne realidade. Segundo Mittler (2003), atribui-se à Itália o mérito de ter sido o primeiro país a legislar e implementar um novo sistema educacional radical (que envolveu o fechamento da maioria das escolas especiais e a transferência de todos os seus alunos para escolas próximas de suas residências), no qual 99% das crianças com necessidades especiais estão em escolas regulares, o que não implica que essa questão esteja totalmente resolvida nesse país (Mittler, 2003, p. 52-53). As possibilidades concretas demonstradas pela Itália indicam que em nosso país com legislações menos contraditórias (que fomentam a inclusão, mas continuam permitindo a educação escolar em meios segregacionistas) e mais decisivas em prol da educação inclusiva poder-se-ia caminhar no sentido de um sistema educacional que busca diminuir os altos índices de exclusão social que ajuda a produzir.

As legislações brasileiras, apesar de assumirem um discurso favorável à inclusão nas salas regulares, continuam abrindo exceções para a continuidade do paradigma da segregação e da integração (escolas especiais e classes especiais) que acabam atuando como barreiras para que o movimento da educação inclusiva (refutando-se aqui os interesses econômicos por trás desse paradigma, o que ensejaria investimentos financeiros em prol de uma educação e ensino mais inclusivos e de qualidade) nas escolas regulares possa ser assumido, enquanto perdura o modo de produção capitalista, como aquele que melhor atende ao desenvolvimento histórico, social e filosófico da educação neste século XXI, depois de muitas lutas, em vários âmbitos da sociedade pelo fim do *apartheid* social, inclusive nas escolas que devem acolher e ensinar com qualidade a diversidade humana.

Para que as escolas se tornem mais inclusivas é necessário que se considerem as diferenças (biológicas, psicológicas, sociais, culturais, etc.) entre os alunos um desafio e uma oportunidade para a criação de novas situações de ensino e aprendizagem, que sejam capazes de inventariar o que está impedindo a participação de todos, que os professores desenvolvam a capacidade de dar respostas de ensino capazes de atender às dificuldades/necessidades específicas/especiais de cada aluno, que sejam implementadas políticas públicas sociais e educacionais favoráveis a todo esse processo de mudanças, com destaque para aquelas que implicarão investimentos financeiros em educação, especialmente na formação de todos os docentes para o trabalho educativo com aqueles que apresentam necessidades específicas/especiais de aprendizagem (a heterogeneidade que vem sendo negada).

A escola que hoje visualizamos está longe de cumprir um dos princípios cruciais de uma verdadeira inclusão escolar que é propiciar a todos a democratização do saber, pois o sistema capitalista a despeito de propagar a ideologia da inclusão social e escolar, é produtor de exclusões e contraditório à solução das diversas mazelas sociais que acometem boa parte da população. Porém, enquanto perdura o sistema capitalista, há um caminho a percorrer e um sonho a comandar nossas vidas enquanto seres humanos e educadores que lutam por um mundo e educação melhores, sem tantas exclusões: a participação na construção de uma sociedade e escolas mais democráticas, em que a justiça, o respeito pelo outro e a equidade sejam os grandes princípios que podem gerar escolas mais inclusivas de fato.

Referências

ARANTES, Paulo E. Esquerda e direita no espelho das ONGs. In: **ONGs identidade e desafios atuais**. Cadernos ABONG. Publicação da Associação Brasileira de Organizações Não Governamentais, n.27, maio, 2000.

ARRUDA, Elcia E. de; KASSAR, Mônica de C. M.; SANTOS, Marielle M. Educação Especial: o custo do atendimento de uma pessoa com necessidades educativas especiais em instituições públicas estatal e não estatal, em MS, 2004. In: NERES, Celi C.; LANCILOTTI, Samira S. P. (orgs.). **Educação especial em foco**: questões contemporâneas. Campo Grande: Ed. Uniderp, 2006.

BIANCHETTI, Lucídio; FREIRE, Ida M. Aspectos históricos da apreensão e da educação dos considerados deficientes. In: BIANCHETTI, Lucídio; CORREIA, José A. (orgs.). **Exclusão no trabalho e na educação**: aspectos mitológicos, históricos e conceituais. Campinas: Papirus, 2011. p. 81-108.

BÍBLIA. Novo Testamento. Português. **Bíblia Sagrada**. Novo Testamento. Tradução de: João Ferreira de Almeida. 2. ed. Barueri: Sociedade Bíblica do Brasil, 1993. Mc, Cap. 2, vers. 5.8.9, p. 31.

BRASIL. **Censo da educação básica**: 2012 – resumo técnico. Brasília: Instituto Nacional de Estudos e Pesquisas Educacionais Anísio Teixeira, 2012.

_____. **Sinopse Estatística da Educação Básica/Censo Escolar 2010**. Brasília: Instituto Nacional de Estudos e Pesquisas Nacionais (Inep), 2010.

_____. **Sinopse Estatística da Educação Básica/Censo Escolar 1998**. Brasília MEC/INEP, 1998. Disponível em: <http://download.inep.gov.br/download/censo/1998/basica/censo-miolo-98.pdf>. Acesso em: 3 dez. 2013.

_____. Presidência da República. Congresso Nacional. **Lei nº. 9.394, de 20 de dezembro de 1996**. Brasília, 1996. Disponível em: <http://portal.mec.gov.br/seesp/arquivos/pdf/lei9394_ldbn1.pdf>. Acesso em: 20 out. 2013.

_____. Ministério da Educação. Instituto Nacional de Estudos e Pesquisas Educacionais.

ENGELS, Friedrich. **A origem da família, da propriedade privada e do Estado**. Rio de Janeiro: Civilização Brasileira, 1984, p. 24-25.

GRAMSCI, Antonio. **Concepção dialética da História**. 2. ed. Rio de Janeiro: Civilização Brasileira, 1978.

INSTITUTO Brasileiro de Geografia e Estatística (IBGE). **Censo Demográfico 2010**. Características gerais da população, religião e pessoas com deficiência. Rio de Janeiro, 2010.

MARX, Karl; ENGELS, Friedrich. **Manifesto do Partido Comunista**. São Paulo: Expressão Popular, 2008.

_____. **A ideologia alemã**. Rio de Janeiro: Civilização Brasileira, 2007.

MELO, Marcus A. As sete vidas da agenda pública brasileira. In: RICO, Elizabeth Melo (org.). **Avaliação de políticas sociais**:

uma questão em debate. São Paulo: Cortez; Instituto de Estudos Especiais, 1998.p. 11-28.

MITTLER, Peter. **Educação inclusiva**: contextos sociais. Porto Alegre: Artmed, 2003.

OLIVEIRA, Francisco de. Brasil, da pobreza da inflação para a inflação da pobreza. In: **ONGs identidade e desafios atuais**. Cadernos ABONG. Publicação da Associação Brasileira de Organizações Não Governamentais, n.27, maio/2000.

ORGANIZAÇÃO Mundial da Saúde. **Relatório Mundial sobre a Deficiência**. Tradução de Lexicus Serviços Linguísticos. São Paulo: SEDPcD, 2012. 334p.

RIOS, Terezinha A. Avaliar: ver mais claro e caminhar mais longe. In: RICO, Elizabeth Melo (org.). **Avaliação de políticas sociais**: uma questão em debate. São Paulo: Cortez; Instituto de Estudos Especiais, 1998, p.111-116.

SOUZA, Flávia F. de. **Políticas de educação inclusiva**: análise das condições de desenvolvimento dos alunos com deficiência na instituição escolar. 2013.297f. Tese (doutorado em Educação) – Universidade de Campinas, Campinas.

TORRES, Carlos A. Estado, privatização e política educacional. Elementos para uma crítica do neoliberalismo. In: GENTILI, Pablo (org.). **Pedagogia da exclusão**: o neoliberalismo e a crise da escola pública. Petrópolis: Vozes, 1995.

UNESCO. **Declaração de Salamanca**: sobre princípios, política e práticas na área das necessidades educativas especiais. Salamanca, Espanha. 1994.

_____. **Declaração Mundial sobre Educação para Todos**: satisfação das necessidades básicas de aprendizagem. Jomtien, Tailândia. 1990.

Capítulo 12
A LEI 5540/68: A REFORMA UNIVERSITÁRIA EM SEU CONTEXTO

Vania Regina Boschetti

Introdução

A participação militar na vida política dos países da América Latina é registrada pela história em vários momentos. A idealização e realização de golpes de Estado fizeram caminhada pelos quartéis e altos comandos até chegar aos palácios de governo. Com grande habilidade, conceitos de segurança nacional, patriotismo, ordem e progresso, sustentaram a interferência e derrubada de diversos regimes políticos e a implantação de governos centralizadores e ditatoriais. O Brasil é uma das referências. O golpe de 1964 não se constituiu numa ação inédita ou isolada na História do país, mas uma das interferências militares ocorridas desde o início dos tempos republicanos. A participação militar se fez presente como mecanismo de preservação, sempre que as estruturas tradicionais da sociedade brasileira (propriedade de terra, participação decisória das elites, hierarquia social, conservadorismo cultural) se viram ameaçadas.

Partindo da constatação de que educação é um processo social em que políticas e economia se entrelaçam, construiu-se uma reflexão sobre o significado da Reforma Universitária implantada pela Lei 5540/68, durante o período da ditadura militar, buscando o seu significado sob dupla perspectiva: a histórica e a analítica. Pensar a reforma única e exclusivamente por suas implicações educacionais seria uma postura limitadora. O número de discussões dela decorrentes, a diversidade de elementos e argumentos nela envolvidos e as suas consequências a inseriram numa totalidade complexa de muitos interesses, alguns dos quais alheios às questões acadêmicas, às políticas educativas e à formação profissional avançada pelo conhecimento estabelecido ou pela pesquisa, demandam uma análise conjuntural compatível à relevância da universidade como instituição social.

As reformas, tanto a universitária em 1968 quanto a dos segmentos básicos de ensino em 1971, revelaram com bastante clareza o teor do que se pretendia fixar como objetivo de educação formal e com que teoria iria trabalhar.

As raízes do golpe militar

A sociedade brasileira desde a sua origem teve uma vinculação econômica, política e social com o sistema capitalista mundial. A partir dos anos de 1930, a política e a economia mantiveram relações estáveis entre as propostas de governo e a expansão industrial. A industrialização abria possibilidades de conquistas sociais até então restritas aos segmentos mais altos da sociedade tais como expectativas de melhorias sociais para as classes populares e perspectiva de formação de uma identidade que afastasse o país do grupo de países periféricos.

> [...] a industrialização surge, então, como uma bandeira em torno da qual se unem as diferentes forças sociais. Industrialização e afirmação nacional se confundem [...] industrialismo se torna, praticamente, sinônimo de nacionalismo. (Saviani, 1987, p. 80)

Na década de 1950, o governo Juscelino Kubitscheck (1956-1961) permitiu uma intensificação da entrada do capital estrangeiro pela expansão industrial, desarticulando o equilíbrio da política de massa com o nacionalismo. O desenvolvimento industrial adquiriu outra configuração. Temendo um encaminhamento social do processo de industrialização pelas classes populares (reforma agrária, democratização do consumo, ...) incompatível com o modelo de capitalismo do país, o empresariado nacional reorganizou a economia. Os investimentos antes destinados a substituir as importações passaram a ser aplicados à produção de bens de consumo duráveis para o mercado interno e bens destinados à exportação:

> [...] essa nova situação tornou-se sociologicamente possível, pela fratura do bloco populista e pelo novo a alinhamento segundo o qual a burguesia nacional divorcia-se dos seus perigosos aliados de véspera e alia-se como sócio menor, ao capital monopolista internacional. (Freitag, 1979, p. 73)

Os investimentos estrangeiros privados no Brasil em 1960 passavam dos três bilhões de dólares, representados em parte por recursos americanos. O capital transnacional foi aplicado basicamente na indústria pesada e de base, na industrialização de alimentos, em atividades não industriais (comércio, imóveis e agricultura e serviços de utilidade pública).

A economia brasileira se integrou à estruturação das empresas multinacionais, adequando-se ao ritmo de expansão industrial o que, entre outras, coisas significou a adoção de tecnologia poupadora de mão de obra e concentradora de renda, como explica Furtado (1971). Portanto, aquela disposição de uma economia nacional em parceria com o capital estrangeiro foi substituída por uma economia de internacionalização do mercado interno que se caracterizou por adoção de técnicas modernas, produção interna assegurada pela indústria química e automobilística, organização funcional que garantia excedente de trabalho e salários significativamente baixos, formação de um mercado interno consumidor, que

> Requer padrões de qualidade dos produtos (isto é, tecnologia avançada) independentemente das características tecnológicas que empreguem mais mão de obra. Criam-se padrões de consumo que obedecem a padrões internacionais. (Cardoso, 1972, p. 47)

O interesse capitalista era pela produção de bens duráveis relativos à indústria automobilística, à construção naval e à mecânica pesada. Setores que exigiam recursos não disponíveis e que foram trazidos por grupos estrangeiros. O governo permitiu uma atividade econômica de investimentos de riscos e não por captação de empréstimos, incompatível com o projeto nacional que anteriormente optara por absorver o capital de empréstimos e não o investimento direto, por temer riscos políticos.

O quadro rompia com a junção das classes sociais – empresariado nacional e internacional, forças de esquerda, classe média e operariado – em torno da industrialização brasileira.

> Enquanto para a burguesia e as camadas médias a industrialização era um fim em si mesmo, para o operariado e as forças de esquerda ela era apenas uma etapa. Por isso, atingida a meta, enquanto a burguesia busca consolidar eu poder, as forças de esquerda levantam nova bandeira: trata-se da nacionalização das empresas estrangeiras, controle de remessa de lucros, de dividendos e das reformas de base. (Saviani, 1987, p. 83)

Sob o ponto de vista de uma economia que se transnacionalizava, a opção das diretrizes governamentais atendia aos extratos mais altos da população como forma de garantir-se.

Os anos de 1960 tiveram a rápida presença de Jânio Quadros como presidente que renunciou após alguns meses de governo. O processo de sucessão foi traumático. O vice-presidente estava em visita à China e não tinha apoio dos ministros militares, dos líderes conservadores e dos políticos financiados pelo capital americano. Uma mobilização popular composta por segmentos sociais progressistas apoiava o vice-presidente. Como postura conciliadora os militares aceitaram a posse de João Goulart sob sistema parlamentar, visando neutralizar suas iniciativas governamentais.

Um plebiscito realizado algum tempo depois optou pelo retorno ao presidencialismo, garantindo os poderes de governabilidade a João Goulart. O presidente, liderando uma frente nacional reformista, possuía um programa em favor das classes populares, afastando-se da influência dos grupos estrangeiros e tentando recuperar o caráter nacionalista do Estado. Incapaz de equacionar os extremos, o país viu nascer e crescer uma crise política. Diante dela a burguesia internacional e associada procurou novas formas de ação política e social tentando desestabilizar o governo e as forças populares. Reportando-se a Dreifuss (1987), essa atuação agregou-se ao ideário político militar do Ipes (Instituto de Pesquisa e Estudos Sociais) e Ibad (Instituto Brasileiro de Ação Democrática), com claros objetivos de agir contra o governo. Foi fase política dos interesses empresariais desenvolvida por meio de campanhas e estratégias minuciosamente elaboradas e concretizadas por recursos financeiros advindos de grupos locais e multinacionais. A intensa difusão ideológica permitiu esvaziar o poder central e conquistar as camadas médias da população.

O clima de golpe que rondava o país eclodiu em março de 1964, explorando conflitos internos e de classes sociais, sob o impacto do apelo religioso e da propaganda anticomunista ativada pela imprensa. Instalou-se a ditadura que, sob a égide do Ipes e do Ibad, arregimentou a participação de governadores e de militares, estes conduzidos a autores do movimento que estabeleceu uma nova relação de forças políticas agora consoantes com o capitalismo transnacional.

A conjuntura do ensino superior

Em termos de estruturas e objetivos, as universidades brasileiras se estabeleceram legal e teoricamente, mas sem integração, formadas pela junção de cursos isolados e distintos e com reduzida expressão no panorama de desenvolvimento científico superior. Espelhando-se em modelos estrangeiros mas sem grandes condições de reproduzi-los, as universidade do país muitas vezes se limitaram a uma importação de ideias que resultou negativa por estarem deslocadas da sua realidade geradora, por serem aplicadas com atraso em relação à sua origem e também porque sua utilização acabou comprometendo a possibilidade uma ação criadora eficaz nas instituições brasileiras.

O quadro universitário até 1930 estava marcado por cursos concentrados nas áreas das ciências médicas e jurídicas, com algumas incursões nos cursos politécnicos e de atendimento a oficiais do Exército e da Marinha.

Nos vinte anos seguintes, o governo Vargas trouxe elementos novos ao ensino superior brasileiro pela Reforma Francisco Campos em 1931. Pela primeira vez se constituiu uma estrutura orgânica aos vários níveis de ensino em todo território, estabelecendo uma ação governamental mais precisa em torno de uma política educacional. Pela reforma foi criado o Conselho Nacional de Educação, instituído o Estatuto das Universidades Brasileiras e reformada a Universidade do Rio de Janeiro; também se estabeleceu o sistema universitário como regra de organização para o ensino superior com a criação da reitoria para coordenar administrativamente as faculdades.

A expansão do modelo universitário promoveu a criação de outras instituições: a Universidade de São Paulo em 1934, a Universidade do Distrito Federal em 1935, a instalação de Pontifícias Universidades Católicas (PUCs) a partir de 1946 e o Instituto Tecnológico da Aeronáutica (ITA) em 1947.

A partir de 1950 a grande burguesia industrial brasileira passou a se associar ao capital privado internacional. O Estado reformulou-se com o propósito de acelerar o desenvolvimento econômico do país, sobretudo o industrial. O processo de modernização previa a universidade como caminho obrigatório, pois enquanto espaço formador dos grupos de poder e de prestígio deveria ela, juntamente com outras instituições sociais, redefinir bases e valores. Era oportuno que as instituições fossem funcionais colaborando para a concretização dos interesses modernizadores do momento e que não se situavam na grande produção científica ou na valorização ética das atividades educacionais, mas na expansão dos hábitos de um capitalismo de mercado.

Os mitos educacionais da ascensão e mobilidade social, democratização de ensino, formação de técnicos para o desenvolvimento vieram à tona como elementos de catalisação entre a ideologia governamental e a esperança de conquista de sucesso pelo diploma universitário. Para agilizar, o governo facilitou a participação dos interesses particulares na escolarização. A privatização do ensino superior (3º grau na denominação da época) foi também uma forma de atrelar a educação ao desenvolvimento sem precisar investir recursos públicos na instalação de cursos e instituições em época de demanda crescente.

> [...] a relação do poder público com o ensino privado tem sido cartorial e clientelista. A política de índices de mensalidades, por exemplo, favorece sobretudo o 3º grau, que pode adotar estratégias de barateamento de custos: aumento do número de alunos por sala, rotação de professores... lamentavelmente, o aluno do ensino particular superior, em última instância um consumidor que deveria cobrar pela qualidade do produto que paga quase sempre com sacrifícios, não exerce esse papel. Há também um acordo tácito que a escola ensina mal e não exige – os alunos fazem o menos possível e em troca, obtêm um certificado. (Mello, 1990, p. 51-52)

As expectativas quanto às universidades no Brasil mudaram com a criação da Universidade de Brasília em 1960, a mais importante iniciativa governamental no campo do ensino superior. Nascida da participação e negociação de vários segmentos da sociedade, particularmente intelectuais, tinha por objetivo modernizar e integrar de forma mais efetiva a universidade à sociedade.

> [...] enquanto a política modernizadora aspira só a reforma da universidade, de modo a torná-la eficiente no exercício de suas funções conservadoras dentro de sociedades dependentes e submetidas à espoliação neocolonial, a política autonomista pretende transfigurar a universidade como um passo no sentido de transformação da própria sociedade, a fim de permitir-lhe em prazos previsíveis, evoluir da situação de proletariado esterno – limitado a satisfazer condições de vida e de prosperidade de outras nações – à dignidade de povo para si, senhor do comando do seu destino e disposto a integrar-se na civilização emergente como nação autônoma. (Ribeiro, 1969, p. 26)

Ao contrário das universidades do país, a UnB tinha uma estrutura básica e funcional, composta por órgãos de coordenação, de supervisão e direção subordinada ao Conselho Universitário. Contava com a participação dos estudantes atuando na política universitária, nos movimentos e programas sociais e no aproveitamento de estudos.

> Outro fato que definiu o caráter das escolas foi a inserção do país na divisão internacional do trabalho, que não comportou a exigência de se produzir um *know how* internamente, e contribuiu para a não valorização da pesquisa e da investigação. Exigia-se a compra de tecnologia dos países exportadores, sobretudo da Inglaterra e dos Estados Unidos. Assim, os transportes urbanos, a iluminação pública, os telefones, as estradas de ferro vinham praticamente prontos dos países exportadores. Competiria, portanto, às escolas, fundamentalmente, treinar mão de obra para su-

pervisionar a montagem, dirigir e coordenar a execução e o funcionamento de todos aqueles bens. E não criá-los...
(Nadai, 1987, p. 234)

A proposta educacional durante os anos do governo militar estava embasada na importância da educação dos filhos no seio da família, apresentava como objetivo o desenvolvimento econômico, apoiando-se no princípio de ser ele decorrência do esforço coletivo, fundamentando-se no pressuposto positivista da ordem e progresso. Tornou-se dependente do capitalismo internacional, mais precisamente norte-americano. A assinatura em série dos acordos do MEC-Usaid (United States Agency for International Development/Agência dos Estados Unidos para o Desenvolvimento Internacional) e a redutora ideia de transformar a universidade em centro de mão de obra de utilização imediata que viesse a suprir as deficiências de uma sociedade se modernizando em parte transformaram a universidade em complemento das empresas capitalistas.

A ligação com organismos internacionais (Usaid, OEA, Unesco) foi feita mediante doação de bibliotecas, sistema de concessão de bolsas de estudos, contratos com o Banco Interamericano de Desenvolvimento (BID) para ajuda econômica, reequipamento e ampliação, convênios para aperfeiçoamento no exterior, projetos avançados de equipamentos, recebimento de técnicos e consultores estrangeiros.

A instituição educacional pretendida pelos militares tinha um papel a cumprir no conjunto das plataformas governamentais: serviria para a atuação estrangeira no país, trataria da composição de mão de obra necessária, submeteria as lideranças e entidades ao controle dos novos modelos curriculares e estruturais, perdendo comportamento crítico e oportunidades de aprofundamento de conteúdos indispensáveis à compreensão da vida social, das relações do trabalho e exercício da cidadania.

[...] não só favorece a importação de técnicas de ensino da modernizagem em si, isolando-a em seu contexto [...], imprime uma direção quase única à pesquisa internacional. Esta passa a refletir a compartimentação e a desvalorizar os estudos do microssistema educacional e suas relações com o contexto global da sociedade. É sintomática a predominância do treinamento específico sobre a formação geral e a gradativa perda de status das humanidades e ciências sociais. (Pinto, 1986, p. 303)

As reformas do período representaram um alinhamento da educação à ideologia do desenvolvimento e da segurança nacional pela coligação de vários segmentos conservadores, o que intensificou a resistência acadêmica ao regime ditatorial. Várias faculdades foram tomadas pelos alunos na tentativa de estabelecer fórmulas de autogestão. O governo Costa e Silva, sentindo que não resolveria o problema com medidas administrativas, criou o Grupo de Trabalho da Reforma Universitária (GTRU), designando pessoalmente seus membros e o arcabouço de ideias e pressupostos governamentais para a universidade. O GTRU desenvolveu seus trabalhos sob a presidência do Cel. Meira Mattos e pelos planos de Rudolf Atcon para definir e implantar as Diretrizes da administração e da disciplina universitária.

Atcon, técnico norte-americano, era membro da AID e consultor do MEC para orientar a implantação de uma nova estrutura universitária. Apesar de ter realizado visitas em algumas universidades brasileiras, o que norteou seus argumentos para a reforma foram princípios doutrinários defendidos sucessivamente pelo autor desde o final da década de 1950, sob vários títulos e em vários lugares. Partindo do princípio da educação como ponto de partida para o desenvolvimento da América Latina, Atcon estabeleceu a reformulação por meio de orientações específicas à cada esfera acadêmica: estrutura administrativa, integração, reforma fiscal, educação superior, organização universitária. Disciplinar a universidade em termos funcionalistas era seguir o modelo da racionalidade, eficiência e produtividade como em qualquer empresa.

Ao Cel. Meira Mattos do corpo permanente da Escola Superior de Guerra, coube a presidência da Comissão que deveria intervir na universidade e propor medidas relacionadas à intervenção nos movimentos estudantis à vista dos princípios democráticos e a relação deles com a aprendizagem universitária e o contexto jurídico do país à necessidade de ampliar o sistema de ensino superior com racionalidade, face à escassez de recursos e à inserção da universidade nos projetos políticos, econômicos e sociais.

Atcon seguia pela proposta de estabelecer a racionalização das estruturas universitárias e de tudo o que dizia respeito à produção acadêmica. Meira Mattos direcionou suas sugestões no sentido de organizar dispositivos que permitissem intervir na universidade e estudar os movimentos estudantis de modo a identificar suas tendências, linhas político-ideológicas e, a partir daí, estabelecer as melhores formas de disciplinamento. O GT concluiu seu trabalho apresentando uma dupla visão de universidade: a *idealista* (universidade enquanto expressão máxima da racionalidade crítica e criadora) e a *tecnicista* (universidade enquanto recurso às transformações sociais, à promoção humana e profissional).

Obstáculos e críticas à parte, há que se considerar que o Relatório do GT fez, pela primeira vez no país, a tentativa de equacionar os problemas do ensino superior em sua órbita complexa de meios, fins, custos, programação, crescimento e recursos. Como afirmou Florestan Fernandes (1975, p. 205), a contribuição não foi inútil, mas insuficiente para:

> corrigir as inconsistências institucionais das universidades e desenvolver, dentro delas os processos que poderiam conduzir à sua reconstrução e à revolução do seu rendimento de ensino, na pesquisa científica ou tecnológica e na produção de conhecimentos originais em todos os ramos do saber.

A relevância da universidade era avaliada em função das características de mercado e da demanda, o que direcionou o encaminhamento dos problemas da universidade para fora do enfoque político dos fóruns e debates e o introduziu na esfera pragmática das argumentações dos técnicos estrangeiros e dos grupos de trabalho. Os princípios da ordem político-econômica nortearam a universidade para atingir objetivos distintos como possibilidades de ascensão social à classe média (que aspirava adquirir os padrões da classe dominante), espaço acadêmico destinado ao favorecimento da vida social (pela organização hierárquica) e não embate das críticas e inserção da universidade numa sociedade dependente do capital internacional. Havia pois uma diversidade de interesses. A política educacional ajustou a reforma à ideologia da interdependência e ao modelo econômico desnacionalizante em nome da defesa da democracia.

Alguns acertos foram estabelecidos pelo relatório diagnóstico dos problemas estruturais do ensino superior: necessidade de regulamentação, participação e representação estudantil nos órgãos colegiados dos estabelecimentos acadêmicos; orientação para a organização do vestibular em proposta de complexidade compatível ao ensino de 2º grau atual ensino médio; instituição de normas de ajustamento entre as leis trabalhistas e as condições de carreira do magistério superior.

A Lei 5540/68

A reforma universitária estabelecida pelo regime militar baseou-se no modelo norte-americano de estruturas autoritárias e não flexíveis e num sistema burocratizado. A Lei 5540 de uma modernização conservadora estava destinada, segundo Graciani (1982, p. 89), a colocar a universidade a serviço da produção por meio de parâmetros "racionais" de administração científica. Dirigida especialmente às instituições públicas federais, a reforma estabeleceu a unificação do vestibular, o ciclo básico, o sistema de créditos, a departamentalização, os cursos de curta duração objetivando aumentar o contingente estudantil sem que isso significasse grande elevação dos custos operacionais. A burocratização estrutural estabeleceu a instalação de órgãos obrigatórios nas várias instâncias: colegiados representativos, conselhos, supervisões, colegiados, faculdades, institutos, centros, que passaram a constituir uma estrutura supostamente participativa, que na verdade interpunha-se entre a administração superior e os departamentos.

A Lei 5540/68 em seus cinco capítulos e 44 artigos estabeleceu a distribuição hierárquica da população acadêmica, sua esfera de competência, atribuições e regulamentos gerais transitórios. Definiu dois grandes níveis para a universidade: os órgãos de administração superior e os órgãos setoriais. As funções eram diversificadas assim como a competência de atuação e se distribuíam desde a administração financeira e patrimonial, a superintendência da vida acadêmica, a elaboração e coordenação das atividades universitárias até a concessão de títulos honoríficos.

O governo trouxe a militarização para a universidade, acentuando seu papel de ligação com os interesses das minorias (embora os discursos fossem exatamente o contrário), a quem a Universidade asseguraria via formação profissional o acesso ao exercício qualificado de funções sociais.

Os defensores da escola particular encontraram seara fértil nos espaços governamentais ao fazer com que as leis fossem aplicadas em benefício da iniciativa privada na área educativa. Foi o período que consolidou a educação como negócio lucrativo. Por exemplo, o contingente de excedentes[41] aos exames vestibulares foi direcionado às instituições particulares. Portanto,

---

41. Excedentes eram aqueles que apesar de aprovados conforme a média exigida no vestibular, não podiam efetuar a matrícula por falta de vagas que atendiam aos melhores classificados. Para neutralizar o foco de pressão que se repetia a cada vestibular em 1968 Conselho Federal de Educação, em tempo útil, baixou a orientação pela qual todos os não classificados dentro das vagas existentes, seriam considerados reprovados.

foi o próprio governo, um dos agentes consolidadores do sistema dual de ensino – público/particular, que tem caracterizado a educação do país.

As tendências privatistas para reivindicar subsídios governamentais às instituições particulares (círculo vicioso e viciado). O setor privado partiu para a instalação de faculdades e universidade no interior, para atendimento de uma classe média que tinha limites de diversas ordens para adentrar às instituições públicas sediadas nos grandes centros urbanos. Nesse aspecto um destaque oportuno é a expansão dos grupos confessionais, notadamente de católicos, na instalação de cursos superiores. O crédito educativo foi outro dispositivo de canalização dos recursos públicos ao setor privado.

Estrategicamente, os segmentos empresariais pela expansão de suas instituições ampliaram gradativamente a participação nos quadros de representação e os Conselhos Federais e Estaduais, ocupando um espaço que, anteriormente, tinha uma composição caracteristicamente advinda das universidades públicas.

A partir de 1968, do governo Costa e Silva até 1984, quando se encerrou o ciclo do militarismo com o presidente João Batista Figueiredo, podem ser elencadas decorrências da reforma: criação de novas instituições universitárias; dimensionamento das modalidades que mais interessavam ao desenvolvimento do país: expansão das matrículas nos cursos de Medicina, Engenharia, Veterinária, Enfermagem e Bioquímica; criação de cursos específicos em programas de educação agrícola superior, de desenvolvimento das Ciências Agrárias, Engenharia Florestal e Agrícola, Tecnologia de Alimentos, Zootecnia, Bovinocultura, Processos Químicos; implantação de carreiras curtas; intercâmbio técnico entre escola-empresa-governo; orientação de desenvolvimento universitário nas regiões menos servidas e desaceleração no sudeste; projeto de produtividade do ensino superior; expansão da rede hospitalar de ensino; planos de formação específica para a política nacional de energia nuclear.

Além disso, outras medidas integraram o espaço acadêmico: contratos com o Banco Interamericano de Desenvolvimento para reequipamento e ampliação das universidades; implantação de planos de carreira, de tempo integral e dedicação exclusiva; programas de aperfeiçoamento no exterior início de construção de campus universitários em vários estados brasileiros; convênios com Centros de Estudos Avançados de alguns países europeus; implantação dos programas de pós-graduação; implantação do Banco de Teses pelo Centro de Informática do MEC; financiamento para o ensino particular.

A reforma provocou a ampliação da capacidade de absorção do ensino superior, com máxima produtividade e mínimo de custos. Com uma organização formal e hierarquizada, perceptível nas várias esferas do poder, regulamentos gerais, estatutos específicos, divisão de trabalhado, a universidade reformada identificou educação como estratégia de promover o desenvolvimento autônomo e tecnológico.

Nesse sentido a burocracia atuava como tipo de poder desenvolvido por seus agentes mais categorizados cooptados da classe média urbana e competentes para garantir a reprodução das estruturas, pois a classe média escolarizada em nível superior concretizava suas aspirações sociais, assumia funções sociais que permitiriam compor o quadro consumidor dos mais diversificados produtos e participaria assim da manutenção de um quadro de sucesso que não se queria ver alterado. A modernização da economia fazia da escolarização um dos veículos necessários à ascensão social. Por isso, a chamada "democratização" da universidade era pretendida pela classe média que pressionava por possibilidades educacionais ampliadas.

Pode-se entender a reforma sob uma dupla vinculação: a desconstrução das instituições do regime anterior e a construção de uma universidade nova legitimadora do novo Brasil que se organizava na perspectiva do "milagre brasileiro" (expressão cultivada à época que expressava o conjunto de um ideário de representações sociais para o Brasil do futuro). Dez anos a partir da homologação da lei, a expansão disparou. Lerche (1991) aponta para dados expressivos: o número de vagas oferecido foi de 88.588 para 405.367; o número de instituições foi para 862 sendo 64 universidades e 798 para institutos isolados.

Sobre as instituições isoladas convém destacar que se apresentavam como resultado da iniciativa privada e que, valendo-se das facilidades consideráveis, muitas instalaram cursos sem qualquer infraestrutura no que toca às necessidades de laboratórios, instalações específicas, biblioteca, prédio apropriado e docentes qualificados e capacitados. A obtenção de concessões e aceleração dos trâmites burocráticos também eram disponibilizados por quem, direta ou indiretamente, tinha interesse no assunto e ocupava setores específicos dos órgãos públicos (Cunha; Góes, 1985, p. 134). Foi oportuna a participação da empresa educacional como promotora da expansão do ensino superior, o que aconteceu à proporção que o poder público diminuía seus investimentos; de 11%, em 1965, para 4,17% no final dos anos 1970, canalizando verbas para obras de infraestrutura. Ilustrando: de 1968 a 1972, o Conselho Federal de Educação recebeu 938 pedidos de autorização para abertura de cursos superiores, em sua maioria de entidades particulares atuando no ensino de segundo grau (atual ensino médio). Desses, 759 foram aprovados elevando a desproporção de 9,53% de universidades para 82,78% de institutos isolados, concentrados no sudeste e no sul do país (Martins, 1991, p. 63). Foram criadas 17 novas universidades públicas (9 federais, 6 estaduais e 2 municipais) e entre 1968 e 1975, 10 universidades privadas, sem contar com uma reserva de docentes para atender a uma expansão tão acelerada. Em 1980 eram 882 instituições de ensino superior: 200 públicas (45 universidades, uma federação de escolas integradas e 154 estabelecimentos isolados) e 689 entidades privadas (20 universidades, 19 federações integradas e 643 estabelecimentos isolados). O total de matrículas, que em 1964 fora de 142.386, passou a 1.346.000 em 1980, 63% nos estabelecimentos privados (Durham, 1998).

A Lei 5540/68 partiu do princípio de que ensino superior era uma necessidade social, não uma necessidade em si, possibilidade de progresso e de cultura a serviço do ser humano, mas um meio de o país avançar de espaço periférico para a condição de espaço central, nos modelos estrangeiros similares. Tomando por referência a transformação das instituições existentes, a reforma alterou modelos universitários que estavam introduzindo um novo pensar acadêmico, como o da Universidade de Brasília. Estabeleceu regras facilitadoras sob a perspectiva de uma democracia liberal, reestruturou conteúdos e cursos com o intuito de trazer o recém-formado para um mercado de trabalho que estaria à sua espera não apenas para realizar seu sucesso profissional, mas também para integrá-lo no amplo movimento nacionalista de projetar o Brasil, por sua competência pessoal integrada ao empenho coletivo.

A ideologia da reforma projetou efetivar o desenvolvimento do país pela vertente acadêmica. Entretanto, sua implantação comprometeu ainda mais a autonomia da instituição universitária e permitiu uma disseminação da empresa educacional. A universidade que emergiu da reforma aderiu aos modernos conceitos do rendimento, da produtividade e da eficácia, mantendo limites históricos relacionados ao ensino superior como o da desproporção entre a população do país e a possibilidade de acesso ao nível mais alto da escolaridade. Trouxe problemas novos, como os de ordem pedagógica e sociodinâmica. No primeiro caso, o interesse das elites fez o ensino superior ser destinado mais especificamente à formação de profissionais liberais; as matrículas de maior número nas áreas de humanidades, ciências sociais aplicadas, letras e artes não se vinculava ao mercado de trabalho e nem sequer garantiu (graças à organização intrínseca dos cursos) acesso ao mundo intelectual. Para alguns professores a modernização significou o advento de uma universidade útil, ao realizar a tarefa de adequar o docente às funções de racionalidade administrativa (rendimento, volume de publicações, controle de frequência). A reforma estabeleceu a departamentalização, a matrícula por disciplina instituindo o curso por regime de créditos, o vestibular classificatório. Acrescentaram-se a essas condições a qualificação docente das congregações em sua maioria apenas graduada e os esquemas facilitadores de muitos institutos.

Na perspectiva sociodinâmica, a educação de nível superior continuou sendo um privilégio social, possuindo maior concentração de recursos e demanda nas regiões mais desenvolvidas, enquanto as regiões mais carentes não conseguiam reter os profissionais de nível superior, provocando a "migração de cérebros".

Quanto aos aspectos positivos há que se salientar a profissionalização do magistério superior e a valorização do tempo integral, da titulação e da produção científica na progressão funcional. Os cursos de pós-graduação também foram beneficiados embora em algumas circunstâncias se mantivessem vinculados a instituições financeiras externas, o que pouco os integrava às instituições de origem. A respeito, Germano (1992, p. 155) reconhecia que "metade do corpo científico do Instituto de Biofísica da Universidade Federal do Rio de Janeiro era remunerada com recursos obtidos fora do orçamento universitário".

Também é importante ressaltar que a extinção da cátedra vitalícia foi um avanço qualitativo apresentado pela legislação. O corpo docente das universidades era formado por professores catedráticos vitalícios escolhidos mediante concurso de títulos e provas e auxiliados por assistentes indicados por eles. Para Darcy Ribeiro (1969, p. 33), a cátedra vitalícia representava "o loteamento do saber em províncias vitalícias outorgáveis através de certos procedimentos de seleção". O sistema autoritário da cátedra vitalícia fechava oportunidades de carreira, não estimulava cooperação entre as disciplinas; além disso a recorrência das cadeiras básicas em várias unidades resultava em uma multiplicação de instalações e de docentes trabalhando isoladamente na mesma disciplina, independentemente dos recursos e das possibilidades pessoais de desempenho.

O governo militar, ao deliberar sobre a educação do país o fez sob determinantes políticos e econômicos destinados a adaptar o país mais ao desenvolvimento capitalista internacional do que ao seu próprio desenvolvimento. A reforma universitária bem exemplifica essa disposição: adotou uma ideologia tecnocrática e não política, que fez da universidade o que dela esperavam os dirigentes: uma instituição mantida à distância das discussões políticas, econômicas e sociais mais prementes, desajustada entre os problemas e as condições reais de solucioná-los, ou seja, uma universidade cada vez menos crítica.

O discurso da igualdade de oportunidades camuflou a realidade, mas não impediu o aparecimento de contrastes sensíveis entre as agremiações públicas e as particulares, os institutos isolados e as universidades, entre a produção e a mera reprodução científica. A prática acadêmica ficou despojada de autonomia por vários motivos: a implantação de cursos de curta duração considerados sem prestígio reduziu, inclusive, a pretendida ascensão social; a estrutura universitária burocratizada e hierarquizada perdeu muito da dinâmica que fora desenvolvida por docentes e alunos; a antiga relevância dos cursos foi minimizada e, com o tempo, passou a ser responsabilidade do pós-graduação, notadamente nas instituições públicas, ficando para os institutos particulares a responsabilidade de absorver a demanda do ensino superior.

Considerações finais

A reforma universitária implantada pela Lei 5540 em 1968, expressou com bastante fidelidade as preocupações econômicas do golpe militar, caracterizadas pelo esforço na diminuição de custos da esfera educativa, pelos mecanismos de controle das forças vivas e internas e pela própria organização curricular. No contexto delicado da vida política do país em que o estado de direito esteve por vinte anos abolido, a reforma universitária se apresentou como mais um elemento de uma crise ampla da vida nacional, em função de uma ideologia capitalista internacional, agravada pelos problemas de dependência do país enquanto sociedade inserida na órbita do capital transnacional.

A crise, entendida no âmbito das mudanças econômicas, políticas e sociais presentes no país desde de 1950, mudou o direcionamento governamental de um projeto nacional desenvolvimentista com relativa participação popular para uma política de subordinação aos interesses estrangeiros, que aos poucos foi excluindo do processo político vários setores da sociedade.

A reforma universitária refletiu uma ação governamental que não tinha a educação como seu principal objetivo ou prioridade e quando deliberou sobre ela o fez em função de determinantes conjunturais e não de necessidades específicas da esfera educacional.

A expansão das vagas do ensino superior em nome de uma democratização de ensino e os mecanismos reformistas na implantação de cursos e institutos permitiram uma participação numericamente representativa no contingente universitário sem que isso tenha significado uma valoração qualitativa capaz de causar nas universidades brasileiras, em geral, uma grande produção pedagógica. A expansão da rede universitária a partir de 1968 tornou manifesto, para um número maior de pessoas, o sonho da universidade, latente e acalentado há mais de século. Entretanto, a expansão não foi devidamente acompanhada de condições e exigências inerentes à vida institucional para garantir um bom desempenho integrado à prática docente e à concretização de um percurso qualitativo do aprendizado universitário.

Politicamente, a reforma muito contribuiu para a despolitização da universidade, além de abafar focos de liderança à participação social ativa que eram peculiares, ou seja, a universidade se transformou num lugar estruturado hierarquicamente e dotado de ação rigorosa para favorecer a vida social e os conceitos que lhe eram próprios e não para comprometê-la com discussões e críticas. Economicamente, pregando a modernização acadêmica, a reforma colocou a instituição a serviço de uma nova força de trabalho necessária ao capital monopolista, ao evocar a democratização do ensino superior, oferecendo à classe média possibilidades de ascensão social nos moldes e valores da classe dominante.

Entretanto, para as aspirações reduzidas de uma população de poucas oportunidades, esta era a educação superior que está ao alcance. Sem desculpas ou conformismos, há que se admitir que mesmo com todas as críticas, foi somente em consequência da expansão universitária que a continuidade expandida da educação ficou acessível às camadas populares, mesmo sem apresentar a pretendida qualidade que dela se poderia esperar.

Como o poder público não assumiu suas responsabilidades com a população e se omitiu em assuntos como educação, possibilitou a concretização da universidade possível e não a que se gostaria e se poderia ter por direito. Tal argumento não ser coloca para fechar a questão, mas para consolidar a consciência do contexto social do país e das forças que agiram sobre as instituições.

Enquanto instituição social a serviço do desenvolvimento econômico, foi destinado à universidade o papel de formar as elites, reproduzir o conhecimento acumulado, articular ou desarticular as lideranças necessárias ou não. A reforma gestada no governo militar cumpriu com essa incumbência ao mudar o perfil universitário do país. Surgida formalmente em 1920, a universidade brasileira se desenvolveu, a princípio, pela instalação das grandes instituições no momento em que o país ensaiava sua decolada econômica interna; quando o capital estrangeiro atuando no país se sentiu ameaçado em seus interesses e precisou se garantir, articulou o golpe executado pelos militares com apoio de algumas lideranças civis. Assim o grande capital se manteve e, por meio de convênios e acordos em todas as áreas, inclusive a educacional, consagrou a ideologia de submissão do político e do social à economia.

A reforma universitária passou longe das expectativas acadêmica do que se poderia pretender da universidade brasileira enquanto instituição de ponta. As discussões sobre reformulações da universidade têm se mantido nesses quase quarenta anos da Lei 5540 com tentativas, programas, projetos, políticas compensatórias, articulações dos vários segmentos universitários. Em todos têm prevalecido a preocupação centrada na necessidade de se mudar a mentalidade sobre educação superior de forma a identificar a instituição acadêmica no contexto de suas reais condições, quais devem ser seus objetivos, recursos e encaminhamentos formadores e formativos. Basicamente, definir, em termos de compromissos, como deve estar integrada à sociedade que a acolhe e a quem deve responder pela produção de conhecimento, pela formação de sua gente e pela qualidade de serviços a serem absorvidos por todos indistintamente.

Referências

CARDOSO, Fernando Henrique. **Modelo político brasileiro**. São Paulo: Difusão Europeia do Livro, 1972.

CUNHA, Luis Antonio; GÓES, Moacyr. **O golpe na Educação**. Rio de Janeiro: Zahar, 1985.

DREIFUSS, René Armand. **1964**: a conquista do Estado. Petrópolis: Vozes, 1987.

DURHAM, Eunice Ribeiro. **Uma política para o ensino superior brasileiro**. São Paulo: Nupes; USP, 1998.

FERNANDES, Florestan. **Universidade brasileira, reforma ou revolução?** São Paulo: Alfa-Ômega, 1975.

FREITAG, Bárbara. **Estado, escola e sociedade**. São Paulo: Cortez; Moraes, 1979.

FURTADO, Celso. **Formação econômica do Brasil**. São Paulo: Nacional, 1971.

GERMANO, José Willington. **O Estado e a Educação no Brasil**. São Paulo: Cortez; Campinas: Ed. Unicamp, 1992.

GRACIANI, Maria Stela S. **O ensino superior no Brasil**. Petrópolis: Vozes, 1982.

LERCHE, Sofia. O discurso sobre a universidade dos anos 60. **Caderno Cedes**, Campinas, v. 13, n. 26, p. 147-159, 1991.

MARTINS, Carlos Benedito. O ensino superior brasileiro. **Caderno Cedes**, Campinas, n. 25, p. 63, 1991.

MELLO, Guiomar Namo. **Social democracia e educação** – teses para discussão. São Paulo: Cortez; Associados, 1990.

NADAI, Elza. **Ideologia do progresso e ensino superior**. São Paulo: Loyola, 1987.

PINTO, Álvaro Vieira. **A questão da universidade**. São Paulo:Cortez; Autores Associados, 1986.

RIBEIRO, Darcy. **A universidade necessária**. Rio de Janeiro: Paz e Terra, 1969.

SAVIANI, Demerval. **O ensino público e algumas falas sobre universidade**. São Paulo: Cortez; Autores Associados, 1987.

AUTORES

Adriana Aparecida Alves da Silva Pereira – graduação em Pedagogia (2001), mestrado em Educação pela Universidade de Sorocaba (2007), doutorado em Educação pela Universidade de Sorocaba (2012), atuando principalmente nos seguintes temas: Educação, Educação Infantil, História da Educação e História das Instituições Escolares. Email: <ir@fda.com.br>

Adriana Ricardo da Mota Almeida – doutora e mestre em Educação (2015-2008) pela Universidade de Sorocaba. Pós-graduada pela Unicamp em Gestão Escolar e possui MBA em Gestão de Excelência na Educação. Graduada em Letras e Pedagogia pela Universidade de Sorocaba. Atualmente é diretora de escola efetiva na rede municipal de Sorocaba, atua como docente em cursos de graduação pela ESAMC e pós-graduação na área da Educação. E-mail: <prof_antoniodepadua@hotmail.com>

Antonio de Pádua Almeida – mestre em Educação pela Universidade de Sorocaba. Graduado em História pela Universidade de Sorocaba. Foi professor bolsista do Parfor (Plano Nacional de Formação de Professore – MEC/Capes) na Universidade de Sorocaba. Professor efetivo de História da rede pública do estado de São Paulo, onde responde pelo exercício de dois cargos de docência. E-mail: <prof_antoniodepadua@hotmail.com.>

Calil de Siqueira Gomes – doutor em Educação pela Universidade de Sorocaba (2015), com mestrado em Comunicação e Cultura pela Universidade de Sorocaba (2008), graduação em Filosofia pela Universidade de Sorocaba (licenciatura e bacharelado) (2005), graduação em História pela Universidade Metodista de São Paulo (2006), graduação em Pedagogia (2013) pela Faculdade Associada Brasil. Atualmente é professor efetivo na Rede

Escolar Pública de São Paulo. É professor colaborador no curso de pós-graduação com a disciplina "História da Educação" na Faculdade Associada Brasil. E-mail: <kal_yahoo.com.br>

Jane Soares de Almeida – doutora em História e Filosofia da Educação pela Universidade de São Paulo (USP) e mestre em Educação pela Universidade Federal de São Carlos (UFSCar). Livre-docente pela Universidade Estadual Paulista (Unesp). Pós-doutorado pela Universidade de Harvard, Estados Unidos e Universidade Autônoma de Barcelona, Espanha. Professora aposentada pela Unesp, atualmente atua no corpo docente permanente do programa de pós-graduação em Educação (mestrado e doutorado) da Universidade de Sorocaba (Uniso), São Paulo. E-mail: <jane.almeida@prof.uniso.com.br>

Jefferson Carriello do Carmo – é pós-doutorado pelo Instituto de Filosofia e Ciências Sociais, Departamento de História – Unicamp (2007). Doutor em Educação – Unicamp (2004). Mestre em Educação pela Universidade Estadual de Campinas – Unicamp – 1999. Professor titular do Programa de Pós-graduação em Educação da Universidade de Sorocaba, onde é professor pesquisador. Graduado em Pedagogia pela Universidade de Sorocaba (1993). Editor responsável do periódico *Quaestio*: Revista de Estudos de Educação do Programa de Pós-Graduação em Educação – Uniso. Ex-coordenador PPGE/UCDB (2011-2013). Ex-editor do periódico *Série-Estudos* do programa de pós-graduação em Educação/UCDB (2011-2013). Tem experiência na área de Educação, com ênfase em História da Educação e Políticas Educacionais, atuando principalmente nos seguintes temas: Educação, Educação Profissional, Educação Técnica, Políticas educacionais, Industrialização e trabalho, Trabalho e educação, Ensino Médio Integrado, Antonio Gramsci. E-mail: <jefferson.carmo@prof.uniso.br>

José Roberto Garcia – doutor e mestre em Educação pela Universidade de Sorocaba – Uniso; mestre em Informática na linha de pesquisa em Gerenciamento de Sistemas de Informação, pela Pontifícia Universidade Católica de Campinas. Especialista em Contabilidade e Auditoria pela Universidade de Sorocaba; Administrador de Empresas pela Universidade de Sorocaba. Participa nos grupos de pesquisas sobre Instituição Escolar: História, Trabalho e Políticas de Educação Profissional – HISTPEP, e Integração de Tecnologias em Sistemas de Computação e Automação – ITSC, na Universidade de Sorocaba. Exerce a função de coordenador do curso de Engenharia da Computação na mesma Universidade. E-mail: <jose.garcia@prof.uniso.br>

Lauro Carvalho de Oliveira – doutor em Educação pela Universidade de Sorocaba. Mestre em Engenharia de Produção pela Universidade de São Paulo. Especialista em Automação. Graduado em Tecnologia em Processos de Produção pela Faculdade de Tecnologia de Sorocaba. Graduado em Administração de Empresas pela Universidade de Sorocaba. Foi diretor da Fatec/Itapetininga e responde pela direção e coordenação de curso na Fatec/Sorocaba. E-mail: <lauro_carvalho@yahoo.com.br>

Márcia Cristina Belucci – mestre em Educação pela Universidade de Sorocaba (2015); graduação em Ciências Econômicas e pós-graduação em Contabilidade, Auditoria e Controladoria pela Pontifícia Universidade Católica de Campinas (2007); graduação em Ciências Contábeis pela Universidade de Sorocaba (2010). E-mail: <m_bel_econ@yahoo.com.br>

Marivaldo de Oliveira – mestre em Educação pela Universidade de Sorocaba. Especialista em Psicopedagogia. Graduado em Teologia pelo Instituto São Paulo de Estudos Superiores. Graduado em Pedagogia pela Faculdade de Filosofia, Ciências e Letras de Sorocaba. Exerce o ministério sacerdotal na região de Sorocaba com atuação em projetos sociais diversificados. E--mail: <pe_marivaldo@hotmail.com>

Silmara Aparecida Lopes – mestra em Educação Pela Universidade de Sorocaba (2015). Especialização em Gestão da Rede Pública pela USP (2012) e especialização em Educação Especial na Perspectiva da Educação Inclusiva pela Unesp (2015). Graduada em Pedagogia e Graduada em Filosofia. Atualmente é supervisora de ensino da rede estadual de ensino de São Paulo. Membro do Grupo de Pesquisa Teorias e Fundamentos da Educação – UFSCar-Sorocaba e membro pesquisador do Grupo de Estudos e Pesquisas Estado, Políticas, Planejamento, Avaliação e Gestão da Educação – UFSCar-Sorocaba. E-mail: <silmaralopes2008@hotmail.com>

Vania Regina Boschetti – doutora em Geografia Humana pela Universidade de São Paulo. Mestre em Educação pela Universidade Metodista de Piracicaba. Professora de graduação e do programa de pós-graduação em Educação da Universidade de Sorocaba. É pesquisadora de História e Historiografia da Educação, linha em que apresenta a maior parte de suas publicações e pesquisas, particularmente no que se refere à história das instituições escolares da cidade e seus movimentos pela educação. E-mail: <vania.boschetti@prof.uniso.br>

Wilson Sandano – doutor e mestre em Educação pela Universidade metodista de Piracicaba. Coordenador e professor do programa de pós-graduação da Universidade de Sorocaba. Desenvolve trabalhos de pesquisa no campo da História e Historiografia da Educação com ênfase em instituições escolares e coordena o GT HISTEDBR-Sorocaba. E-mail: <sandano@prof.uniso.br>

Título	Horizontes Abertos: percursos e caminhos da História da Educação Paulista
Organizadores	Jane Soares de Almeida
	Vania Regina Boschetti
Assistência Editorial	Érica Cintra
Capa e Projeto Gráfico	Bruno Balota
Assistência Gráfica	Wendel de Almeida
Preparação	Thaíssa Titton
Revisão	Taine Fernanda Barrivieira
Formato	14 x 21cm
Número de Páginas	332
Tipografia	Garamond
Papel	Alta Alvura Alcalino 75g/m²
1ª Edição	Novembro de 2016

Caro Leitor,

Esperamos que esta obra tenha correspondido às suas expectativas.

Compartilhe conosco suas dúvidas e sugestões escrevendo para:

atendimento@editorialpaco.com.br

Compre outros títulos em
www.pacolivros.com.br

Publique Obra Acadêmica pela Paco Editorial

Teses e dissertações
Trabalhos relevantes que representam contribuições significativas para suas áreas temáticas.

Grupos de estudo
Resultados de estudos e discussões de grupos de pesquisas de todas as áreas temáticas. Livros resultantes de eventos acadêmicos e institucionais.

Capítulo de livro
Livros organizados pela editora dos quais o pesquisador participa com a publicação de capítulos.

Saiba mais em
www.editorialpaco.com.br/publique-pela-paco/

PACO EDITORIAL

Av. Carlos Salles Block, 658
Ed. Altos do Anhangabaú – 2° Andar, Sala 21
Anhangabaú – Jundiaí-SP – 13208-100
11 4521-6315 | 2449-0740
contato@editorialpaco.com.br